우주의 먼지로부터

THIS ORDINARY STARDUST

Copyright © 2024 by Alan Townsend
Korean translation copyrights © 2025 by Munhakdongne Publishing Corp.
All rights reserved.

Korean translation rights arranged with Neon Literary, Arlington, VA through Danny Hong Agency, Seoul.

이 책의 한국어판 저작권은 대니홍에이전시를 통한 저작권사와의 독점 계약으로 문학동네에 있습니다. 신저작권법에 의해 한국 내에서 보호를 받는 저작물이므로 무단 전재와 복제를 금합니다.

상실을 통과하는
한 과학자의
경이로운 여정

앨런 타운센드 지음
송예슬 옮김

우주의
먼지로부터

THIS
ORDINARY
STARDUST

문학동네

진정한 위안은 어디에서도 찾을 수 없어.
다시 말하면 어디에서든 찾을 수 있다는 말이야.

그레텔 에를리히, 『열린 공간의 위로』

차례

프롤로그 009

1 흙가루 017
2 성장 032
3 나뭇잎 046
4 사랑 061
5 스트레스 076
6 화산섬 094
7 나트륨 106
8 박테리아 119
9 남극 136
10 몰입 154
11 카오스 173
12 작은 나무 188
13 호기심 200
14 희망 217
15 받아들임 231
16 연결 246
17 이야기 259
18 잿더미 270
19 우주먼지 285

감사의 말 299

일러두기
- 본문의 주석은 모두 옮긴이주이다.
- 단행본은 『 』로, 단행본에 실린 글 및 시는 「 」로, 프로그램 및 노래 제목은 〈 〉로 표기했다.
- 인명, 지명 등 외래어는 국립국어원 외래어표기법을 따랐으나 일반적으로 통용되는 표기가 있을 경우 이를 따랐다.

프롤로그

　수십 년 전 나는 우리 모두의 안에 있는 우주먼지의 존재에 매료되었다. 캘리포니아의 한 강의실에서 생물학 교수의 강의를 듣던 때였다. 교수는 우리가 우주먼지를 서로에게뿐 아니라 지상 모든 것에 퍼뜨린다고 했다. 그 교환은 작디작은 공간에서도, 세계를 가로질러서도 일어나며, 매초 발생하다가 수백만 년 동안 일어나지 않기도 한다. 그리고 우리 인류는 이 게임의 규칙을 다시 쓰는 중이었다.
　나는 이 설명에 마음을 빼앗겼다. '우리는 우주먼지로 만들어진 존재'라는 말은 참 진부하지만, 강의가 끝나자 이런 생각이 들었다. 히피의 실없는 범퍼 스티커 문구 같은 그 말이 우리의 한계는 물론 존재와 본성 그대로를 진실하게 표현한다는 것. 가장 기본적인 형태로서 인간은 무수히 많은 우주 원자들이다. 원자들은 잠시 한몸으로 움직이면서 세상을 감지하고 목격하며 그것과 사랑에 빠진다. 그러다 흩어져 저마다 새로운 팀에 잠시 합류하고 또 같은 과정을 반복한다. 이 개념을 접했을 때 나는 우울하기는커녕 깊은 위안을 받았다. 결국 '나'라는 원자 집합은 세상에 그리 오래 머물지 않을 테지만, 내 원자들은 영원히 뒤섞이고 재회하며 여기 존재할 것이다. 그래서 나는 생각했다. 무슨 일이 생기든지 우리는 계속 여기 존재한다고. 언제나 그럴 것이라고.

영원히 끝나지 않을 우리의 이야기는 우주가 탄생하며 수소와 헬륨으로 된 구름을 내뿜던 태초로 거슬러올라간다. 약간의 리튬과 베릴륨을 제외하면 한동안 존재하는 것은 그뿐이었다. 그러다 열기가 조금 식으면서 별들이 탄생하고 합쳐져 은하계들을 형성했다. 우주 오븐처럼 뜨거운 별들 내부에서 가장 가벼운 원소들이 융합해 점점 더 무거운 원소들을 만들어냈다. 탄소, 질소, 산소 등 생명체를 구성하는 원소들도 그때 생겼다. 수소와 함께 이러한 원소들이 나와 당신, 당신의 개와 화초를 이루고 있다.

이게 끝이 아니다. 그 밖에도 스무 개쯤 되는 구성 원소가 없으면 우리는 간을 하지 않은 요리처럼 밋밋하다. 그 원소들은 무수히 많은 조합을 이루며 놀랍도록 다양한 지상 생명체를 창조한다. 생명체를 빚을 원료를 만드는 데는 멀리 떨어진 별들의 열기가 필요했다. 그중에는 우리 태양이 무색해질 만큼 맹렬히 타오르는 별들도 있었다. 산소나 그보다 무거운 원소를 얻으려면 열기를 섭씨 10억 도 이상으로 올릴 수 있는 별 오븐이 필수다.

그러나 상상을 초월하게 뜨거운 용광로도 이토록 흥미진진한 세상을 혼자서 창조할 수는 없다. 생명이 그 모든 과정을 예측 불가하고 기적 같은 것으로 바꿔놓기 때문이다. 살아 있는 것들은 하루하루를 살다가 죽으면서 지구의 우주먼지를 주고받을 뿐 아니라 바위, 물, 공기, 조개껍데기, 석탄, 이산화탄소 배기가스에 그 우주먼지가 스며들게 한다. 수십억 년 동안 그래왔듯, 살아 있는 우리 존재들은 우주먼지를 바깥으로 내보내고 다시 받아들여 한동안 품었다가 도로 내보낸다. 계속되는 활동, 부패, 성장의 리듬이 매분, 매시간, 매년, 매 세대의 흔적을 남긴다. 그 모든 활동의 부산물인 당신의 일생은 모든 인류의 일부를 간직했다고 할 수 있다.

나는 이런 원소들을 연구하는 일에 뛰어들었고, 파고들수록 매력을 느꼈다. 세상은 상상하지도 못한 방식으로 이어져 있었다. 이를테면 내가 태어난 하와이 고향 인근의 숲은 몽골 사막에서부터 날아온 흙가루의 원소들 없이는 존재할 수 없다. 동시에 그 아래 흐르는 바다에도 의존한다. 바다에서 공기로 이동한 원소들이 비가 되어 숲의 뿌리를 적셔주기 때문이다. 그런가 하면 나무 아래 토양의 원소 분포는 옛 하와이 사람들이 어떻게 살았는지, 왜 성하거나 쇠했는지 그 비밀을 말해줄 수 있다.

나는 생명체의 원소에 숨겨진 비밀을 이해하면서, 살아 있는 우리 모든 존재가 원소의 군집 덕분에 존재하며 모든 형태의 생명체가 군집의 형성과 존속에 이바지한다는 것을, 그중에는 우리가 절대로 알 수 없고 아주 오래전 번성하다가 사라진 군집도 있다는 것을 알게 되었다. 인간은 셀 수 없이 많은 박테리아를 지니고 산다. 이 박테리아는 계속해서 우리의 원소 일부를 취했다가 되돌려주고, 그러면서 우리가 음식을 소화하고, 질병을 물리치고, 하루를 나도록 돕는다. 아마존 우림의 나무들은, 지금은 멸종했으나 한때 저지대 강기슭의 비옥한 토양 양분을 덜 비옥한 내륙으로 운반해준 육중한 동물 종들에 존재를 빚졌다고 할 수 있다. 그 동물들은 배설물로, 최종적으로는 죽어 썩어가는 몸으로 토양에 양분을 제공했다. 한편 그 나무들은 자신들을 말 그대로 뒤덮은 박테리아와 균류에서 생존에 필요한 원소를 취하기도 한다.

나는 생명의 원소를 추적할수록 우리 존재가 한낱 순간일 뿐이지만 그 안에는 우리보다 먼저 존재한 이야기와 우리가 떠나고도 오래도록 이어질 이야기가 가득하다는 사실을 깨달았다. 어느덧 내가 수십 년째 붙들고 있는 이 원소들에 관한 학문을 생물지구화학이라고 한다. 이름이 이렇게나 복합적인 이유는 생물학, 지질학, 화학 모두를 부분적으로 다루며 그 밖의 많은 것을 아우르기 때문이다. 물리학자들은 모든 과학이 물리학의 하위 분과라고 농담하곤 하는데, 그렇게 따지자면 생물지구화학도 못지않다. 아주 긴 시간이 주어진다면 생명체를 구성하는 원소들은 모든 것과 모든 곳에서 무엇에든 어디로든 옮겨갈 수 있다. 원소들은 자신들이 탄생한 태초 은

하계와, 온 세상과 우리를 연결한다. 메리 올리버는 『휘파람 부는 사람』에 수록된 에세이 「거북이 자매」에서 이것을 아름답게 표현했다.

> 모든 것은 분해되고 대체된다. 지금 이 순간은 아니지만 곧 우리는 새끼 양이고 나뭇잎이고 별이고 신비하게 반짝이는 연못물이다.*

생물지구화학은 우리에게 많은 것을 알려준다. 왜 이 옥수수밭은 저 밭보다 비료를 더 써야 하는지. 비료를 과하게 쓰면 왜 수백 킬로미터 떨어져 있는 바다 생물이 죽는지. 왜 어떤 호수는 연두색이고 다른 호수는 암청색인지. 왜 우리 조상들이 어디서는 번성하고 다른 곳에서는 그러지 못했는지. 왜 지구가 뜨거워지고 있는지도.

생물지구화학은 생명체의 변화는 필연적이며 그 폭이 늘 일정하지는 않다고도 말해준다. 가끔은 느닷없이 게임의 규칙이 달라져서 모든 존재가 허둥지둥 적응하기 바쁘다. 산소가 대기를 채운다. 어마어마한 화산 폭발이나 유성 충돌로 태양빛이 가려진다. 식물이 진화하며 세계 각지로 퍼진다. 그러다 인간이 등장해 수천 년간 잠잠히 있다가 불과 몇 세대 만에 전 지구를 바꿔놓는다.

---

* 메리 올리버, 『휘파람 부는 사람』, 민승남 옮김, 마음산책, 2015, 44쪽.

그런 변화가 영혼을 영글게 한다는, 내 학문과 모든 과학이 주는 가장 중요한 가르침을 나는 내 세상이 갈가리 찢긴 후에야 깨달았다.

가르침은 단숨에 찾아오지 않았다. 강의실에서처럼 아하 하고 깨달은 게 아니었다. 나는 인류가 좇는 거의 모든 답의 열쇠를 과학이 쥐고 있다고 오랫동안 믿고 살았다. 나에게 그런 답은 기술적, 의학적, 환경적 해법이었고 세상에 존재하는 방식에 관한 것이라고는 생각하지 못했다. 지식을 충분히 쌓는다면 과학으로 지구와 우리 존재를 설명하고 미래를 상당 부분 예측할 수 있다고 확신했다. 그리고 그게 과학의 본질적인 목적인 줄 알았다. 그 이상도 이하도 아니라고 생각했다.

물론 과학의 능력으로 예측하고 대답하고 발명할 수 있는 것들은 실로 대단하다. 하지만 과학을 모든 답의 근원으로 생각하는 복음주의적 믿음은 한계가 뚜렷하며 위험하다. 과학이란 인간이 만들고 실천하는 분야이기 때문이다. 한마디로 엉망일 때가 허다하다. 과학의 기적은 실패라는 풍요로운 작물에서부터 전혀 예측할 수 없는 순간에 싹을 틔운다. 그리고 그것은 문제의 시작에 불과하다. 과학의 역사는 억압, 남용, 배제, 폭력으로 점철되어 있다.

하지만…… 나는 과학의 여정을 이제 막 시작하는 학생들에게 가끔 이런 말을 건넨다. 야생적이고 혼란스럽고 고통스러운 이 비옥한 땅에, 인간의 가장 위대한 잠재력 또한 묻혀 있다고. 한 사람으로서도, 인류 전체로서도 그렇다. 이 땅에서 우리는 서로를 향한 사랑을 유형적이고 현실적인 쓸모로 바꾸어낼 수 있다. 과학은 우리가 가진 것 중에 가장 좋은 것들―호기심, 보살핌, 이타심―의 씨앗을 뿌리게 하고, 운이 따른다면 언젠가 우리가 사랑하는 사람들은 물론 수백만 인구를 살리고 키워낼 혁신의 열매를 거두게 해준다.

내가 이를 의심하지 않는 것은 과학이 과학자에게 어떤 의미인지 누구보다 고통스럽게 깨달았기 때문이다. 과학은 성취도, 역할도, 잘난 지식도 아니다. 과학은 하나의 과정이며, 세상을 관찰하고 그 안에서 존재하는 방식이다. 과학은 남보다 덜 한심하게 살도록 하거나 죽음을 늦춰주는 게 아니라, 어떠한 역경을 만나든지 자아에 매몰되지 않고 경이하는 방법을 가르친다. 지금 여기 존재하는, 바글거리고 참담하며 심오하고 아름답고 놀랍고 특별한 세상에서 말이다.

나는 신앙이나 영성과 다르지 않게 과학도 희망을 준다는 사실을 깨달았다. 지상 생명체가 극히 희박한 확률로도 계속 나아갈 수 있으며, 우리 각자의 선택이 다 의미가 있고, 사랑이 무너지기 직전의 우리를 구할 수 있다는 희망을. 과학자다운 사고는 단순히 치료법을 찾고 신기술을 만드는 데 그치지 않는다. 우리가 받아들인다면 과학은 영적인 자기 구원의 실천이 될 수 있다. 사랑의 행위가 될 수 있다.

나는 기독교인이 아니다. 교회를 다니지도 않는다. 그런데 과학과 종교가 생각했던 것보다 닮았다는 사실을 때때로 고통스럽게 배웠다. 아주 오래전 사도 바울로가 고린토인들에게 보낸 서신의 내용처럼 사랑이 오래 참고 온유하며 자기 유익을 구하지 않고 다만 진리 안에서 기뻐하는 것이라면, 과학만큼 순수한 형태의 사랑은 없을 것이다. 과학은 깊은 관심과 공감의 행위다. 아무리 숱하고 부끄러운 실패를 겪더라도 과학은 해법을 찾아 부단히 문제로 돌아가고 또 돌아가는 의지를 요구한다. 과학은 바꿀 수 있는 것들을 밝혀내고, 바꿀 수 없는 것들과 함께하는 법을 알려주는 학문이다. 여러 층위에서 이런 기술이 생명을 살린다.

   내가 처음부터 이렇게 생각했던 건 아니었다. 내 인생을 송두리째 바꾼 이 한마디를 들었을 때만 해도 미처 몰랐다.

   "따님의 MRI 검사에서 뭔가를 발견했습니다."

1
흙가루

지금으로부터 20여 년 전의 어느 날, 내 고민은 오른발 뒤꿈치였다. 찌는 듯이 더운 아마존 목초지를 발로 디딜 때마다 찌릿한 통증이 퍼졌다. 그날 밤 나는 오두막에서 나와 다 썩어가는 포치 끄트머리에 걸터앉아 있었다. 투박한 오두막 내부는 더러운 작업복 악취가 진동했고 숨막히는 열대 더위로 가득했다. 헤드램프로 뒤꿈치를 비추니 빨갛게 부푼 자리가 보였고, 하얀 물집 정중앙에 작고 검은 점이 박혀 있었다.

나는 왼쪽에 앉아 있는 남자를 바라보았다. 그는 큰 키에 근육질이었고 검은 머리를 바짝 깎았으며 짙은 눈은 마체테 칼날로 신발 밑창에 말라붙은 진흙을 파내는 데 쏠려 있었다. 해군 특수부대 장교였다가 열대 생태학자가 된 그레그는 아마존 일대로 나를 이끈 장본인이었다. 나는 뒤꿈치에 박힌 검은 점을 가리켰다.

"이거 뭔지 알아?"

그레그는 몸을 기울여 살피고는 다시 칼날로 밑창을 후볐다.

"비슈 지 페Bicho de pé."

"뭐?"

"비슈 지 페라고. 발바닥 기생충. 칼로 파내야 해. 안 그러면 안에서 부어올라 알을 깔 거야."

"젠장, 뭐라고?"

나는 그레그의 말대로 했다. 금주 구역인 브라질 산림청 캠프에 몰래 반입한 잭 대니엘스 미니어처 술병을 비운 다음, 주머니칼에서 크기가 작은 날을 꺼내 청회색이 되도록 끝을 그을린 뒤 벌레가 박힌 부위를 조심스럽게 찔러보았다. 아팠다. 한번 더 찔렀으나 역시 도려내는 데 실패하자 그레그가 핀잔을 줬다.

"장난 그만하고 얼른 파내."

캠프의 위치를 알려주는 지물이라고는 브라질 강변 도시 산타렝에서 아마존 중부의 깊은 심장으로 이어지는 울퉁불퉁한 도로 위 킬로미터 표지판이 유일했다. 표지판에는 83킬로미터라고 거리가 표시되어 있었다. 캠프에는 나무 오두막이 흩어져 있었다. 그중 한 곳에 설치된 오목한 위성안테나 덕에 이따금 밤늦게까지도 세계 곳곳의 축구 경기가 불협화음을 이루며 요란하게 중계되었다. 그리고 어디에나 닭들이 있었다. 곧 죽을 것처럼 생긴 개도 네 마리 돌아다녔다. 하나 있는 수컷 칠면조는 새벽 세시 반만 되면 꾸르륵꾸르륵망할꾸르륵

하고 목이 찢어지게 울어대는데도 용하게 목숨을 부지했다. 칠면조가 울면 개들도 짖기 시작했다. 잠에서 깬 우리는 욕을 읊조리고 옆자리 해먹과 부딪치기도 하며 누워 있었다. 고함원숭이가 네시 반쯤 천식에 걸린 것처럼 울부짖으면 곧 동이 튼다는 신호였다. 어쨌거나 커피 맛은 좋았다.

그날 일찍 내가 사이펀을 사용해 픽업트럭에 연료를 넣으려다가 실패하자, 그레그가 픽업트럭 짐칸의 녹슨 연료통에 호스를 넣고 디젤 연료를 입으로 빨아올려 통하게 한 뒤 머금은 것을 확 뱉어냈다.

"됐다. 이제 얼른 빠져나가자고."

그레그가 차를 몰고 미친듯이 달렸다. 우리가 지나는 길에는 이따금 종잡을 수 없는 닭떼가 출몰해 위험했다. 나는 내 머리가 여기저기 찌그러진 흰색 도요타 트럭의 천장을 뚫고 나가지 않게 조심해야 했다. 겁먹은 수탉 하나가 날아올라 운 좋게 트럭 앞면 그릴을 몇 초 붙들었다가 필사적으로 푸드덕대며 길 건너편에 안착했다. 아마존의 이 일대는 건기가 한창이어서 모든 게 흙먼지로 뒤덮였다. 내 입안도 예외가 아니었다. 나는 물로 입을 헹구려다가 트럭이 또 한번 크게 덜컹거리는 바람에 그만 셔츠에 물을 쏟고 말았다. 그레그는 그런 나와 수탉을 번갈아 보며 실성한 듯이 웃었다. 내 눈에는 그가 일부러 혼란을 키워 내면의 무언가를 만족시키려는 듯 보였다.

그리고 지금, 오두막 포치의 침침한 불빛 아래, 식사 후 즐길 거리인 양 몸을 기울여 내 발을 구경하는 그레그에게 나는

"입 닥쳐"라고 쏘아붙였다. 그리고 이를 악물고 아픈 걸 참으며 검은 점 바로 밑으로 비스듬히 칼을 찔러넣고 힘을 주었다. 한번 더 빠르게 밀어넣자 탁한 핏줄기가 가늘게 흘러나왔고, 마침내 벌레가 칼날 끝에 얹혀 모습을 드러냈다. 검은색과 갈색이 섞인 작은 덩어리는 이렇다 할 특징이 없어 썩어가는 오두막의 나무 부스러기라 해도 이상하지 않았다. 나는 벌레를 땅바닥에 내려놓았다. 그레그는 쇼가 끝난 것을 아쉬워하며 신발 밑창을 마저 긁기 시작했다. 30미터쯤 떨어진 곳에서 다른 트럭 한 대가 흙먼지와 디젤 매연을 으르렁 뿜어내며 지나갔다. 뒤에 딸린 트레일러에는 아마존 내륙에서 벌채한 통나무가 가득했다.

가장 먼저 표적이 되는 것은 주로 마호가니, 이페, 자토바처럼 큰돈이 되는 나무들이었다. 돈이 덜 되는 이웃 나무들과 함께 잘려 불도저로 끌려나오거나, 그 자리에서 절단되고 묶여 말로 운반되었다. 수천 달러짜리 테이블과 수납장이 될 나무 한 그루를 베어낼 길을 내느라 다른 열 그루가 함께 베였다. 남겨진 나무들은 더 심하게 난도질당했다. 결국 마구 엉킨 통나무, 그루터기, 덩굴, 잘린 가지, 작은 나무만 남았다. 몸집이 큰 동물들은 근처 숲으로, 또는 숲이 있을 만한 곳으로 떠나고 없었다. 뱀, 개구리, 도마뱀처럼 빠르게 이동하기 힘든 동물들은 허둥댔다. 한동안은 그럴 터였다.

숲이라는 이름이 무색하게 구멍이 숭숭 뚫린 숲은 건기가 한창일 때 살벌한 열기에 빠르게 건조해진다. 그러다 불이 붙는다. 한때 30미터 넘게 솟았던 나무들은 그루터기만 남아 몇 주씩 타들어갈 것이다. 숯덩이가 된 주변 땅 때문에 열기는 갈수록 심해진다. 대낮에 숲속을 걸으면 신발을 뚫고 열기가 전해지고 호흡이 가빠진다. 끝나지 않는 사우나를 꾸역꾸역 통과하는 것만 같다. 우리가 이곳에 오기 한 달 전에는 산림 전용deforestation을 목적으로 불을 지른 탓에 산타렝 하늘에 연기 줄기가 뒤엉켜 비행기가 뜨지 못할 정도였다.

숲이 불타면 나무 속 원소들이 새까맣게 잿더미가 된 땅에 남겨진다. 그 절망적인 풍경에 여전히 풍요의 가능성이 존재한다고는 쉽사리 그려지지 않는다. 하지만 비가 내리면 비로소 비밀이 드러난다. 새로운 작물―아마도 카사바이거나 최근에는 대두― 혹은 목초 씨앗이 잿더미 속 양분을 섭취해 일단 싹을 틔울 것이다. 불을 지르고 1, 2년만 지나도 목초지에는 귀가 축 늘어진 소들의 배를 간지럽힐 만큼 빽빽하게 푸른 풀이 자라난다. 이렇게 비옥함을 살리는 게 애초에 불을 지르는 주된 이유 중 하나다.

하지만 이 모든 것은 과거 밀림이었던 곳의 뼈대에 불안정하게 걸쳐 있는 환상일 뿐이다. 한때 드높은 숲이 품었으며 몇백 년간 이 나무에서 저 나무로 전해진 양분은 상당 부분 연기에 실려 날아가버렸다. 무성한 풀은 잠시만 살아갈 뿐이다. 그것들이 시들해지면 또 불을 질러 하향의 사이클을 이어간다. 생명을 일으키는 양분은 오래된 토양에 가뜩이나 부족한데 그마저도 연기와 함께 사라진다. 대략 10년이 지나면 숲

곳곳에 사람들이 자주 드나드는 구역이 만들어지고, 풀은 짧고 거칠어지며 가시덤불이 잔뜩 생긴다. 소들은 뼈만 남는다. 불을 지를 숲속 땅을 찾는 작업이 다시 시작될 것이다.

   소설가 리처드 파워스는 『오버스토리』에서 이렇게 썼다.

그게 인간들의 골칫거리, 그들에게 뿌리박힌 문제야. 생명은 그들의 옆에서 보이지 않는 상태로 함께 가지. 바로 여기, 바로 옆에서. 토양을 만들고, 물을 순환시키고, 영양분을 교환하고, 날씨를 만들고, 대기를 쌓고, 인간이 셀 수 있는 것 이상의 생명체들에게 먹이를 주고 보살피고 은신처를 제공하면서.*

   옳은 말이다. 아마존 숲은 놀라운 생명의 요람일 뿐 아니라 정말 스스로 날씨를 만든다. 숲을 베어내면 평상시 숲이 토양에서 공기로 수분을 운반하는 과정에서 생기는 비 올 가능성이 점차 줄어든다. 숲의 면적이 자꾸 줄면 영영 내리지 않을지도 모른다.

   우리는 이 망해가는 목초지에서 한 달여간 땀을 몇 바가지나 흘렸다. 산림전용의 사이클을 더 잘 이해하고 가능하다면 속도를 늦추는 방법을 찾고 싶었다. 원래 해군이었던 그레그는 항공우주 공학자로 훈련받았는데, 하와이에서 몇 달간 주둔하면서 종 보존과 토지 관리 문제에 마음을 빼앗겼다. 그리

---

* 리처드 파워스, 『오버스토리』, 김지원 옮김, 은행나무, 2019, 14쪽.

고 어쩌면 자신의 경력을 활용해 현장에서 수많은 사람이 달라붙어도 할 수 없는 방식으로 문제를 측량하고 파악해볼 수 있을지도 모른다고 생각했다.

그리고 이제 그레그는 자신의 기술을 써먹는 중이었다. 확실히 야심 찼던 우리의 계획이 전부 탈없이 굴러간다면 어느 목초지가 가장 빨리 척박해질지, 어디가 생각보다 오래 버텨 줄지 예측하고 그것을 바탕으로 숲을 효과적으로 보존할 방법을 알 수 있을 터였다. 이 모든 것은 저 높이 하늘을 나는 인공위성의 몫이었지만, 일단은 이 초라한 땅에서 데이터를 아주 많이 모아야 했다.

며칠은 50미터짜리 산림용 줄자를 사용해 열심히 목초지에 격자를 둘렀다. 우리는 격자 선을 따라 오븐 토스터만한 노란색 금속 상자를 들고 걸었다. 상자는 상단에 디지털 제어판이 달려 있었고 조종 손잡이가 여러 개였다. 한끝에 구불구불 달린 약 180센티미터 길이의 코드는 손에 쥐는 센서와 이어졌다. 우리는 그 센서를 땅으로 향하게 하고 걸었다. 그러면 센서가 우리 눈에 보이거나…… 보이지 않는 빛의 고해상 데이터를 수집했다. 수풀의 노란색과 초록색, 토양의 흙색, 목초지 여기저기 피어난 작은 꽃의 파란색 또는 보라색, 그 모든 색깔이 전자기 스펙트럼을 구성한다. 하지만 가시광선은 스펙트럼의 극히 일부일 뿐이다. 눈에 보이지 않으나 거의 모든 표면에서 반사되는 파장에도 많은 정보가 들어 있다. 바로 그런 파장이 수풀의 화학적 구성에 관한 정보를 알려줄 수 있었다. 그런 데이터는 특정 목초지가 얼마나 건강한지 또는 건강하지 않은지 말해주는 지표였다. 우리는 그것을 참고해 인공위성 데이터를 다시 살피고, 그로부터 어떠한 결론에 이를 수 있을지 알고 싶었다. 이 정보에서 화학적 변화의 단서를 발견할 수 있지 않을까? 그런 뒤 이 일대의 화학적 변화를 지도로 만든다면 어디가 가장 위험에 처했는지 예측할 수 있지 않을까?

상자를 들고 다니는 작업은 그나마 재미있는 축에 속했다. 목초지에서 흙구덩이를 파내는 작업은 그렇지 않았다. 노랗고 불그스름한 점토로 이뤄진 오래된 토양은 소 발굽에 다져져 어떤 때는 흙이 아니라 시멘트처럼 단단했다. 한번은 무더위에 땀을 뻘뻘 흘리며 머쓱할 만큼 적은 양의 흙을 삽으로 파내고 있었다. 그레그가 삽에 몸을 기대며 투덜댔다. "이럴 거면 망할 잭해머라도 가져오는 건데."

하지만 흙을 파내는 일은 우리 계획의 핵심이었다. 토양은 목초지가 양분을 취하는 원천이었다. 인공위성은 직접 흙을 들여다볼 수 없으니, 우리가 센서를 들고 다니며 모은 수풀의 정보와 일대의 토양 지도, 그리고 그 토양을 대상으로 진행한 화학 분석의 결과를 모아 인공위성이 구현할 예측 지도를 완성해보고 싶었다.

힘든 작업이었지만, 그 시절 우리 둘은 젊었고 과학이 제시하는 몇 가지 답으로 큰 흐름을 바꿀 수 있다는 희망이 있었기에 지치지 않았다. 우리는 정확히 목초지의 어느 부분이 왜 죽어가는지 알아내면 농부와 목장 주인 모두 땅에서 더 많은 걸 얻어낼 수 있으리라 생각했다. ……더 나아가 숲을 대규모로 베어낼 필요도 없어질 터였다. 솔직히 조금은 이상적인 계획이었으나 마냥 허무맹랑하지도 않았다. 결국 수년 후 그레그는 우리의 연구를 토대로 최상위 정부 조직이 산림전용의 패턴과 원인을 이해하는 데 활용하는 도구를 제작했다. 우리가 들고 다니던 작은 상자를 개조해 비행기도 설계했다. 그 비행기로 넓은 우림을, 나중에는 산호초 지대를 측량했는데 디테일의 수준이 과거 우리는 꿈도 못 꿨을 만큼 뛰어났다.

당시 비행기가 있었을 리 없는 우리는 소규모 지역에 에너지를 쏟아야 했고, 허구한 날 처량한 목초지에서 힘들게 일했다. 바로 건너에는 갖은 날씨를 견딘 판잣집들과 노천 식당 겸 술집이 있었다. 식당 겸 술집 앞에 깔린 대로는 우리 캠프에서 남쪽으로 30킬로미터쯤 떨어진 아마존 내륙으로 이어졌다. 가게 주인 마우에우는 엉클어진 머리에 기름기가 끼어 있었고 얼굴에 주름이 짙었다. 그 주름이 그가 자기 세상을 꾸려온 복잡다단한 길을 상징하는 듯했다. 목초지에서 마우에우는 앙상한 소 몇 마리를 먹여 살리느라 바지런히 움직였다. 식당 겸 술집에서는 청량음료나 맥주, 그 밖에 간단한 음식을 팔았다. 가게를 찾는 불특정 손님들은 종종 대중 잡을 수 없었는데, 대체로는 통나무나 이런저런 물건을 나르는 트럭 운전사들이었다. 젊은 여성 종업원들이 마우에우를 도와 음식과 음료를 날랐다. 얼마 안 있어 우리는 그 종업원들이 몇몇 단골손님을 술집 바깥의 작은 판잣집으로 안내한다는 것을 눈치챘다. 이후 술집으로 돌아온 여자들은 마누에우와 무언가를 조용히 상의했다.

마누에우를 처음 만났을 때 그레그는 그에게 주변 일대를 인공위성으로 촬영한 포스터 크기의 사진을 선물하면서 이곳 도로와 건물, 그리고 들쭉날쭉한 사각형들의 패치워크처럼 보이는 그의 땅을 손으로 가리켜 알려주었다. 마누에우는 곧장 그 사진을 술집 한가운데, 유명 축구 브랜드를 홍보하는 헐벗은 모델 포스터 위에 덧붙였다. 마누에우는 다른 사람들을 불러 사진을 구경시켰고 속사포처럼 빠른 포르투갈어로 한참이나 이야기를 나눴다. 그레그와 나는 대화 내용을 거의 알아듣지 못했다. 마누에우의 주변 사람들은 이따금 고개를 끄덕이거나 무언가를 물었고, 그러는 동안 그레그와 나는 대화에 끼지 못한 채 얼빠지고 자신 없는 미소를 지은 채 구석에 서 있었다.

하루는 오후 늦게 마누에우가 사진 앞에 서서 종업원과 조용히 이야기를 나누고 있었다. 나는 더위에 물방울이 맺힌 콜라 병을 들고 마시고 있었는데, 이윽고 마누에우가 내가 앉은 구석 테이블로 다가왔다. 그레그는 현장에 남아 다음날 작업을 위해 노란색 상자를 정비하는 중이었다. 마누에우가 다른 쪽 목초지로 따라 나오라고 손짓했다. 우리는 뜨거운 햇빛을 받으며 천천히 걸었다. 마누에우가 몸을 숙여 바짝 마른 풀을 한 움큼 뜯은 뒤 한숨을 쉬며 포르투갈어로 말하기 시작했고 나는 알아들어보려 애썼다.

"풀이 얼마나 시들었고 억센지 보여요? 소들한테 좋지 않아요."

그러더니 상태가 좋지 않은 풀잎으로 가시덤불을 가리켰다.

"저것도 불을 지를 때마다 늘어나네요. 역시 좋지 않아요."

"그러면 왜 태우나요?" 내가 물었다.

"안 그러면 더 심각해지니까요. 어쩔 수 없어요."

이어 마누에우의 표정이 조금 환해졌다.

"자, 다른 걸 보여줄게요."

마누에우는 목초지 건너 나무들이 굽이굽이 자란 곳으로 나를 안내했다. 가까이 가니 작은 개울이 보였다. 물은 황토색이었으나 맑았다. 다른 곳과 똑같은 목초가 허벅지까지 올라와 한결 밝은 녹색 잎을 길게 펼쳐서 둑을 가렸다. 풀잎도 더 연했다. 높이 솟은 나무들이 그 위로 우거져 기분좋은 그늘을 드리웠다. 개울에는 나무 한 그루가 비스듬히 쓰러져 있었다. 마누에우가 여기저기 흠집 난 고무장화를 벗더니 개울로 들어가 그 나무다리에 걸터앉았다. 두 발이 물속에 둥둥 떴다. 그러다가 갑자기 벌떡 일어나 물속에 서서 앉은 자리를 돌아보았다. 그가 가리킨 나무다리의 몸통 위쪽에서부터 커다란 개미 한 마리가 기어오고 있었다.

"투칸데이라Tucandeira."

아는 단어였다. 영어로는 총알개미bullet ant라고 부른다. 이 곤충은 '물리면 가장 아픈 동물' 최상단에 오른 것으로 악명이 높다. 저스틴 슈밋이라는 어느 가엾은(정신 나간?) 자가 모든 통증을 체계화해 슈밋 침 통증 지수라는 척도를 발명했다. 한마디로 과학자가 과학자다운 일을 벌였다. 슈밋은 곤충 독침이 인간 혈액에 어떤 영향을 미치는지 연구하던 중 그 척도를 만들게 되었다. 곤충학자였던 그는 딱하게도 자기 목록에 오른 곤충 대다수에 직접 쏘여보거나 물려보았다. 총알개미의 신경독소는 통증의 강도나 지속 기간 항목에서 모두 최상단에 올랐다. 참고로 총알개미의 다른 이름은 24시간 개미이기도 하다. 얼마 전 세상을 떠난 슈밋은 그 모든 괴로움을 감내하면서도 유머 감각을 잃지 않았다. 그는 총알개미에 다음가는 어느 곤충에 쏘인 통증이 "활화산에서 흘러나오는 것들을 사슬에 묶인 채 맞는 것과 같다"라며 "내가 왜 이런 목록을 만들었을까?" 하고 한탄했다.

나는 정신 나간 곤충학자가 아니었기에, 얼른 나무다리를 피해 신발을 벗고 개울로 들어갔다. 무더운 목초지에 있다가 와서인지 맨발에 닿는 물의 감촉이 슈밋 지수와 아득히 멀게 느껴졌다. 마누에우 옆에 서서 잠시 경치를 감상했다. 그러면서 술집과 그 뒤편에서 그런 일을 벌이는 사람이 이렇게나 이 장소를 사랑하는 사실에 관해 생각했다.

나는 하류에 있는 커다란 나무를 가리켰다. 껍질이 연해 보였고, 커피에 크림 한 덩이를 섞은 색깔을 띠었으며, 내려갈수록 넓어지는 밑동은 여러 겹으로 깊은 주름이 져 있었다.

"나무들이 아주 귀해 보이는데요? 여기도 당신 땅인가요?"

그가 고개를 끄덕였다.

"네, 그런데 여기 나무들은 베지 않아요."

"왜요?"

"나무들을 베면 아침에 여기서 새 구경을 못하니까요."

내가 인간의 복잡함을 이해하려고 노력하는 동안 그도 잠시 말을 멈췄다. 마누에우는 돈을 벌 수 있다면 도로변 성매매에도 거리낌이 없지만 물가 나무들은 베지 않았다. 그때 마누에우가 나를 보며 한 말을 오랫동안 잊지 못했다. 어떻게 보면 혼잣말하듯이 아주 가만히, 그가 말했다.

"우리는 살면서 선택이란 걸 하잖아요? 그게 다 의미가 있어요."

순간 마누에우는 체념과 자기반성의 분위기를 풍겼다. 나는 그가 자기 선택을 조금은 되돌아보는 것이기를 바랐지만, 사실은 우리가 그 남자와 어울리기로 한 선택에 대해 조금이나마 마음이 편해지고 싶었던 것 같다. 그러나 몇 년 후 인생이 갑자기 무너져 허덕일 때 나는 마누에우를 떠올렸다. 마누에우는 인생이 얼마나 단순하지 않은가를 보여주는 하나의 예시였다. 그리고 그때 그가 한 말은 인간 존재가 겪는 혼란을 넌지시 가리켰다. 우리는 세상의 혼돈을 통제할 수 없지만 우리의 선택은 세상에 대단히 중요하다. 우리가 하루하루를 살면서 대기에 배출하기로 선택한—자동차와 비행기 여행, 실내 난방, 그리고 그레그와 내가 연구하던 불탄 나무들로 인해 발생한—이산화탄소는 1000년 동안 대기에 머무른다. 그렇게 우리는 하늘에 우리의 유산을 얼마간 남긴다. 마누에우가 나무들을 일부 베어내기로 한 선택과, 그의 목초지에서 키운 소들로 언젠가 만들어질 햄버거를 모두가 사 먹기로 한 집단적 선택은 후대인들에게 고스란히 영향을 미친다.

이와 유사하게 우리가 살면서 내리는 선택들은 몸속에 오래가는 변화를 새긴다. 두려움 대신 희망을 선택하면 몸속에서 전혀 다른 화학 연쇄반응이 일어난다. 인생의 혼돈 앞에서도 희망을 잃지 않을 때 우리 몸에는 안정감과 활력을 주는 호르몬이 돈다. 반대로 두려움과 스트레스에 빠지면 다른 배합의 화학물질이 공격을 개시한다. 특히 트라우마와 그에 따른 반응은 자신의 건강은 물론 후손의 유전자 발현과 신체까지 바꿔놓을 수 있다. 우리의 선택은 정말로 오래가는 결과를 만든다. 이것은 믿음이 아니라 과학적 사실이다.

이 사실 앞에서 어쩔 줄 몰라 마비되는 것도 이해가 간다. 우리는 선택의 결과에 연연할 때가 많다. 어떤 선택이 얼마나 오랫동안 세상에 파문을 일으킬지 집착적으로 매달리면서도 한발 물러서서 이해해보려 하진 않는다. 아마존에 있을 때 한 번은 그레그와 함께 하늘을 찌를 듯 높은 나무들과 지저귀는 새들이 둘러싼 외진 밀림의 강으로 배를 타고 나가 아마존강 돌고래들이 헤엄치는 모습을 넋 놓고 감상했다. 그런데 각자의 결혼생활과 그 밑바탕에 번져가는 균열들을 이야기하기 시작하자 주변의 아름다움이 희미해졌다. 각자가 직면해야 할지도 모를 불편한 선택을 곱씹다보니 자연스럽게 스트레스와 분노에 사로잡혔다. 그때 그레그가 멈칫하더니 주변을 둘러보며 말했다. "우리가 지금 어디에 있는지 봐. 이런 데 와놓고 우리 대체 뭐하는 거야?"

나는 그날 개울에서 마누에우와 함께 서 있으면서 그레그와 내가 뒤쫓는 과학적 문제가 무엇인지 서툰 포르투갈어로 자세히 설명하려고 노력했다. 그러자 마누에우도 궁금한 것을 묻기 시작했다. 급기야 나는 말과 우스꽝스러운 몸짓을 섞어가며, 개울가 나무들이 어쩌면 사하라사막에서 날아온 흙가루 속 양분에 의지해 살아가는지 모른다고, 그 흙가루가 우리 머리 위 나뭇잎에도 들었을 수 있다고 설명했다.

내 말을 이해하자 마누에우의 얼굴에서 고생하는 소떼와 이런저런 문제로 스트레스에 시달리던 기색이 온데간데없이 사라지더니 뜻밖의 기쁨을 만난 듯한 표정이 떠올랐다. 그때부터 질문이 쏟아져 정리하는 데만 한참이 걸렸다. 어떻게 아프리카에서 온 흙가루가 나뭇잎 속에 들었다는 건가요? 어떻게 흙가루가 여기까지 왔죠? 그게 바다를 건너왔다는 사실을 어떻게 아나요? 나는 마누에우를 보면서, 아무리 힘든 상황에서도 호기심이 우리를 정말로 유효한 답으로 이끌 뿐 아니라 안정시켜준다는 사실을 깨달았다. 희망이 위안을 주듯이 호기심은 우리의 신경을 진정시키고, 마음을 열게 하며, 내면에서 우리를 갉아먹는 스트레스 호르몬에 제동을 건다. 과학적 태도의 기반인 호기심은 그 자체로 우리를 치유하는 약이다.

2
성장

나비의 변태 과정을 본 적 있는가? 그 변화는 올챙이가 겪는 것과 다르다. 막대기 같은 다리와 무지갯빛 날개는 고치 속 애벌레 몸에서 그냥 쑥 나오는 게 아니다. 애벌레는 번데기가 되면 그 안에서 녹는다(혹은 녹은 상태에 가까워진다. 종에 따라 다르다). 이 단계의 번데기를 갈라보면 찐득한 액체만 나온다. 새끼벌레가 액체로 변해 이전 삶은 영영 사라지고 없다.

무시무시한 광경이다. 흡사 죽음 같기도 해서 수백 년 동안 박물학자들은 정말로 애벌레가 죽었다고 생각했다. 그렇기에 나비의 변태는 부활처럼 보였다. 신학자들은 신이 나비의 변태로 예수의 부활을 증명했다고 주장했다.

실제 나비의 변태 과정은 그런 게 아니지만, 내게는 실제 과정 역시 기적같이 느껴진다. 번데기 속 액체는 다량의 소화효소로 이뤄졌다. 그 안에는 눈에 보이지 않는 성충반이라는 작은 세포 무리들이 있다. 성충세포들은 소화효소를 연료 삼아 증식하기 시작해 날개, 다리, 뇌, 눈을 만들고 나비의 몸을 갖춘다.

10년 전 조지타운대학교의 생물학자 마사 와이스는 성충세포 일부에 애벌레의 기억이 저장되어 있다는 사실을 밝혀냈다. 애벌레는 과거의 지혜를 간직한 채 녹아내린 현재를 지나 달라진 미래에 이른다. 그렇다면 번데기는 부활의 메타포라고 말하기 힘들지 않을까. 그보다는 희망의 메타포다. 트라우마와 상실의 때에 극미하게 작아지지만, 그렇다고 그 현존이나 힘이 절대 덜해지지 않는 존재. 삶과 기억은 무도하고 무시무시한 혼돈과 무질서 속에서 익숙한 것들이 와르르 무너져내릴 때도 견디는 방법을 찾아낸다. 당장 무너지는 현재에서는 과거를 이해할 수도, 미래를 상상할 수도 없다. 그러나 와이스 박사를 비롯해 60여 년 동안 연구에 매진한 생물학자들 덕분에 우리는 희망의 씨앗이 바로 그 안에, 수렁 한가운데 떠 있음을 안다.

우리는 세상을 이야기의 틀에 넣고 싶어하고, 삶이 논리적으로 흘러가야 한다고 생각한다. 그런데 나비는 정반대의 진실을 보여준다. 우리의 현실처럼 나비의 이야기는 찐득하게 녹아내렸다가 완전히 다른 동물이 되는 결말로 끝난다. 그런 점에서 이 이야기는 과학의 축소판이기도 하다. 때로는 예상대로 결과가 나오지만 그러지 않을 때가 훨씬 많다. 우리가 원하든 아니든, 결국 과학에는 현실이 개입하게 되어 있다.

이는 궁극적으로 좋은 일이다. 우리가 뚝딱 만들어내기 쉬운 허구의 세상이 아니라 있는 그대로의 세상이라는 맥락에서 삶을 평가하도록 하기 때문이다.

과학은 우리가 고삐 풀린 성장을 감당 못하는 세상을 살고 있음을 말해준다. 우리는 절대 그것을 감당하지 못한다. 인간의 몸은 그런 것을 감당하도록 만들어지지 않았다. 지구도 마찬가지다. 인류 문명도 그런 성장을 지속할 수는 없다. 성장의 대상이 경제든 지역이든 다른 무엇이든 간에 말이다. 지난 두 세기 동안 처음에는 서구사회가, 이후로는 전 세계가 그런 성장을 감당할 수 있는 척해왔지만, 그렇게 해서 우리가 도착한 곳을 한번 보라. 과학자이자 작가인 호프 자런은 '더 많은 것을 바라는 이야기The Story of More'*라는 책 제목으로 상황을 적확하게 표현했다. 그러나 세상은 머지않아 더 적은 것을 요구할 것이다. 성장이 순탄히 계속될 수 있다는 말은 단 한 번도 진실이었던 적이 없다. 애벌레가 주는 교훈이 우리에게 중요한 이유도 이것이다. 이 지구에서 건강하고 희망찬 성장은 필연적으로 붕괴를 수반한다.

나에게 붕괴의 순간은 11월의 어느 흐린 날 찾아왔다. 나는 아내 다이애나와 함께 콜로라도 아동병원의 영상의학과 대기실에 앉아 있었다. 아내는 뼈를 바스러뜨릴 기세로 세게

---

* 한국에서는 다음의 제목으로 출간되었다. 호프 자런, 『나는 풍요로웠고, 지구는 달라졌다』, 김은령 옮김, 김영사, 2020.

내 손을 붙들었다. 우리 딸 네바는 출입금지 경고문이 붙은 쌍여닫이문 너머 어딘가에 아직 누워 있었다. 선량한 눈빛의 소아암 전문의가 옆에 와 네바의 MRI 검사 결과를 전했을 때, 우리 몸속 원자 하나하나가 출입금지 경고를 어기고 싶어 난리를 피웠다.

의사의 말이 이어졌다. "뇌하수체에서 종양"이 발견되어서 "그걸 제거하는 뇌수술을 해야 한다"라고 했다.

나는 그 와중에도 정보를 처리해 적절한 질문을 했다. 부디 이런 결과가 아니기를 조용히 애원하고 바라고 기도했지만, 사실 이렇게 될 줄 이미 직감했었다. 데이터가 그것을 가리키고 있었으니까. 엑스레이 사진들만 봐도 딸아이의 뼈는 막 걸음마를 떼는 아기 수준이었다. 놀이터에서 또래가 하는 평범한 행동을 아이는 대부분 하지 못했다. 두통 때문에 고생하는 날도 매달 여러 차례였다. 네 살 아이에게 그런 일은 일반적이지 않았다. 그러지 말라는 충고에도 나는 기어코 관련 정보를 검색했고, 일차문헌에서 발췌한 글들을 찾아 읽은 끝에 두개인두종이라는 결론에 이르렀다. 끔찍한 과정을 통해 나는 이미 마음의 준비를 해둔 터였다. 이럴 때는 내 안의 과학자가 사라졌으면 하는 생각이 든다.

소아암 전문의는 레지던트들을 이끌고 영상의학과 대기실로 왔다. 우리를 만나러 올 때 그들의 심정은 어땠을까. 속을 살가리 찢어놓는 소식을 전하러 오는 일이 그들에게는 일상이었으려나? 아니면 임박한 고통의 일부를 제 것으로 받아들여 충격을 조금이라도 덜어주고픈 마음으로 무겁게 왔을까. 레지던트들은 하나같이 자신 없어 보였다. 복잡한 감정 셈법을 어떻게 풀어야 할지 여전히 고민하는 듯했다. 그래도 나는 소아암 전문의를 보면서 '이 사람은 우리를 포기하지 않을 거야' 하고 생각했다.

의사는 MRI 촬영중이던 기사에게 연락을 받아 우리 딸 뇌에 또렷한 병변이 보인다는 소견을 들었다고 했다. 덕분에 우리는 네바가 없는 자리에서 먼저 충격을 추스를 수 있었다. 그러나 대뜸 참을 수 없을 만큼 딸이 보고 싶어졌다.

"이제 들어가도 되나요?"

"그럼요. 참고로 방사선검사를 진행하고 결과를 정식으로 판독해봐야 해요. 하지만 두개인두종이 거의 확실해 보여요. 후속 CT 정밀검사로 확인해볼 수 있겠습니다. 일단 따님을 만나 뭘 좀 먹이고 7층으로 와서 다음 단계를 상의하시죠."

간호사가 문 너머 이동식 침대가 줄줄이 있는 병실로 우리를 안내했다. 열두 살쯤 되어 보이는 남자아이가 침대에 누워 뚱한 눈으로 TV를 시청했다. 다른 간호사가 보살피는 옆 침대에서는 아기가 울고 있었다. 가장 안쪽 침대에 네바가 있었다. 팔에는 아직 정맥주사가 꽂혀 있었고, 가슴에 붙은 전극 장치는 침대 위 모니터로 이어졌다. 숱 많은 갈색 머리는 헝클어진 상태였고, 휘둥그레진 파란 눈에는 생기가 없었다.

"엄마."

아내는 자신의 검은 머리를 서둘러 정돈한 뒤 네바의 가슴에 손을 얹고 머리에 입을 맞추었다. 그리고 전부 괜찮다고 아이를 달랬다. 아내와 딸은 놀랍도록 닮았다. 조심스러운 장난기가 넘실대는 큰 눈, 크고 환한 미소, 유독 회전이 빠른 머리, 상투적인 설명에 의문을 제기하는 습관까지 판박이였다. 병을 진단받기 바로 전해 크리스마스를 앞두고 고작 세 살이었던 네바는 논리적인 증명으로 우리를 꼼짝 못하게 했다.

"엄마, 산타 할아버지는 어떻게 지붕에 올라가요?"

"루돌프를 타고 날지."

"나는 건 마법 아니에요?"

"음, 그렇지. 엄마도 그렇게 생각해."

"하지만 엄마, 산타 할아버지가 마법을 부리는데 마법이 진짜가 아니면 산타 할아버지도 진짜일 수 없어요."

네바는 엄마 배에서 나왔을 때부터 짙은 머리칼 아래로 침착하고 의심 많은 표정을 짓고 있었다. 마치 순식간에 커진 주변 세상을 비판적으로 평가하는 것처럼. 결국 분만 보조 간호사가 억지로 아이를 울려야 했다.

우리집 벽난로 선반에는 이중 분할 액자가 있었다. 각각 다이애나와 네바의 세 살 적 사진이 들었다. 네바는 소매에 줄무늬가 있는 빨간 원피스를 입었고, 오래되어 빛바랜 다른 사진 속 다이애나는 무늬 있는 외투를 걸쳤다. 사진에 남은 세월의 흔적을 지우고 보면 두 여자아이는 분간할 수 없을 만큼 빼닮았다. 친구들은 내 아내와 딸을 보며 아내 혼자 딸을 낳은 것이냐며 농담하는가 하면 이렇게 말하곤 했다.

"생물학이 틀렸어. 유전자는 반반씩 물려받는 게 아니라니까."
가끔은 웃으며 한마디를 덧붙였다. "얼마나 다행인지 몰라."
다이애나가 네바의 침대맡, 조용히 깜빡이는 모니터 옆에 서 있던 간호사를 바라보았다.
"아이가 뭘 먹거나 마셔도 되나요?"
"일단 얼음조각을 먹여보고 괜찮다 싶으면 주스와 크래커를 먹여도 됩니다."
딸은 짭짤한 크래커를 손에 쥐고서 개와 고양이가 반복해 그려진 병원복에 부스러기를 잔뜩 묻히고 먹었다. 아이가 침대에서 일어나 왼쪽 팔뚝에 투명 테이프로 고정된 주사 포트를 쳐다봤다.
"아빠, 이거 뭐예요?"
겁에 질려 목소리가 높아졌다.
"정맥주사라고 하는 거야. 검사받느라 잠들었을 때 몸속에 필요한 게 잘 들어가도록 해준대."
"빼고 싶어요."
"간호사 선생님이 곧 해주실 거야."
"아파요?"
"반창고 같은 거니까 그렇게 아프지 않아."
"반창고도 뗄 때 아픈데!"
간호사가 나서주었다.
"선생님이 아프지 않게 특별한 크림을 발라줄게."
"봐도 돼요?"

간호사가 네바에게 하얀 튜브에 든 크림을 건넸다. 아이는 어느새 비판적인 평가자로 돌아가 튜브를 이리저리 돌려가며 신중히 살폈다.

"알았어요."

우리는 정맥주사를 뗀 딸아이의 옷을 갈아입힌 뒤 아이를 안고 조명이 환한 회복 병동의 복도를 지나 불빛이 한결 은은한 대기실로 나왔다. 바로 건너편에서 유리 진열대에 아이스크림 통을 깔아놓고 파는 작은 카페가 우리를 맞이했다. 아이는 민트초콜릿칩맛을 골랐다. 흰 셔츠에 민트색 크림을 묻힌 아이는 이제 집에 가는 거냐고 물었다.

"아직 아니야. 올라가서 의사 선생님이랑 이야기해야 해. 검사를 더 받을 수도 있대. 하지만 이번 검사는 금방 끝나고 힘들지 않을 거야."

"또 팔에 주사 맞아요?"

딸아이 눈에 반항하는 기색이 드리웠다.

"아니. 그리고 엄마랑 아빠가 함께 있을 거야. 잠깐 검사대에 올라갔다가 내려오면 돼."

"집에 가고 싶은데."

"엄마랑 아빠도 그래. 금방 끝날 거야."

늘 과학자다운 다이애나는 네바가 아이스크림을 먹는 동안 노트북을 펼쳐 소아 두개인두종 치료법에 관한 논문을 검색하기 시작했다. 그러다 급히 내 쪽으로 의자를 돌려 한 논문의 초록을 보여주었다. 소아 환자가 수술 후 방사선치료를 받는 게 좋은지 아닌지를 살피는 논문이었는데, 결론은 네바의 나이에는 좋지 않다는 것이었다. 아내는 내가 익히 아는 상태로 돌입해 스트레스를 피하는 방편으로 완전히 연구에 빠져들었다. 하지만 나는 아직 그럴 준비가 되어 있지 않았다. 우리는 네바에게 들리지 않게 목소리를 낮춰 대화했다.

"애가 그 병에 걸렸는지도 아직 확실하지 않아. 다른 병일 수도 있고 아예 양성일지도 몰라."

나는 어떻게든 현실을 부정하고 싶었다.

"의사가 하는 말 들었잖아." 아내는 표정으로 나를 살짝 비난했다. "이따 뭘 상의해야 할지 준비하려는 거야."

"알지, 알아. 그래도 확실해질 때까지 기다리면 안 될까?"

다이애나는 회의적이었으나 결국 얕게 한숨을 쉬며 노트북을 닫았고, 잠깐 내 손을 잡았다가 양손을 테이블에 올리고는 건반 치듯 손가락으로 표면을 두드리며 고쳐 앉았다. 그러더니 일어나 카운터로 가서 음료를 시켰다. 25센트 동전만한 원반 귀걸이를 달고 있는 젊은 직원이 에스프레소 기계를 돌리는 동안 아내는 그 앞을 서성였다. 나는 아무래도 치료법 연구를 찾아보지 못하게 막은 게 실수라는 생각이 들어 아내에게 갔다.

"여보, 그냥 올라가기 전에 자료를 더 찾아볼까? 혹시 모르니 준비하는 차원에서?"

아내는 반색하며 당장 노트북 앞으로 갔다. 네바가 아이스크림을 더 먹어도 되느냐고 물었다.

'되고말고.' 나는 생각했다.

말없이 엘리베이터를 타고 7층으로 올라가는 동안에도 네바는 아이스크림 컵을 놓지 않았다. 그렇게 우리 가족은 종양과 대기실에 도착했다. 아무리 밝은 색깔로 꾸며놓았어도 한구석에서 휠체어 링거대에 걸린 정맥주사액을 팔뚝에 맞고 있는 민머리 여자아이가 주는 충격이 덜해지지 않았다. 아이는 네바보다 두어 살 많아 보였는데, 아주 앙상했고 수척한 얼굴과 무기력한 눈빛 때문에 더욱 강렬한 인상을 주었다. 우리는 그 아이를 빤히 바라보는 네바의 관심을 딴 데로 돌리려 노력했다. 사실은 우리도 외면하고 싶었다. 마침내 데스크에서 아이 이름이 불렸다.

"네바?"

우리는 CT 정밀검사를 위해 즉시 영상의학과로 돌아가야 했다. MRI로도 종양을 자세히 볼 수 있으나 두개인두종 진단에 필요한 석회화 정도를 확인할 수는 없었다. CT로는 그게 가능하다고 했다. 그리고 정말로 확인할 수 있었다. 내가 연구실에서 측량하던 바로 그 원소, 그러니까 칼슘이, 다른 결과가 나오기를 바란 마지막 희망을 기어이 깨뜨렸다.

암 전문의는 천천히, 그리고 담담히 결과를 전했다. 경험으로 다져진 침착함과 친절함이었다. 그는 토드라는 외과의를 거론하며 "실력이 대단하다"라고 했으며 예후는 여전히 희망적이라고, 이것은 긴 여정의 첫걸음일 뿐이라고 했다. 하지만 의사의 말은 진료실 벽을 물끄러미 바라보는 나의 머릿속에서 족족 튕겨나갔다. 두 벽면에는 디즈니 캐릭터 스티커들이 붙어 있었다. 또다른 벽면에 걸린 게시판에는 카드와 사진이 가득했다. 하나같이 민머리에 눈이 큼직한 아이들이 웃고 있었다. 한 아이는 리틀리그 유니폼을 입고 타석에 서서 씩씩하게 야구방망이를 들고 있었다. 사진 아래 문구로 시선이 갔다. 최선을 다해준 의료진에게 감사하다는 인사말이 적혀 있었다. 최선의 노력만으로는 끝내 부족했지만.

그로부터 몇 년 전, 다이애나와 나는 코스타리카의 외딴 해변에서 아슬아슬하게 파도를 피해 나는 펠리컨들을 구경한 적이 있었다. 펠리컨은 놀랍도록 우아하게 난다. 날개 끝이 솟아오르는 너울 뒷면을 비스듬히 스치는 모습은 꼭 작은 전투기 같다. 보통 펠리컨은 부서지는 파도를 피해 높이 올랐다가 쏜살같이 내려가 수면의 물고기를 낚아챈다. 그런데 그 해변에서는 숭어떼가 해안선에만 몰려 있어 펠리컨들이 좀더 무모했다. 바다로 뛰어들어 1.5미터가 넘는 반짝이는 파도 장벽 안쪽에서 포식하다가 마지막 순간에야 간신히 탈출하기를 반복했다. 그러다 결국 한 마리가 타이밍을 놓치고 말았다.

불운한 펠리컨은 파도 꼭대기에서 공중으로 날아오르려고 필사적으로 몸부림쳤다. 그러나 물거품 이는 파도가 날개를 잡아끌어 물속으로 거칠게 내동댕이쳤다. 다이애나와 나는 그 광경에 경악했고, 얕은 해변까지 떠밀려와 죽은듯 가만히 있는 갈색과 흰색의 깃털덩어리를 안타깝게 지켜보았다.

그러다 펠리컨이 파도 거품 속에서 힘겹게 일어났을 때 아나는 작게 환호했다. 펠리컨은 술집 폐점 시간까지 퍼마신 취객처럼 휘청이며 일어나 몇 걸음을 떼다가 멈춰서 멍하니 바다를 바라보았다. 다이애나가 나를 돌아보았다.

"가엾은 녀석. 자기가 누구고 여기가 어딘지 전혀 모르는 모양이야."

암 전문의 진료실을 걸어나오던 나는 그때 그 펠리컨이었다. 눈앞의 모든 게 흐릿했다. 나는 한때 존재했으나 더이상 그럴 수 없는 무언가여서, 당장이라도 힘없이 백만 개 조각으로 부서질 것 같았다. 나보다 먼저 고통받았을 보호자들처럼, 나도 거의 실성할 지경으로 머릿속에서 질문을 퍼부었다.

'어쩌다 이런 일이 생겼지?'

우리 딸 몸속에 위험하고 고삐 풀린 종양이 자라고 있다니? 딸의 두개인두종은 아직 작기만 한 몸 전체로 전이되어 걷잡을 수 없이 퍼질 위험은 없었다. 그러나 종양이 뇌에 자리를 잡고 거기서 자라는 것만으로도 위험은 심각했다. 시력이 위험했고, 신체의 핵심 기능들을 조절하는 기본 능력은 물론 목숨까지도 안심할 수 없었다. 숨이 막혔다. 딸의 이야기가 이렇게 흘러가서는 안 된다는 생각을 멈출 수 없었다. 나는 그동안 강의실에서 학생들에게 고삐 풀린 성장의 여러 유형과 그 위험을 가르쳤다. 지구가 향하고 있는 궤적을 바꿔야 한다는 점에 관해서도. 그러나 사실 그런 것들은 늘 학문의 차원에 머물렀을 뿐 피부로는 잘 와닿지 않았다. 네바의 머릿속에서 자라고 있는 것을 간절히 멈추고 싶어진 지금, 그런

장면들이 전혀 다른 의미로 되살아났다.

때로 나는 내 학문 분야가 일반적으로 이야기를 풀어가는 방식을 설명하며 강의를 시작한다. 바로 시간을 공간으로 대체하는 것이다. 특정한 환경에서 숲이나 목초지 또는 호수가 어떻게 달라지는지 알기 위해 수년 혹은 수십 년을 무작정 기다릴 수 없으므로, 여러 지역에서 전개되는 상황을 사례로 참고해야 한다는 의미다. 그레그와 내가 브라질에서 한 일이 바로 그것이었다. 우리는 형성된 시기가 다른 목초지들을 골라내 숲이 불탄 이후 어느 목초지가 얼마나 빨리, 왜 망가지는지에 관한 이야기를 재구성하고자 했다.

그런데 아마존 숲은 다른 의미에서 시간을 공간으로 대체하는 사례이기도 하다. 사회 전체가 오만한 자기기만을 지속하려고 그런 방법을 활용한다. 땅의 관점에서 보면 눈 깜짝할 사이에, 인류는 만족을 모르는 성장 욕구를 대개 지역 내에서 해소하던 시대로부터 세계 구석구석에서 채우는 시대로 넘어왔다. 한때 브라질 숲이었던 자리에서 새로 자라난 대두는 중국과 미국이 기르는 돼지와 닭의 사료가 되기 위해 육지와 바다 수천 킬로미터를 건넜다. 한곳의 성장을 지속하려면 다른 곳의 성장을 파괴해야만 한다. 그리고 우리는 파괴의 속도를 극단적으로 높여왔다. 하지만 그런 현실을 감쪽같이 은폐하는 데도 도가 터서 정말로 계속 성장할 수 있는 척한다. 각자의 삶이 좇는 공동의 목적이 여전히 성장이어야 한다고 말한다. 이것이 우리 사회를 지배하는 이야기다.

이제 나에게는 인류의 집단적인 현실 부정이 새로운 의미로 다가왔다. 지극히 개인적인 영역에서, 성장의 불가피한 한계를 직면하는 상황을 어떻게든 피하고 싶었기 때문이다. 그저 과거의 네바 이야기로 돌아가고 싶었다. 동물 꼬리가 열 개도 넘게 달린 코스튬을 입고 유치원 복도를 신나게 달리던, 눈이 크고 어여쁜 아이의 이야기로. 맨 왼쪽에는 얼룩말 꼬리가, 오른쪽에는 사자 꼬리가 달렸고, 그 사이에 노아의 방주에 실릴 것처럼 다양한 동물들의 꼬리가 바글바글했다. 아이는 전생에 뉴올리언스 재즈 가수였는지 자이디코* 노래인 〈오듀본 동물원〉을 목청껏 불렀다. 그 이야기 속 네바는 기뻐하고 화를 내며 그저 평범한 아이답게 좌충우돌하며 성장해야 했고, 이후 자기 인생을 개척해 누구나 자연스럽게 겪는 일을 하나씩 해봐야 했다. 대학에 가고, 직업을 구하고, 연애하고, 친구를 사귀고, 가족을 꾸리는 그런 일들을.

병원에서 집으로 돌아가는 길, 나는 적어도 그 이야기의 일부가 이제 사라졌다는 것을 실감했다. 그리고 부디 나비처럼, 이야기가 지금은 녹아내리더라도 아직 보이지 않는 새로운 현실로 기적같이 변신하기를 바라고 또 빌었다.

---

* zydeco. 미국 루이지애나주에서 흑인들이 발전시킨 음악 장르로 아코디언을 주 악기로 사용한다.

3
나뭇잎

　고통스러웠던 그날이 오기 10년도 전에, 나는 또다른 스트레스와 불확실성의 파도에 직면해 있었고 일련의 사건 끝에 다이애나를 만났다. 그 무렵 나는 그레그와 나란히 브라질에서 쫓겨나 내 직업의 명운을 붙들고 분투중이었다. 거의 하룻밤 사이에 생판 다른 나라에서 연구를 다시 시작해야 했기 때문이다.

　쫓겨났다는 표현은 너무 과장인지도 모르겠다. 하지만 우리 프로젝트가 갈수록 심해진 브라질 입법부의 피해망상에 희생됐다는 사실은 변함이 없다. 우리 프로젝트에 자금을 댄 나사NASA의 계획은 훨씬 야심 차서 아마존 전역에서 과학 연구를 하려 했다. 그러자 브라질 의원 몇 명이 부당하다고 목소리를 냈다. 연구를 명목으로 미국이 브라질의 국가 자원을 착취하려고 한다는 거였다. 논쟁과 피상적 조치가 잇따랐고 결국 관련 법안이 통과됐다. 그중에는 과학 연구를 위한 표본을 국외로 반출할 수 없다는 법안도 있었다. 토양, 식물, 물, 심지어 공기까지 모두 금지였다. 이를 어겼다가는 감옥에 갈 수도 있었다. 실제로 한 박사과정 학생이 학위를 따야 한다는 절박함에 그런 위험을 감수했다.

브라질 프로젝트는 내가 콜로라도대학교 교수로 임용되고 처음 맡은 연구였고 내 모든 계획의 중심이었다. 과학 학계는 별난 방식으로 돌아간다. 연구자는 확률이 희박하다는 것을 알면서도 일자리를 따내려고 모든 걸 쏟아붓는다. 그래서 성공하면 굉장한 안도감을 느낀다. 그러나 그것도 잠시, 자리를 유지하는 데 서둘러 매진해야 한다. 성공적인 연구 실적을 쌓기까지 주어진 시간은 6년이다. 길게 느껴질 수 있지만 시간은 눈 깜빡할 사이에 지나간다. 연구실을 차리고, 보조금을 신청하고, 학생들을 모집하고, 데이터를 모으고, 그 데이터를 분석하고, 논문을 쓰고, 논문이 실릴 때까지 몇 달 혹은 그 이상을 기다리고, 그러는 동안 시간을 잡아먹는 온갖 일도 처리해야 한다. 단계마다 걸리는 시간을 생각하면 곧바로 시작하는 편이 좋다.

콜로라도대학교 교수가 됐을 때는 복권 당첨이라도 된 기분이었다. 그랬기에 브라질 프로젝트가 막혔을 때 6년이라는 기한이 더욱 무겁게 다가왔다. 표본을 가지고 돌아갈 수 없다면 제안한 대로 프로젝트를 끝마칠 수 없었다. 장기적으로 구상해둔 연구 프로그램은 꿈도 못 꿨다. 정년 보장이 물거품이 될지 모른다는 두려움이 엄습했다. 상실감과 슬픔도 느꼈다. 우리는 현지에서 막 관계를 쌓아가고 있었고, 답을 찾아가고 있었으며, 빠르게 변하며 그 답을 필요로 하는 장소를 알아가고 있었다. 나는 이야기의 결말을 알고 싶었지만 손에 쥐고 있던 책을 빼앗기고 말았다.

과학을 오래하다보면 이런 일이 예외가 아니라 일상이라는 사실을 깨닫는다. 실패는 다반사다. 모든 활동에 동료 비평을 받는데 그것이 건설적일 때도 있지만 아닐 때도 있다. 보조금과 논문은 거절당하기 일쑤다. 연구실과 현장에서는 돌발 사고가 발생한다. 표본을 잃어버리거나 망가뜨리는 일이 생기고, 표본이 예상과 다른 결과를 내기도 한다. 꼬박 1년 동안 발전시킨 아이디어를 다른 사람이 먼저 논문으로 발표할 때도 있다. 난관은 자주 찾아온다. 그마저도 정당한 대우를 받을 때 이야기지…… 그런 기회조차 얻지 못하는 사람이 허다하다. 결국 과학도 인간이 하는 일이기에, 그 자체에 내재한 문제들이 우리 자신의 결점과 합쳐져 더 심각해진다.

그러니까 이야기는 매번 생각대로 전개되지 않는다. 나비처럼 과학은 당신 것인 줄 알았던 이야기가 자꾸만 흐물흐물 녹아내리는 일을 예상하라고 가르친다. 잘하면 눈앞의 이야기에 적응하는 능력을 키워주기도 한다. 끝내 수렁에서 빠져나오지 못할 수도 있다. 하지만 가끔은 예상을 깨고 놀랍도록 새로운 현실이 모습을 드러낸다.

브라질 프로젝트가 중단된 후로, 나는 세계지도를 열심히 살피며 어디서 다시 프로젝트를 시작할지 궁리했다. 후보 지역을 몇 군데 검토한 끝에 주목한 곳은 코스타리카 남서부의 구석진 땅이었다. 지도로 보면 그곳은 기형인 내 둘째발가락을 닮았다. 그 발가락은 한 방향으로 휘다가 탈출을 도모한 듯 다른 방향으로 꺾인다. 자신이 나머지 발가락들과 어울리지 않는다고 굳게 확신한 것처럼. 내가 고른 땅도 주변과 따로 논다. 오사반도라고 알려진 곳인데, 울퉁불퉁한 지형 위에 펼쳐진 밀림이 코스타리카의 다른 밀림보다 넓고 야생적이어서 아마존 서부의 밀림과 훨씬 유사하다. 게다가 아마존처럼 일부 숲이 베이고 있었다. 나는 부디 오사반도가 나사의 마음에 들기를…… 그리고 내 일자리를 지켜주기를 바라며 브라질 생활을 정리했다.

그레그는 다른 일을 찾아 떠났다. 그렇게 브라질 프로젝트가 멈춘 지 약 1년 후, 내 옆에는 붉은빛 도는 금발에 독특하고 전염성 있는 웃음을 가진 새 동료가 오사반도 지형도를 손에 들고 있었다. 코리와는 몇 년 전부터 알고 지낸 사이였다. 처음 만났을 때 나는 대학원생이었고 그는 학부생이었다. 우리 둘은 볼더에 있는 국립대기연구센터의 지하 연구실을 함께 썼다. 그러던 우리가 찌그러진 빨간 택시 뒷좌석에 나란히 앉아 있었다. 택시는 코스타리카 산호세의 교외 도로를 질주했다. 코리가 지도를 숙독하는 동안 나는 철조망과 1미터 높이의 코끼리풀로 둘러싸인 좁은 활주로가 가까워지는 창밖을 내다보았다. 이윽고 활주로에 흩어진 비행기들과 격납고 두어 곳이 눈에 들어왔다. 나의 첫 박사과정 제자가 된 코리와 함께 파바스공항을 거쳐 오사반도 북서부 해안의 작은 호텔로 가는 길이었다. 그곳에 도착하면 배를 타거나 걸어서 코르코바도 국립공원과 그 너머 숲을 탐험할 계획이었다. 당장은 다 쓰러져가는 격납고에서 조종사와 흥정해야 했다.

"선생님들, 짐이 너무 많아요. 11킬로그램을 초과하면 안 된다니까요."

"예, 압니다. 그런데 미리 말씀드렸잖습니까. 우리는 생물학자들이고 연구하려면 이 장비들이 필요해요."

조종사는 몇 초간 말없이 우리를 보다가 관리 사무실로 들어가 다른 사람과 상의하기 시작했다. 둘 다 어두운색 바지에 빳빳한 흰 셔츠, 검은색의 가는 넥타이 차림이었다. 몇 분 후 두 사람이 사무실에서 나와 우리의 더플백과 장비함 무더기를 살피고는 스페인어로 낮게 말을 주고받았다. 그러더니 다시 사무실로 들어가 각자 책상 앞에 앉아 커피를 마시기 시작했다. 우리는 격납고에서 짐 카트에 기댄 채 그들이 나오기만을 기다렸다. 현장 연구는 원래 인내심을 요하는 법이다.

두번째 남자가 마침내 나타나 간결히 통보했다.

"좋아요, 지금 출발하죠."

우리는 전면부에 엔진 하나가 달린 빛바랜 세스나 경비행기에 짐들과 함께 몸을 욱여넣었다. 태평양이 있는 서쪽으로 비행해 해안선을 따라 내려가다보니 오사반도 북단 자락이 한눈에 보였다. 무성한 산등성이가 바다를 향해 줄기를 뻗치

다가 마침내 바다로 떨어지는 지점에 바위섬 두 개가 마침표처럼 찍혀 있었다. 이어 환한 만이 펼쳐졌다. 그보다 훨씬 작은 강줄기가 초승달 모양으로 구부러진 해안선의 중간 지점으로 빠져나갔다. 강을 건너 비행기가 동쪽으로 기울자 내륙에 흩어진 건물과 목초지가 나타났다. 만의 남쪽으로 스무 채가 넘는 듯한 초가지붕과 그 사이사이 잘 손질된 잔디밭이 보였다. 앞으로 몇 년간 나의 두번째 집이 될 소박한 호텔이었다.

비행기가 마지막으로 크게 방향을 틀더니 자갈 깔린 가설 활주로에 착륙했다. 착륙 직전에 나는 지난 몇 달간 쌓인 스트레스가 눈 녹듯 사라지는 느낌을 받았다. 다시금 호기심이 나를 사로잡았다. 앞으로 이곳에서 무엇을 발견할지, 이곳의 숲은 어떻게 작동할지, 어떤 새로운 답이 나올지 궁금했다. 브라질의 작은 개울에 서 있을 때 마누에우의 얼굴에서 보았던 바로 그 안도감을 그때 내가 느꼈다.

이튿날 아침 처음으로 주변을 탐색하고 나자 마음이 한결 놓였다. 공항 너머 목초지와 언덕 위 숲은 전부 호텔 주인 소유였다. 그 땅이 우리의 일차 연구 대상이었다. 거기까지 가려면 진녹색의 낡은 랜드크루저를 타고 험한 길을 달려야 했다. 어이없게 작은 선풍기 두 대가 천장에서 열심히 돌아갔으나 더위를 식히기에는 역부족이었다. 운전하는 남자는 해진 밀짚모자를 썼고 키가 크고 까무잡잡했으며 턱이 다부졌다. 걸을 때 눈에 띄게 다리를 절었으나 아주 으스대는 듯한 분위기를 풍겼다. 그는 자신을 일베르토라고 소개했다. 옅은 미소를 흘리며 자기 이름을 느리게 내뱉는 모습이 가히 코스타리카의 존 웨인이었다.

 길의 막다른 끝에 살짝 기운 단층 건물이 있었다. 출입문은 세 개였고 빨간 금속 지붕이 얹혀 있었다. 그 왼편, 치장 벽토와 스페인 기와로 지은 집은 한결 근사했다. 랜드크루저가 부지에 들어서자 깡마른 개 셋이 나른하게 짖어댔다. 일베르토는 차에서 내려 다 쓰러져가는 건물로 향했다. 그곳은 호텔에 식재료를 공급하는 농장의 일꾼들이 머무는 숙소였다. 치장 벽토 집은 호텔 주인의 소유였으나 거의 사용하지 않았다. 얼마 안 있어 우리는 그곳을 개조해 조촐한 현장 연구소를 차렸다. 랜드크루저에서 내린 일베르토가 우리를 몇 사람과 인사시킨 뒤 농장 주변과 그 너머 아름다운 숲을 소개해주었다.

 우리는 몇 주 후 다시 오사반도를 찾았다. 이번에는 세스나 경비행기 대신 디젤을 넣는 하이럭스 픽업트럭을 장만해 연구를 본격적으로 시작하는 데 필요한 장비를 모두 싣고 갔다. 두어 번 길을 잘못 들어선 끝에야 부산한 산호세를 벗어나 인터아메리칸 고속도로를 타고 남쪽으로 향했다. 코리가 작은 상자에 담긴 CD 중 하나를 골라 트럭의 구식 스테레오 시스템에 넣었다. 스피커에서 컨트리풍으로 편곡한 〈진 앤드 주스〉가 흘러나왔다. 나는 탈라망카산맥의 초입 비탈을 굼뜨게 오르며 연기를 내뿜는 트럭을 추월하려 기어를 낮췄다. 양측에 높은 판자를 댄 트럭 짐칸에는 마구 엉킨 낡은 가구와 비틀린 금속재가 위태롭게 실려 있었다. 이후로도 우리는 트럭을 여러 대 추월했다. 나는 320킬로미터를 운전하는 데 왜 꼬박 하루가 걸리는지 그제야 깨달았다. 결국 상황을 받아들이고 낯선 나라를 느릿느릿 운전하는 묘미를 즐기기로 했다.

코스타리카는 대륙판이 충돌하면 무슨 일이 일어나는지 보여주는 전형적인 사례다. 더없이 느리지만 장대한 전투가 일어나듯 한 판이 다른 판 밑에 깔린다. 지구핵에 가깝게 떠밀린 패자는 녹아내리는 것으로 복수를 한다. 그 결과로 생긴 마그마 거품이 포개진 판을 뚫고 솟아올라 화산을 형성한다. 이 작용을 지질학 용어로 섭입subduction이라고 한다. 아래 깔린 판은 눌린 상태에서도 부단히 저항하며 상층의 땅을 들어올린다. 코스타리카는 이러한 작용이 가장 빈번한 곳에 속한다. 어떤 지역은 해마다 손톱 길이만큼 들린다. 융기의 관점에서 보면 엄청나게 빠른 속도다.

젊은 화산들은 북부에서 발견된다. 몇몇은 여전히 활동하며 원뿔 모양으로 쉽게 분간된다. 코스타리카 땅을 크게 양분하는 탈라망카산맥 고지에서 화산활동은 비교적 뜸해진다. 그 산들은 해저에서 분출해 육지가 된 화산들이 침식되어 만들어졌기 때문이다. 이 작용은 수천 년에 걸쳐 되풀이되었다. 바다에서 육지로 올라온 땅이 다시 가라앉기도 했다. 화산 분출은 오래전에 끝났으나 탈라망카산맥은 지금도 코스타리카에서 가장 높은 땅이다. 일부는 고도가 3000미터 이상이다. 3600미터보다 높은 봉우리도 있다. 산을 오르다보면 빙하의 흔적도 나온다. 나무들이 사라지면서 닥터 수스의 작품 속 세상을 떠올리게 하는 풍경이 펼쳐진다. 그런 지대는 파라모*라 불리며 이따금 눈이 목격되기도 한다. 그곳에서 발아래 암석이 오래전 바다의 증거를 가득 품고 있으리라고는 상상도 못할 것이다.

 탈라망카산맥처럼 오사반도 역시 7000만 년도 전에 해저 화산으로 출발했다. 기후변화로 해수면이 오르내리는 동안 활 모양의 중앙아메리카와 함께 천천히 수면 위로 올라왔다. 코르코바도 국립공원을 비롯한 반도 땅은 비교적 최근에도 상당 부분이 다시 바다에 잠긴 바 있지만, 북부는 줄곧 무사했다. 곳곳을 다니며 유심히 살펴면 차이가 느껴진다. 북부는 산등성이가 가파르고 도로 절개면이 좀더 붉다. 오랜 세월 일어난 침식의 증거다. 남부 풍경은 한결 온화하다. 도로 절개면에는 군데군데 화석이 박혀 있다. 거기에는 해저에서 올라오기 직전 남부 땅을 뒤덮은 퇴적물에 갇힌 해양 생물들이 들었다.

 이러한 차이는 애초에 우리가 이 반도를 고른 이유이기도 했다. 이론상으로 북부 토양은 남부보다 훨씬 오랜 세월 풍화되면서 해마다 핵심적인 식물 양분을 바다에 빼앗겨왔다. 내가 직전에 머물렀던 브라질 현장보다는 상황이 나았지만, 결과적으로 반도의 북부는 남부보다 덜 비옥해졌다. 우리는 여

---

* páramo. 중남미의 열대 고산지대 중 수목한계선을 초과할 만큼 해발고도가 높아 정상에 눈이 내리는 지역.

러 현장과 나라를 비교할 작정이었다. 오사반도의 북부와 남부에서 산림전용이 일어나면 어떻게 될까? 북부와 남부는 어떻게 다르며 아마존 현장과는 또 무엇이 다를까? 이런 정보들이 산림 파괴의 사이클을 늦출 방법을 알려줄 수 있을까?

  많은 열대림은 오래된 토양에서 필요한 양분을 기가 막히게 취하도록 진화했다. 그렇게 얻은 희소한 양분을 여러 세대에 걸쳐 필사적으로 지켜낸다. 이를테면 나무들은 시들어 죽어가는 잎이 땅에 떨어지기 전에 그로부터 우주먼지 조각들을 뽑아내고, 숲을 벗어나려는 조각들을 서로 얽힌 실뿌리와 균류 파트너를 이용해 재빨리 붙든다. 그런데 나무들을 베어내고 태운 자리에서 소나 대두를 길러 숲의 양분과 함께 주기적으로 트럭째 내보내버리면 곧장 문제가 생긴다. 그 숲은 빠르게 돈이 마르는 통장이 된다. 그리고 우리가 브라질에서 연구한 목초지처럼 급속히 쇠퇴한다. 그러나 코스타리카 남서부 구석에 자리한 이 반도는 아주 오래된 듯한 토양조차 제법 생기 있어 보였고 목초지에 불을 지르는 관행도 훨씬 덜했다. 그렇다면 이야기가 달라질지도 몰랐다.

  아직은 알 수 없었지만, 브라질에서처럼 땅에서 측량한 것들과 공중에서 파악할 수 있는 것들을 연결 짓고 싶었다. 그 바람은 그레그가 설계한 비행기 덕분에 수년 후 정말로 실현되었다. 일단은 아마존에서처럼 토양과 초목 표본을 모아야 했다. 그런 뒤 그것들을 가지고 돌아가 화학분석을 해야 했다. 한편으로는 그곳의 숲을 측량해 지도를 완성하고도 싶었다. 때로는 그런 의욕이 어이없는 상황을 만들었다.

하루는 온종일 숲을 돌아다니며 하늘을 향해 구식 엽총을 연신 쏘아댔다. 왜 그랬느냐고? 높이 달린 나뭇잎이 필요했고 원숭이들을 부릴 능력은 없었기 때문이다. 나중에 가서는 원숭이들을 훈련해볼까 반쯤 진지하게 고민하기도 했지만. 어쨌거나 결국 엽총이 우리에게는 최선이었다. 그 방법을 처음 쓴 것은 대학원생 시절 하와이에서였다. 그때는 나무가 훨씬 작아서 나뭇잎이 모여 있는 곳을 향해 방아쇠를 당기면 십중팔구 바라던 잎들이 땅에 떨어졌다. 그런데 오사반도에서는 일이 그리 순탄하지 않았다.

처음 시도한 날, 나는 30미터는 족히 넘어 보이는 나무 밑에서 쏘면 부러질 것 같은 작은 가지가 어디 없나 열심히 살폈다. 그리고 엉거주춤하게 어깨에 총을 얹고서 방아쇠를 당겼다. 언제나 그렇듯 쇄골에 전해지는 충격에 움찔했다. 코리와 나는 머리 위를 살폈다. 나뭇잎들이 달린 가지가 이리저리 곡선을 그리며 떨어지고 있었다. 그 모습이 꼭 팔랑이는 연 같았다.

"맙소사. 성공이다!" 내가 소리쳤다.

그런데 잎들이 내려오다 말고 엉뚱한 나무 꼭대기에 떨어지고 말았다. 여전히 손에 닿지 않는 거리에. 코리가 욕을 뱉었다.

"젠장. 다시 쏴봐요."

나는 다시 총을 쏘았다. 결과는 똑같았다. 그렇게 우리는 총알 상자만 비워가며 숲을 돌아다녔다. 어깨에 가해지는 충격을 견디고, 험한 말을 중얼대고, 원숭이를 구해볼지 말지 계속 고민하면서. 한낮이 되었을 때는 셀 수 없이 많은 총알을 쏜 후였는데, 그렇게 해서 모은 나뭇잎은 절망스럽게도 지퍼백 몇 개에 그쳤다. 그러다 숲 끝자락에서 파란 제복 요원 둘이 말을 걸어오면서 새로운 위기를 맞았다. 그들은 코스타리카의 FBI 같은 기관에서 나온 사람들이었다. 알고 보니 인근 땅 주인이 근처에서 마약 전쟁이 터진 줄 알고 신고한 것이었다. 무슨 일을 하고 있었는지 해명했으나 두 요원은 굳은 표정으로 의심을 거두지 못했다. 우리는 증거로 그동안 모은 나뭇잎을 꺼내 보였다. 그들은 그제야 웃음을 터뜨렸다. 한 요원이 스페인어로 동료에게 뭐라고 말했다. 알아들을 수 없었지만 의미는 빤했다. 멍청한 과학자들.

그레그와 내가 아마존에서 목초지 풀을 모은 것과 같은 이유로, 오사반도의 우리에게는 나뭇잎이 필요했다. 숲이 어떻게 작동하는지 말해주는 원소들, 언젠가 우주에서 측량할 수 있을지도 모를 단서들이 그 안에 있었다. 나중에 우리는 엽총 기법을 다듬어 성능을 향상했고 낡은 매트리스 폼 조각을 접착테이프로 둘둘 말아 어깨 보호대도 제작했다. 그리고 새로운 이야기를 맞춰가기 시작했다. 이를테면 우리는 건기에 나뭇잎들이 떨어지고 그다음 봄에 첫비가 내리면 자연히 우러난 찻물처럼 잎들의 양분을 머금은 빗물이 토양에 스며들고, 덕분에 주변이 온통 환해진다는 사실을 알게 됐다. 우거진 숲에 파릇파릇한 어린잎들이 모습을 드러냈고 뒤이어 온갖 색깔의 꽃들이 피어났다. 동물들은 태양이 작열하던 날들과 달리 움직이기 시작했다. 이 모든 게 별에서 태어난 원소들이 자연스럽게 제 할일을 하는 덕분이었다. 여기저기 옮겨다니며 새 생명의 계절을 일으키는 일을.

내가 하는 일이 슬슬 안정을 찾는 동안 삶은 무너져내리고 있었다. 생각해보면 과학의 기본 법칙이 삶에도 적용되는 것 같다. 물리학과 화학에서 이른바 질량보존의 법칙이라고 알려진 것의 다른 버전이랄까. 그 법칙에 따르면 폐쇄된 시스템 안에서 에너지와 물질을 사방으로 이동시킬 수는 있어도 총량을 바꿀 수는 없다. 한곳에 많은 에너지를 몰아넣으려면 반드시 다른 데서 에너지를 가져와야 한다. 내 삶이 그런 듯했다. 처음부터 삐거덕거린 결혼생활은 아예 손쓸 수 없이 망가진 상태였다. 우리는 이전에도 두 번 별거했다가 다시 합쳐 살아보려 노력했고 와중에 아이 둘을 낳았다. 그 모든 일이 8년 중 6년을 서로 다른 주에 떨어져 살았던 이상한 결혼생활 동안 일어났다.

그 무게가 나를 당시 내 인생의 최저점으로 끌어내렸다. 하지만 나비처럼, 과학은 모든 게 무너져내리는 듯한 위축과 혼돈의 순간도 결국 다 지나간다는 가르침을 준다. 앞으로 놀랍고 멋진 일이 펼쳐질지도 모른다. 우리는 그걸 발견할 준비만 하고 있으면 된다. 이야기의 결말을 모른다는 사실에서 경이로움과 평온을 찾을 수도 있다. 누구보다 다이애나가 나에게 그 점을 강렬히 보여주었다.

그런데 세상이 과학을 그렇게 바라보는지는 잘 모르겠다. 존 맥피는 『자연의 통제The Control of Nature』에서 인간이 아이슬란드 화산과 벌인 싸움에 관해 이렇게 썼다. "자연과 전쟁할 때는 승리해서 잃는 것의 위험도 감수해야 했다." 이 문장이 오랫동안 머릿속을 떠나지 않았다. 맥피가 책 전반에서 의도했듯 이 문장은 사람들이 과학을, 나아가 자신을 바라보는 시선에 관해 깊은 통찰을 제시한다. 많은 이가 삶의 궤적을 더 잘 통제할 수 있도록 답을 구하는 방법으로 과학을 바라본다는 것이다.

그렇게 보는 이들의 관점도 이해가 간다. 정말로 과학은 불과 몇 세대 전까지 상상할 수 없었던 방식으로 세상을 재편해 왔으니까. 그리고 과학은 우리가 일상을 통제한다는 허상을 일으킨다. 온도조절장치를 조작하고, 처방약을 먹고, 차를 몰아 다리를 건너고, 심지어 구급차를 부를 때조차 우리는 그런 허상에 사로잡힌다. 그렇게 과학이 답으로 가는 길이며 그 답이 모든 불확실성과 위험을 차단하는 벽이 되어주리라는 믿음이 공고해진다. 이 믿음은 모든 탁월한 자기기만이 그렇듯 어느 정도 진실에 뿌리를 두고 있다. 그러나 내가 볼 때 과학을 이렇게 바라보는 관점은 오해를 불러일으킬 뿐 아니라 진정으로 위대한 과학의 힘을 간과한다.

코스타리가 생활 초반 나는 의식적인 결단이라기보다 습관에 따라, 과학이라는 실천에 의지해 힘든 시기를 지나려고 했던 것 같다. 하루는 숲에 서서 아직도 이곳 생태계의 작동 방식에 내가 얼마나 무지한지, 그리고 그러한 불확실성이 얼마나 재미있는지 생각했다. 그러다 문득 이런 생각이 들었다. 지금 내 삶도 그렇게 바라보면 좋지 않을까. 나는 삶에서 벌어지는 일들을 대부분 통제할 수 없었다. 앞으로 어떤 일이 벌어질지도 거의 몰랐다. 하지만 그런 무지의 상태에서 약간의 기쁨을 발견하려고 노력해볼 수는 있었다. 최후의 답이 생각보다 근사할지도 모른다고 마음에 새기기도 하면서.

그렇게 처음에는 가정생활의 스트레스에서 벗어나는 탈출구였던 곳이 고통스러운 결정을 좀더 평온하고 선명히 마주할 수 있는 장소로 변모해갔다. 하루는 코리와 밤늦게까지 인생 이야기를 나누다가 연구의 다음 단계를 구상하게 되었다. 그 계획은 꿈에도 생각지 못할 만큼 성공적이었다. 덕분에 만난 사람과 사랑에 빠졌기 때문이다.

4
사랑

　내가 아내를 만난 건 또다른 난관에 부딪혔을 때였다. 코리와 내가 새로 구상한 연구 계획을 실행하려면 함께할 동료가 한 명 더 필요했다. 내가 생각한 사람은 학과의 선배 교수였다. 그런데 중요한 현장 작업을 계획하는 데 몇 달을 매달리다 출발을 불과 몇 주 앞두고 선배 교수가 발을 뺐다. 코리와 나는 그의 책상 맞은편에서 그 소식을 들었다.
　"미안한데 그렇게 됐어. 못 갈 것 같네. 대신 내 박사과정 제자를 보낼까 해."
　코리와 나는 자세를 고쳐 앉으며 서둘러 눈빛을 교환했다. 우리가 알기로 선배 교수의 박사과정 제자는 현장 경험 없이 실험실에만 틀어박혀 사는 학생이었기 때문이다. 나중에 듣자 하니 평생 미국 밖을 나가본 적도 없다고 했다. 나는 거절의 뜻을 점잖게 돌려 말했다.

"음, 정말 그렇게 생각하세요? 코스타리카는 꽤 거칠고 먼 나라잖아요. 뱀도 많이 나오고 가끔은 진짜 난리예요. 머무는 동안 할일도 무지 많고요. 현장 작업이 처음인 사람은 힘들지 않을까요?"

그때 선배 얼굴에 희미하게 떠오른 의미심장한 미소의 의미를 나는 나중에야 이해했다.

"내 말만 믿어. 다이애나는 강하거든. 틀림없이 나보다 나을 거야."

가뜩이나 머리가 복잡했기에 더 고집부리지 않았다. 그리고 얼마 후, 나는 공항버스에 몸을 싣고 창밖으로 획획 지나가는 교외 풍경을 내다보고 있었다. 왼쪽에서 일방적으로 진행되는 대화는 어렴풋이만 들려왔다. 새로 들어온 나의 제자 사샤는 에너지와 열정이 대단했다. 사샤가 주제를 넘나들며 말을 쏟아내면 코리와 다이애나는 주로 들으며 웃기만 했다. 몇 시간 후 산호세행 비행기가 결항하는 바람에 우리 넷은 이렇다 할 특징이 없는 댈러스공항 호텔의 바에 들어가 회전 스툴에 자리잡았다. 마침 인도 전통 결혼식이 열리던 차라 피로연을 벌이는 소리가 바 공간과 복도에 퍼졌다. 인도 전통 의상인 색색의 사리와 레헨가가 눈에 띄었다. 바 창밖으로 치장벽토가 발린 벽에 불량해 보이는 10대 소년 셋이 기대어 서 있었다. 한 소년은 담배 든 손을 내리고 있었는데 까딱하면 오른쪽 허벅지에 닿을 것 같았다. 우리가 앉은 자리 왼쪽의 얇은 벽 너머로 방그라 음악*이 끝없이 반복되었다. 음악과 동료들의 대화 소리가 하나의 백색소음으로 뭉쳤고, 나는 코앞으로 다가온 이혼의 우울감을 계속 곱씹었다. 그러다 왠지 모르게 평소엔 잘 마시지 않는 마티니를 주문했다.

"마티니요? 애스콧타이는 깜빡했나봐요?"

다이애나는 살갑고 조금은 도발적으로 함박웃음을 지었다. 양쪽 색깔이 다른 두 눈이 반짝였다. 나는 동굴에서 빠져나오려 애쓰며 대답했다.

"아쉽지만 포트와인은 떨어졌다더군요."

"어차피 팔꿈치 패치도 없잖아요."**

이 재치 대결에서 내가 이길 승산은 없었다. 어차피 그럴 에너지도 없었고. 나는 다이애나에게 이실직고했다.

"미안해요. 농담할 상태가 못 되네요. 요즘 좀 힘들어서요."

다이애나는 잠시 내 얼굴을 살폈다. 곰돌이 푸의 친구 당나귀 이요르처럼 풀죽은 내 말이 대화로의 초대인지 아니면 거절인지 따져보는 듯했다. 그러다 놀랍도록 온화한 표정을 지었다.

"괜찮아요."

천천히 전해진 그 말에서 배려가 느껴졌다. 다이애나는 좀

---

* bhangra. 인도 펀자브 지역 농민들이 추수를 기념하는 축제 때 연주하는 음악으로 흥겨운 리듬이 특징이다.

** 고상한 이미지의 마티니를 주문한 데 대해 다이애나가 농담을 걸자, 저자가 한술 더 떠 돈 있고 권위도 있는 학자가 전통적으로 포트와인을 즐겨 마신다는 스테레오타입을 활용해 농담을 하는 상황이다. 다이애나는 그 말을 받아 노교수의 전형적인 착장인 재킷의 팔꿈치 패치를 언급하며 응수한 것이다.

더 나를 살피다가 코리와 사샤 쪽으로 몸을 돌렸다. 나는 내 앞의 술잔을 바라보며 씩 미소 지었다. 잠깐이지만 기분이 나아졌다. 그러나 그것도 오래가지 못했다. 나는 어두운 호텔방으로 슬그머니 올라가 싸구려 모조 가죽으로 만든 오토만 의자에 한참을 앉아 있었다. 코리가 들어와 불을 켰을 때 그의 얼굴에는 걱정의 기색이 역력했다.

"괜찮아요?"

"아니. 하지만 괜찮아질 거야."

나의 방황은 오사반도에 도착해서도 이어졌다. 나는 몇 년간 연구한 그곳을 사랑하게 되었으나 첫 현장 작업을 준비하던 때는 아직 슬픔에 젖어 있었다. 감추려고 했지만 나를 잘 아는 코리의 눈에는 훤히 보였다. 나는 코리, 사샤, 다이애나에게 함께 숲을 둘러보라고 한 뒤 혼자 다른 방향으로 가겠다고 했다. 코리가 눈썹을 으쓱했다.

"그래요. 이따 봐요."

나는 세 사람이 떠나는 모습을 지켜보다가 다른 방향으로 출발했다. 숲에 들어설 때면 늘 대성당에 입장하는 기분이었다.

숲의 나무들은 믿기 힘들 만큼 다양하다. 서식하는 수종이 적어도 700개는 된다. 어떤 나무는 떡갈나무를 약간 닮았는데, 매년 노란 꽃이 피었다가 지면 사방에 마늘 냄새가 진동한다. 밑동이 기괴하게 부풀어올라 통풍에 걸린 듯한 나무도 있다. 또다른 수목은 껍질이 파충류 가죽 같아서 '악어나무'

라고 불린다. 얼룩덜룩한 몸통에서 뿌연 수액이 나오는 수목은 젖소나무다. 현지인들은 그 수액이 만병을 고친다고 믿는다. 내가 가장 좋아하는 나무는 스페인어로 구두장이라는 뜻의 사파테로zapatero나무다. 거대한 노란색 뿌리가 숲 바닥을 구불구불 헤치고, 몸통은 사슬톱도 거뜬히 부러뜨릴 만큼 튼튼하다.

이 나무들과 지구에 존재하는 모든 나무를 하나로 묶는 공통점은 주어진 자리에서 삶을 살아간다는 점이다. 하지만 식물학자는 이 말이 완전한 사실은 아님을 알 것이다. 엄밀히 말해 어떤 나무는 살아가는 동안 정말로 이동이란 것을 한다. 오사반도에서는 걸어다니는 야자수를 볼 수 있다. 가시가 돋친 이 작은 공포의 존재는 가장 비옥한 토양을 찾아 땅 위로 뿌리를 내보내 숲 바닥을 살금살금 돌아다닌다. 이 고약한 녀석들 때문에 나는 5센티미터 길이의 가시 일부가 머리에 박혀 몇 주나 고생한 적도 있다.

오사반도로 막 돌아온 나처럼, 걸어다니는 야자수는 방어적이고 못났으며 자기 자리에 만족하지 못한다. 숲속 깊이 들어갈수록 이 유사점이 더 확실히 느껴졌다. 결국 걷다 말고 배낭을 깔고 앉아 눈물을 삼켰다. 나는 더 나은 걸 찾겠답시고 결혼생활도 내팽개친, 한심하고 가시 돋친 도망 전문가 아닌가? 알 수 없었다.

이느덧 나는 숲을 관찰하고 숲의 작농 방식을 알려줄 답을 찾는 데 수없이 많은 시간을 바친 터였다. 그래서 자책하다가도 거의 본능적으로 치리카노chiricano라고 알려진 나무의 긴 가지들에 집중하기 시작했다. 보랏빛 껍질이 거칠게 겹겹이 쌓여 있는 게 그 나무의 특징이었다. 내 눈에는 꼭 유화가 생명을 얻은 모습처럼 보였다. 지난번 오사반도에 머물렀을 때 치리카노의 가운데 갈래에 걸터앉아 원숭이 부대에 둘러싸인 채 톱으로 열심히 나뭇잎을 잘라냈었다. 잠시 엽총을 포기하고 나무를 오르기로 했을 때의 일이었다.

조이 하조의 「독수리 시Eagle Poem」에 이런 문장이 나온다. "숨을 들이쉬고, 우리가 이 모든 것으로 이루어졌음을 알라." 그날 숲에서, 나는 우리 삶과 감정 그리고 투쟁과 수용의 순환이 내가 연구하는 원소들의 순환과 닮았다는 생각을 처음으로 했다. 때로 원소들은 바위나 점토처럼 탈출할 구멍이 없어 보이는 화학 감옥에 갇힌다. 오랜 터전에서 폭력적으로 뜯겨나와 낯설고 혼란스러운 장소에 놓일 때도 있다. 별안간 산사태가 일어나 비탈의 흙더미가 범람하는 강물에 내던져지듯 말이다. 또는 작은 방울로 증발해 바다를 이탈하거나 생명체의 신진대사 과정 도중에 숨으로 내쉬어져 대기로 방출된다. 그 원소들은 숲 위를 평화로이 떠다니다가 비가 되어 내려와 나무들을 흠뻑 적시며 그 일부가 되기도 한다.

이 깨달음으로 내가 단번에 달라진 건 아니었다. 엉덩이가 노란 큰 개미가 땅바닥에 앉아 있는 나의 엉덩이를 깨물었다. 나는 욕을 퍼부으며 벌떡 일어나 흔적도 보이지 않을 때까지 개미를 밟아 죽였다. 그러고 나자 마음이 좋지 않았다. 완만

한 비탈을 내려가 일행이 있을 곳으로 향했다. 모퉁이를 돌자 꼬리감는원숭이 한 무리가 근처 나무 아래 모여 있었다. 원숭이들은 나뭇가지를 흔들며 나를 쏘아보고 자기들끼리 말을 주고받았다. 한 마리는 나를 향해 똥을 던졌다. 그 순간에는 그게 정당하다고 느껴졌다.

계속 걷다보니 하늘이 흐려졌고 근처에서 고함원숭이가 쉰 목소리로 울부짖기 시작했다. 그러자 다른 원숭이들도 따라 울었다. 곧 비가 내린다는 신호였다. 처음에는 높이 달린 나뭇잎에 스타카토로 빗방울이 떨어지더니 이내 화들짝 놀랄 만큼 폭우가 쏟아졌다. 빗소리가 어찌나 요란하던지 쫄딱 젖은 채로 있는 나를 일행이 발견했을 때 우리는 대화할 시도조차 하지 않았다. 그냥 그렇게 비를 맞았다. 세례를 받는 기분이었다. 세상을 있는 그대로 받아들이자 놀라운 일이 벌어졌다. 아무것도 판단하지 않고 지레짐작하지 않으며 주변을 관찰하자 숲과 그것이 변화시킨 태도가 내 자아를 녹이기 시작했다. 그냥 서서 바라보았을 뿐인데, 주변을 향한 사랑에 주도권을 내어주고 나니 사도 바울로가 거울 앞에서 마주한 모습처럼 흐릿했던 자아상이 점차 선명하고 그럴싸해졌다.

그 순간 나는 깨달았다. 과학적 태도의 핵심에 자신을 내려놓으라는 가르침이 있다는 것을. 우리 대부분에게 쉬운 일은 아니다. 하지만 자신보다 훨씬 더 큰 무언가, 이를테면 영성의 본질과 이어지려면 마음의 덫에서 빠져나와야 한다. 그날 폭우를 맞으며 서 있는 나에게, 숲은 과학의 가르침이 어떻게 미지의 세계로 가는 다리를 놓아주고 그 세계에서 위안을 찾게 해주는지 보여주었다. 그 위안은 내 안에 모든 답이 있진 않다는 사실에 기인했다.

폭우는 계속 쏟아졌다. 우리 넷은 밀림 밖에 트럭을 주차한 곳으로 달렸다. 달리는 내내 웃음이 멈추지 않았다. 숲에서 나와 일꾼들의 숙소 근처에 다다랐을 때 코리가 대뜸 소리를 질렀다.

"빌어먹을 쿠조가 없어야 할 텐데!"

나도 드디어 혼자만의 감옥에서 빠져나와 웃으며 받아쳤다.

"맞아, 망할 닭도!"

사샤가 물었다.

"쿠조가 누구예요? 닭은 또 무슨 소리?"

달리기를 멈췄을 때 코리가 대답했다.

"쿠조는 우리가 저 건물 앞에서 몇 번 본 독일셰퍼드인데 종잡을 수 없는 놈이에요. 앞을 지나칠 때 세번째까지는 신경도 안 쓰다가 네번째에 갑자기 죽자고 달려들어요."

"아. 그러면 닭은요?"

이번에는 내가 대답했다.

"저기 봉관조가 살거든요. 몸집이 크고 턱밑에 노란 살이 작게 달린 검은 닭, 알죠? 칠면조 같은?"

"아! 한번 보고 싶은데요!"

"저기 사는 놈은 안 보는 게 좋을걸요. 나사가 좀 풀린 것 같은데 왜인지 농장을 뻔질나게 드나들어요. 우리를 보기만

하면 기습 공격을 하려고 달려들고요."

다이애나가 미심쩍어했다.

"에이, 거짓말. 야생 닭이 인간을 사냥한단 말이에요?"

코리가 어깨를 으쓱했다.

"등뒤를 조심해요. 나는 경고했어요."

빗방울이 굵어져 다시 뛰기 시작했다. 그느라 건물 옆에서 우리를 주시하는 쿠조를 미처 못 봤다. 우리가 건물 앞을 지나자 쿠조가 컹컹 짖으며 날뛰었다.

우리는 비명과 고함을 내지르며 전력 질주했다. 난데없이 봉관조도 끼어들어 우리는 양쪽에서 개와 닭한테 쫓기는 꼴이 됐다. 내가 쿠조를 향해 들고 있던 가방을 휘둘렀다. 그때 봉관조가 꼬끼오 울며 다이애나의 등짝에 내려앉았고, 그걸 발견한 코리가 즉시 봉관조를 옆으로 쳐낸 뒤 다이애나를 트럭에 밀어넣고 자신도 뒤따라 탔다. 사샤와 나는 반대편으로 달려 트럭에 몸을 던지며 문을 닫았다. 내 자리 창밖에서 검은 깃털이 번쩍이더니 트럭 천장에서 봉관조가 발톱으로 긁는 소리가 났다. 우리는 아랑곳하지 않고 흙과 자갈을 튀기며 출발했다. 성난 닭은 도로변에 홀로 남겨졌다. 우리는 차 안이 떠나가라 웃었다.

이튿날 우리는 숲속에서 아침 내내 땀흘리며 흙구덩이를 파다가 오후에 돌아와 숙소 바깥에 앉아 있었다. 개와 닭한테 습격당한 어제 일을 이야기하며 또 웃다가 비가 잠깐 그친 동안의 휴식을 즐겼다. 코리와 사샤가 먼저 자리를 떴을 때 다이애나가 물었다. "주변에 뛰러 갈 만한 곳이 있나요?"

"물론이에요. 사무실 뒤쪽에 있는 언덕을 넘어가서 해변 길을 달리면 좋아요."

"같이 갈래요?"

해변 길에 접어들자마자 비가 쏟아졌다. 땀이 씻겨가면서 달리기에 무더웠던 상태가 완벽해졌다. 나는 다이애나를 따라가며 뒤처지지 않으려고 열심히 달렸다. 몇 킬로미터를 달리고 나니 비에 젖은 화산암 절벽을 배경으로 한 해변이 나오며 길이 끝났다. 절벽의 가파른 비탈에 나무들이 매달려 있었는데, 그 가운데 마요mayo 한 그루가 샛노란 꽃을 피운 모습이 눈에 띄었다. 근방에 인간의 흔적은 보이지 않았다.

돌아가는 길에도 우리는 웃으면서 말없이 경쟁했다. 점점 빨리 달리다가 아무렇게나 엉킨 식물 뿌리가 빗물에 젖어 미끄러운 지점을 뛰어넘을 때만 속도를 늦췄다. 그러다 기어코 사고가 났다. 다이애나가 뿌리를 잘못 밟아 세게 넘어진 것이다. 다이애나는 찡그리며 왼쪽 발목을 부여잡았다. 무릎을 끌어안고 왼쪽 발을 공중에 치켜든 다이애나를 옆에서 살폈다. 다이애나는 발을 바닥에 내릴 때마다 아파서 얼굴을 찌푸렸다. 내가 말했다.

"아직 5킬로미터쯤 남았어요. 나한테 기대서 걸을 수 있겠어요? 아니면 내가 가서 보트를 구해올게요."

"아뇨. 몇 분만 기다려줘요. 문제없을 것 같아요."

"글쎄요. 심각해 보이는데. 나는 상관없어요."

"아뇨, 괜찮아요."

다이애나는 이를 악물고 절뚝거리며 걷기 시작했다. 말려도 소용없었다. 그리고 5분 후, 다이애나는 다시 달리고 있었다. 그날 밤 빠르게 녹아버리는 얼음주머니를 연신 갈아치우는 동안에도 다이애나의 발목은 퉁퉁 부어 가라앉지 않았다.

이튿날 다이애나가 일을 마치고 작업용 바지에서 러닝 바지로 갈아입고 나왔을 때도 부기는 여전했다. 다이애나는 자기 숙소 포치에서 낡은 티셔츠를 죽죽 찢고 있었다. 그걸로 발목을 감싸더니 그 위에 접착테이프를 감고 신발을 신었다.

"지금 뭐해요?"

"달리러 가요."

다이애나는 말을 더 얹지 말라는 듯한 표정을 지었다.

그날 우리는 또 해변 길을 달렸다. 그리고 한 주가 바뀌는 동안 세 번을 더 같이 달렸다. 그때마다 다이애나의 발목에는 테이프가 칭칭 감겨 있었다. 발목은 한 번도 멀쩡한 적이 없었다. 그러나 그런 건 중요한 문제가 아닌 듯했다. 달릴 때마다 우리는 각자의 삶을 조금씩 터놓았다. 처음에는 천천히 시작되었으나 마지막날은 모든 게 와르르 쏟아져나왔다. 그날도 비가 내렸다. 다이애나도 이혼을 겪었다고 했다. 열아홉 살에 뉴올리언스 빈민 지구에서 자원봉사를 하며 본 세상은 자신이 뉴욕주 북부에서 보낸 유년기와 전혀 달랐다. 원래는 의대에 진학하려 했으나 툴레인대학교 학과장이 재학중 출산 계획이 있느냐고 물었다는 이유로 가지 않았다.

"그쪽이 알 바 아니잖아요." 다이애나의 대답이었다.

해변에서 호텔로 가는 길에 있는 마지막 언덕을 천천히 오르면서 나도 인생의 오르막과 내리막을 터놓았다. 다이애나는 가만히 듣다가 말이 끝났을 때 나와 눈을 맞췄다.

현장 작업을 모두 마치고는 두 그룹으로 나눠 이동해야 했다. 코리와 사샤는 아침 일찍 산호세행 비행기를 탔다. 다이애나와 나는 뒤에 남아 장비와 표본을 빠짐없이 챙긴 뒤 차에 싣고 출발했다. 하지만 준비하느라 오후 중반까지 시간을 썼기 때문에 굳이 한밤중에 위험하게 탈라망카산맥 도로를 넘느니 그날은 중간까지만 가기로 했다. 그렇게 우리는 해변 도시 도미니칼에서 하룻밤 묵을 방 두 칸짜리 숙소를 빌렸다.

저녁은 도시 끝자락에 있는 작은 식당에서 해결했다. 식당에는 원형 상판에 하얀 비닐이 깔린 금속 테이블이 여섯 개 있었다. 우리 테이블에는 어딜 가나 있는 리사노 소스병과 쓸모를 잃은 냅킨꽂이가 정중앙에 장식처럼 비치되어 있었다. 나는 하고픈 말이 백 가지는 되었으나 입에 맴돌기만 했다. 때마침 짙은 청바지와 잘 다린 흰 셔츠 차림의 앳된 웨이터가 다가와 나를 구해주었다.

"Hola, buenas noches. Algo para tomar?(안녕하세요, 좋은 저녁입니다. 음료 주문하시겠어요?)"

나와 다이애나는 필젠 맥주를 주문했는데, 너무 빨리 비워 금세 더 시켰다. 주방과 식사 공간을 나누는 높은 카운터 위 낡은 붐박스에서 쩡쩡한 대중가요가 흘러나왔다. 카사도—

구운 생선, 콩과 밥, 잘게 자른 상추와 토마토 샐러드로 차린 요리―가 나왔을 무렵 우리는 어느새 다시 대화에 빠져 있었다. 다이애나는 어린 시절 이야기를 더 들려주었다. 여섯 살 적에 독일셰퍼드에게 공격당한 이야기를 들려줄 때는 평소답지 않게 여려 보였다. 그러다 깔깔 웃으며 스트라이프라는 성姓을 쓰는 웃기는 가족 이야기를 들려주었다. 그 가족이 끝도 없이 낳은 덩치 큰 소년들은 동네의 골칫거리였으나 버스에서는 다이애나를 든든히 지켜주었단다. 미스 아일랜드 미인대회 결승에서 마시라는 여자아이에게 패한 이야기를 들려줄 때는 표정이 약간 굳었다.

나는 미인대회에 관심이 있을 줄은 몰랐다고 말했다.

"관심 없었어요. 그냥 마시가 짜증나게 굴어서 홧김에 나간 거지."

저녁식사를 마치고는 야외 술집에 마지막으로 남은 두 자리를 차지하고 앉았다. 술집 분위기에 조금은 신경이 곤두서려는데 다이애나가 특유의 짓궂은 미소를 날렸다.

"또 마티니 시킬 건가요?"

그 말에 웃음이 났다.

"시끄러워요."

우리는 맥주를 더 마셨다. 절반쯤 비웠을 때 다이애나가 카운터 너머에 있는 코스타리카인 여자에게 손짓했다. 여자는 희미하게 웃으며 카운터에 몸을 기댔다. 왼쪽 어깨에서 시작된 덩굴 문신이 팔을 감싸 손목까지 이어졌다.

"네?"

"담배 있나요?"

담배를 건네받은 다이애나가 한 개비를 꺼낸 뒤 기대하는 말이라도 있는지 도발적인 표정으로 나를 보았다. 나는 '안 될 것 없지' 생각하고 물었다. "하나 피워도 될까요?"

"담배 안 피우잖아요."

"당신도 평소에 피우는 것 같지 않던데요."

"취했을 때만 이래요. 뉴올리언스 시절에 생긴 습관이죠."

다이애나는 살아온 이야기를 계속 들려주었다. 고등학교 마지막 학년을 건너뛰고 클라크슨대학교의 입학 전 프로그램에 들어갔고 수학에 재능을 보여 공학을 전공하게 됐다고 했다. 2학년 때 학우에게 괴롭힘당해 삶이 지옥으로 변한 시절을 들려줄 때는 상처로 경직된 표정이 되살아났다. 결국 다이애나는 친구를 따라 남부로 가서 그 무렵 막 창설된 아메리콥스AmeriCorps 봉사단 활동을 1년간 했다. 뉴올리언스에 도착한 첫 주에 자신들을 맞이해주었던 교회 목사가 잔인하게 살해당했다고 말할 때는 아득하고 슬퍼 보였다. 그다음해에 단원들과 함께 뉴올리언스의 로어나인스워드에서 해낸 일을 이야기할 때는 자랑스러움이 묻어났다.

우리는 술집을 나와 나무들이 심긴 길을 따라 해변으로 갔다. 부서지는 파도에 달빛이 반짝였다. 바다를 향해 달려가는 다이애나를 내가 바짝 뒤따랐다. 어느새 우리는 나란히 서서 다가오는 파도를 피해 다리를 높이 쳐들며 달리고 있었다. 거대한 흰 거품이 밀려들 때 내가 냅다 바닷물에 뛰어들었다. 물 밖으로 얼굴을 내밀고 보니 바로 옆에 다이애나도 함께 떠 있었다. 우리는 그렇게 여러 번 물속에 뛰어들다가 느릿느릿 해변으로 걸어나와 트럭을 세워둔 곳으로 향했다. 옷에서 물이 뚝뚝 떨어졌다. 브리즈 블록*으로 지은 숙소로 돌아와서는 한참을 공용 공간에 머물다가 아쉽게 인사를 나누고 각자 방으로 들어갔다. 그날 밤, 나는 바닷물을 헹구고 나와서도 몇 시간이나 잠들지 못했다.

  우리는 다음날 정오 무렵 산호세에 도착했다. 그런데 가는 도중 다이애나가 탈라망카산맥 높이 있는 노변 카페 근처에 차를 세우라고 하더니 내가 있는 운전석으로 넘어왔다. 내 입술에 입을 맞추고, 내 머리칼 속에 손가락을 집어넣으며.

---

* cinder-block. 시멘트에 석탄재, 모래를 섞어 가볍게 만든 블록.

5
스트레스

　냄새의 힘은 강력하다. 로빈 월 키머러가 『향모를 땋으며』에서 아름답게 표현했듯이 막 경작한 땅의 흙내음 같은 편안하고 충만한 냄새는 우리를 안정시킨다. 냄새가 우리를 평온과 행복에 젖게 하는 강력한 호르몬 옥시토신을 분비하기 때문이다. 오사반도에서 세드론* 아래 서 있을 때면 땅에 떨어진 열매의 냄새가 나를 감쌌다. 별안간 수천 킬로미터나 떨어진 콜로라도주 집으로 돌아가 웨스턴슬로프에서 신선한 복숭아를 굽는 기분이 들었다. 키머러는 후각이 진정으로 주변에 있는 것들을 볼 수 있게끔 우리의 마음을 열어젖힌다고 말한다. 덕분에 우리는 피할 수 없는 세상의 공격에도 차분하고

---

* cedrón. 흔히 레몬버베나를 세드론이라고 칭하지만, 이 맥락에서 세드론이 키가 크고 열매를 맺는 나무인 것으로 보아 시마바 세드론으로 추정된다.

우아하게 반응할 수 있다.

그런데 냄새는 정반대 효과를 일으키기도 한다. 네바의 수술을 맡을 수도 있는 외과의를 만나러 아동병원을 다시 찾은 날, 내 머릿속에는 편안함과 거리가 먼 냄새가 그득했다. 코를 찌르는 소독약 냄새, 공포에 사로잡힌 보호자들의 땀냄새, 저멀리 구내식당에서 은은하게 풍기는 소고기 냄새 같은 방귀 냄새. 나는 그런 불쾌한 자극에 압도당한 것을 넘어 몸이 좀먹히는 것 같았다. 생물학자인 나는 그토록 강렬한 투쟁-도피 반응이 생리적인 변화를 연쇄적으로 일으켜, 진화의 산물인 내 몸을 갉아먹으리라는 사실을 잘 알았다.

이는 인간의 뇌가 의심할 여지 없이 기적 같으면서도 한편으로 한심하기 때문이다. 8억 5000만 년 가까이 진화해놓고도 〈스타 트렉〉의 엔터프라이즈호처럼 어지럽다. 너무 북적이는 데다 내부 기관이 늘 짜맞춘 듯 정밀하게 작동하지도 않는다. 커다란 방 하나에 여러 임무를 맡은 조직이 죄다 들어가 있어서 긴급 상황이라도 벌어지면 서로 밀치며 난리를 피운다.

예를 들어 후각 처리 부서와 감정 부서는 해마 안에서 바로 옆자리에 딱 붙어 있다. 평소 무탈하고 행복한 삶을 사는 사람이 무서운 일을 당하면 후각이 급격히 민감해진다. 감정 부서가 화재경보기를 울려 내부 활동이 활발해지면 그 옆의 후각 처리 부서도 덩달아 반응하기 때문이다.

반대로 늘 스트레스를 받는 사람은 내부 공장의 화재경보기가 24시간 돌아간다. 공장 노동자들은 어느새 그 소리에 무덤덤해진다. 그러면 후각이 높은 확률로 둔해진다. 예컨대 아동학대 생존자를 비롯해 만성 PTSD를 겪는 사람들은 지속적인 트라우마에 시달리지 않는 사람들과 달리 미묘한 냄새를 잘 구별하지 못하는 경우가 많다. 엘리베이터를 타고 신경종양과로 향하던 나는 머릿속 과밀한 공장이 화재는 진압할 수 있을지 몰라도 이후 화상 흔적까지 치료해주지는 못하리라는 것을 알았다.

나는 그간 과학자로서 기르려고 노력했던 습관―호기심에 근거한 탐구와 관찰, 숙고를 거친 결론, 일시적인 것이 이야기 전체가 아닐 수 있다는 인식―이 뇌신경의 힘을 키워주었다는 사실을 머지않아 깨닫게 되었다. 내 뇌가 스트레스를 받는 상황에 덜 동요하고 생각보다 침착하게 상황을 판단할 수 있었던 것은 아마 그런 습관을 키운 덕이었다. 병원에 미술품을 걸어놓거나 그 밖에 호기심을 유발하는 시각 자극을 전시하는 것이 실제로 환자, 보호자, 직원 모두에게 도움이 된다는 근거도 있다. 그러나 당시에는 이런 사실을 알지 못했다. 알았다고 한들 도움이 됐을지 모르겠다. 어쨌거나 내 아이가 걸린 문제였기 때문이다. 투쟁-도피 반응이든 뭐든 나는 지금 당장 문제를 해결하고 싶었다.

"따님이 뇌종양에 걸렸습니다." 하늘이 무너지는 이 말을 듣는다면 들끓는 마음속에서 즉각 튀어나올 반응은 "당장 떼내버려요"일 것이다. 두개인두종의 경우 실제로 제거 수술이 가장 일반적이었다. 수술 후에는 방사선치료를 진행하기도 한다. 두개인두종은 화학요법이 잘 듣지 않았다. 방사선치료로는 종양이 자라는 속도를 늦추거나 중단시킬 수 있었지만, 어린아이의 뇌에 방사선을 쏜다는 것은 보통 문제가 아니었기에 결정을 내리기가 쉽지 않았다.

두개인두종은 입천장 위 터키안장sella turcica이라는 뼈 구조물에 얹힌 뇌하수체 근처에서 자란다. 터키안장은 말 그대로 튀르키예식 말안장의 형상으로 오목한 공간을 감싸고 있다. 말하자면 뇌하수체는 뇌에서 가장 좋은 자리를 점해 느긋하게 쇼를 올려다보며 자기 할일을 할 수 있지만……두개인두종 같은 종양이 등장하면 이야기가 달라진다. 두개인두종은 오목한 공간을 장악해 시야를 막고 뇌하수체를 압박하기 시작해 결국 나머지 공간을 모조리 집어삼키며 그 윗부분까지 노린다.

다행스러운 것은 신경외과의가 머리 측면을 통해, 혹은 최근 들어서는 코 뒤쪽을 통해 뇌하수체가 있는 오목한 공간에 닿을 수 있다는 사실이다. 일단 그곳에 진입하면 문제의 종양 덩어리를 정밀하게 긁어내 빨아들인다. 전부 빠짐없이 제거해 쓰레기통이나 병리 검사실로 보낼 수 있기를 바라며.

그런데 문제는 두개인두종의 성질이 고약하다는 것이다. 이 종양은 뇌하수체, 시신경, 시상하부를 밀어낼 뿐 아니라 둘러싸고 잠식하기 때문에 이걸 통째로 제거하는 수술을 하면 뇌에 영구적인 손상이 가해질 수 있다. 따라서 의사는 기술적으로 가능한지와 별개로 어려운 결정에 직면하게 된다. 한편 수술실 밖에서 노심초사 기다리는 부모는 의사가 나와서 이런 말을 해주기만을 간절히 바란다.

"전부 제거했고 이제 다 괜찮습니다."

실력 좋은 의사는 무리해서 종양을 전부 제거하면 새로운 문제들이 걷잡을 수 없이 생겨날 수 있다는 사실을 안다. 그렇다고 일부를 남겨놓는 것도 나름대로 큰 위험이 따른다. 종양이 다시 자라날 가능성이 높으므로 성장을 막기 위해 아이는 방사선치료를 받아야 할 테고, 당장 모면한 위험이 나중에 더 심각한 일로 돌아올 공산도 크다. 네바가 MRI 검사를 받은 지 며칠 만에 다시 병원을 찾았을 때, 우리는 수학적 확률과 믿음의 영역 사이에서 선택을 내려야 한다는 것을 알고 있었다.

의사들은 대부분 자신을 의사라고 소개한다. "안녕하세요, 의사 스미스입니다" 같은 식으로. 물론 그럴 자격이 있으니 안 될 이유도 없다. 더구나 의사들은 대개 자기 직함이 암시하는 권위와 전문성에서 환자들이 위안을 찾는다는 점을 알고 있다. 그런데 나는 중키에 머리가 벗어졌고 흰 가운 아래 카우보이 부츠를 신은 남자가 점잖은 미소로 "안녕하세요, 토드라고 합니다"라며 편하게 인사하고는 곧바로 다이애나의 무릎 위 겁먹은 아이를 살피는 모습을 본 순간, 이미 90퍼센트쯤 그에게 넘어갔다. 네바도 곧 안정을 찾아 의사에게 미소를 지었고, 저번과 달리 칭얼대지도 않고 간호사와 함께 놀이

방으로 갔다. 토드는 종양 부위를 가리키며 놀라울 만큼 명료하고 솔직하게 가능한 치료 방법을 하나씩 설명해주었다. 수술 전과 도중에 신중한 판단을 내리는 것이 얼마나 중요한지 말해주었고, 다른 의사들의 의견을 들어보라고도 조언했다. 그때부터 나는 토드를 전적으로 신뢰하게 되었다. 다이애나도 마찬가지였다.

토드는 코 뒤쪽을 통해 종양에 접근하는 방식을 선호했다.

"이비인후과 외과의인 챈 박사와 상의해봐야 해요. 이런 수술은 그와 협진하는데, 아마 가능할 것 같네요. 환자가 어리긴 하지만 아주 어린 건 아니니까요."

다이애나가 물었다.

"수술은 정확히 어떻게 진행되나요?"

"챈 박사가 환자 비강 뒤쪽에 있는 뼈층에 작은 구멍을 낼 거예요. 그때부터는 제가 수술을 책임집니다. 그 구멍을 통하면 종양으로 가는 경로를 단축할 수 있어요. 제가 할 일을 마치면 챈 박사가 복부 지방을 이식해 구멍을 막습니다. 수술 후 닷새에서 엿새 정도는 콧속을 막은 채 지내야 해서 아마 불편해할 거예요. 빼는 건 어렵지 않아요. 이후 새는 부분이 없으면 퇴원할 수 있어요."

내가 끼어들었다.

"뭐가 샌다는 건가요?"

"CSF라고, 뇌척수액이 샐 수 있어요. 머리뼈 내부 공간에서 이식 부위로 압박이 가해져 3분의 1 확률로 일어나요. 큰 문제는 아니지만 나아질 때까지 입원 기간이 늘어나죠."

뒤이어 본론이 나왔다.

"종양을 전부 제거할 수 있을까요?"

토드는 우리 눈빛에 일렁이기 시작하는 스트레스를 보고는 멈칫했다.

"자, 이건 긴 여정의 시작일 뿐이에요. 차근차근 가보죠. 네바의 경우는 유리한 조건이 많으니 긍정적으로 생각하셔도 좋아요. 종양 일부를 남긴다고 잘못되는 것도 아니고요."

수술은 2주 후로 정해졌다. 그전에 뇌하수체 기능을 전체적으로 분석해야 했다. 네바는 아무것도 먹거나 마실 수 없는 상태로 아침 일찍 병원에 다시 입원했다. 이번에는 수면마취 마스크를 쓰는 대신 컵에 소변을 받아 검사를 받았다. 네 살짜리에게는 여러 사람의 도움이 필요한 일이었다. 이후 다이애나 무릎에 앉은 네바에게 간호사들이 달라붙어 피를 뽑고 정맥주사를 놓으려 했으나 토실토실한 팔뚝에 핏줄이 가려져 보이지 않았다. 네바는 갈수록 겁에 질려 울어댔다. 여러 번의 실패 끝에 응급의료 헬기 팀원이 투입되었다. 심하게 다친 환자를 헬리콥터에 태우고 정맥주사를 맞히는 게 일인 사람이었다. 그런데 그 역시 실패했다. 네바가 경기를 일으키며 우는 통에 우리는 포기 직전까지 갔다. 결국 호출을 받고 찾아온 중환자실 간호사가 그날 아침에만 열한번째였던 시도만에 바늘을 찔러넣었고 그제야 피가 맺히면서 주삿줄을 연결할 수 있었다. 딸은 울다가 제풀에 지쳐 어깨를 축 늘어뜨리고 흐리멍덩해진 눈을 내리깔았다. 그 모습을 보는 내 마음도 타들어갔다.

그날 집에 돌아온 딸은 자다가도 깨서 주삿바늘을 무서워하다가 다시 잠을 청했다. 아이는 밤새 눈에 띄게 힘들어했다. 잠잠하다가도 병원에 가기 싫다고 울며 보챘다. 하지만 아이들은 어른보다도 훨씬 빠르게 투쟁-도피 반응을 끊어내는 놀라운 능력을 지닌 듯하다. 아직 성장중인 두뇌의 가소성 때문이기도 하겠지만, 네바의 경우는 정말로 하룻밤 사이 몰라보게 달라졌다. 아침에 눈을 뜬 아이는 두툼한 혀로 자기 얼굴을 핥는 반려견을 껴안고 까르륵 웃었다. 그리고 친구들이 있는 유치원에 가고 싶어했다. 유치원 앞에서 우리가 평소보다 오래 배웅하며 자기를 꽉 껴안는 것도 이상하게 생각하지 않고 그저 행복해했다.

평범한 척하는 일상은 이후로도 며칠 더 이어졌다. 그리고 결국 그날이 왔다. 현장 연구 장비를 나를 때 쓰던 탁한 주황색 더플백에 그림책, 색칠놀이 도구, 인형을 잔뜩 챙겼다. 노란색 바탕에 초록색 실로 바다거북 무늬를 수놓은 부드러운 담요, 작은 은색 걸쇠가 달린 뮤직박스, 몇 달 전 딸아이가 서부 사막 고지대의 세이지와 부채선인장 사이에서 주워 반짝이 풀로 색칠한 빛바랜 사슴뿔 조각도 넣었다. 병원에 들어가기 전날 밤에는 근처 호텔에서 하루를 묵었다. 다이애나와 나는 중간에 아이를 눕히고 그 옆에 딱 붙어 거의 뜬눈으로 밤을 지새웠다. 수술을 위해 내원해야 하는 시간은 새벽 다섯시였다.

네바는 위풍당당하게 어깨를 쭉 펴고 고개를 꼿꼿이 든 채 앞장서서 미닫이 유리문을 지나 접수 데스크로 향했다. 우리는 고개를 저으며 혀를 내둘렀다.

"엄마, 이쪽 같아요."

"응, 맞아."

서류를 작성하고 사인을 하고 각자 입원 팔찌를 받았다. 이제 유리 엘리베이터를 탈 시간이다. "엄마, 내가 버튼 눌러도 돼요?" 이윽고 수술 대기실에 도착했다. 또 한번의 접수 절차는 금방 끝났다. 우리는 자홍색 인조가죽의자에 앉아 대기하며 스트레스를 견뎠다.

그때, 그가 평소와 같은 복장으로 나타났다. 회색 운동화, 역시나 회색에 가까운 색깔에 빨리 마르는 재질의 작업용 바지, 큼직한 다이버 시계와 검은 티셔츠 차림으로. 커다란 손에는 커피잔이 세 개 들려 있었다. 평소처럼 실실 웃고 있었으나 심각한 눈빛은 숨겨지지 않았다. 그레그였다. 그가 다이애나와 나에게 커피를 건넸다.

"아무래도 너희 두 못난이가 허둥대고 있을 것 같아서 내가 우리 대녀를 위해 왔지."

다이애나는 질세라 농담으로 받아쳤으나 눈에는 눈물이 그렁그렁했다.

"또 아내가 쫓아낸 건 아니고?"

나는 말이 나오지 않았다. 그레그가 가만히 있는 내 어깨에 손을 올리고는 "알아. 다 알아" 하고 말해주었다.

그레그는 특수부대 출신답게 맹렬한 추진력과 효율성으로 과학에 접근하는 사람이었다. 그가 스탠퍼드대학교 교수가 된 후로 과학에 접근하는 방법에 관해 의견을 나눈 적이 있었다. 그때 그는 자신과 연구팀 동료들 사이에 뚜렷한 경계를 짓는 것이 얼마나 중요한지 열띠게 주장했다. 인간적인 면모는 웬만해서 드러내지 않고 소수에게만 오롯이 보여준다는 게 그레그의 철칙이었다. 말하자면 군인의 방식이었다. 하지만 아이러니하게도 그레그는 그 누구보다 마음이 넓은 사람이었다. 그가 그런 마음을 드러내기로 하자, 다른 분야에서 그랬듯 과학에서도 독보적으로 두각을 나타냈다.

"네바 타운센드?"

파란 수술복 차림의 여자가 대기실을 둘러보았다.

그레그가 우리 딸을 안아 한 바퀴 빙 돌고 말했다. "그럼 깨어나서 다시 만나자. 네 엄마 아빠는 아저씨가 잘 챙기마."

얼마 후 아이는 강아지 캐릭터가 그려진 헐렁한 가운 차림으로 무릎에는 따뜻한 담요를 덮고 바퀴 달린 침대에 앉아 있었다. 혈압 측정 밴드가 팔을 압박해도 의젓했고, 산소포화도 센서에서 나오는 불빛이 검지 손톱을 붉게 물들이는 것을 보고는 작게 미소 짓기도 했다. 우리가 파란 보호복에 신발 덮개를 신고 머리 망까지 쓰고 나타나자 소리 내어 웃기까지 했나.

"아빠, 왜 그런 걸 입었어요?"

"우리 딸이랑 같이 수술실에 들어가려고."

"나 주사 더 맞아야 해요?"

네바는 그렇게 말하며 담요를 움켜쥐었다.

"아니, 곧 잠들 거야."

"또 마스크에 향을 발라요?"

아이가 처음 종양을 진단받은 날, 사소하지만 더없이 의미 있는 순간이 있었다. 대학을 갓 졸업한 듯한 아동심리학자가 바퀴 달린 침대 옆에 앉아 의료 기구를 참을성 있게 하나하나 꺼내 보이며 네바가 최대한 직접 살필 수 있게 해주었다. 마지막에는 여러 향의 립밤이 든 통을 건네며 마취 마스크 안쪽에 원하는 향을 바르게 해주었다.

"맘에 드는 향을 맡으면서 잠드는 거야!"

심리학자는 냄새의 힘을 믿고 있었다. 네바가 익숙하고 편안한 냄새를 직접 고르면 진정 호르몬이 나오리라는 사실을 알았던 것이다. 하지만 네바의 종양이 품은 아이러니는 미처 생각하지 못했을 것이다. 두개인두종이 더 자라나면 진정 효과에 필요한 옥시토신을 생성하는 뇌 부위의 작동까지 가로막는다.

이번에 네바는 딸기향을 골랐다. 마스크 안쪽에 립밤을 다 발랐을 때 토드가 들어왔다.

"안녕, 꼬마 친구. 오늘 아침에 엄마 아빠한테 커피는 잘 챙겨드렸니?"

네바는 말없이 고개를 끄덕였지만 입꼬리에 슬며시 웃음

기가 돌았다. 간호사가 우리에게 작성해야 하는 서류를 추가로 건넸다. 토드도 다가와 작은 목소리로 "따님은 괜찮을 거예요"라고 말해주었다.

그러더니 네바 쪽으로 몸을 돌려 이번에는 밝은 목소리로 "그러면 이따 보자" 하고 인사했다.

영원 같던 20분의 기다림 끝에, 드디어 간호사가 침대 바퀴를 고정하는 브레이크를 풀고 복도를 지나기 시작했다. 다이애나와 나는 네바의 손을 놓치지 않으려고 침대 양쪽에 꼭 붙어 시답잖은 말들을 건넸다.

"아가, 벽에 공룡들이 있네! 굴러가는 침대에 누워 있으니까 재미있니?"

그렇게 쌍여닫이문을 여러 개 지났다. 스테인리스강 소재의 물건들과 모서리가 둥근 모니터 십수 대, 각종 장비가 보였다. 머리 위 조명이 눈부셨다. 사방에 가운과 마스크 차림의 의료진이 보였고 대부분은 가운데 놓인 보조 테이블 주변에 모여 있었다. 전부 가리고 있어 눈만 빼꼼 보였다. 네바의 팔이 뻣뻣하게 굳는 게 느껴졌다. 검은 머리에 서커스단 동물이 그려진 수술 모자를 쓴 여자가 침대 옆에서 몸을 숙였다.

"집에서 개를 키운다고 들었는데 정말이니? 선생님도 개를 좋아하거든. 개 이름이 뭐야?"

네바는 작게 "코코"라고 대답했다. 침대가 천천히 수술대 옆으로 옮겨졌고 수술대 높이에 맞춰 살짝 올려졌다. 여자는 또 네바를 보면서 살짝 놀리는 투로 말을 건넸다.

"씩씩하다고 들었는데, 침대에서 여기로 오는 것도 가능하려나."

물론 네바는 그만큼 씩씩했다. 지난 며칠간 느리게만 흐르던 시간이 돌연 비명을 지르며 돌진했다. 마스크를 쓴 아이의 눈이 게슴츠레해졌다. 누군가 "저희가 잘 돌보겠습니다"라고 말한 뒤 우리를 문밖으로 안내했다. "대기실은 왼쪽입니다"라는 간호사 목소리가 멀리서 들려오는 메아리 같았다.

스트레스는 여러 형태를 띤다. 나는 열 살 때 한밤중에 개가 있는 줄 알고 차고 문을 홱 열었다가 곰과 마주친 적이 있다. 열다섯 살 때에는 교습용 임시 면허증을 발급받자마자 겨우 변속만 할 줄 아는 주제에 강제로 운전대를 잡고 과달라하라의 정신없는 밤거리를 헤맸다. 차 주인은 뒷좌석에서 마구 웃다가 구토하기를 반복했다. 나는 당황한 나머지 일방통행로에 잘못 들어섰고, 정면으로 달려오는 차량을 피해 도로경계석을 지나 잔디를 침범하고 말았다. 어디선가 멕시코 경찰이 나타나 나를 감옥에 처넣겠다고 으름장을 놓았다. 마흔 살에는 하와이 바닷가의 화산암 절벽에서 뛰어내렸다가 상상 이상으로 세찬 물결에 휩쓸렸다. 다이애나는 검은 절벽 위에서 핏기 가신 얼굴로 내가 숨을 헐떡이며 빠져나오는 모습을 지켜보았다. 그 모든 순간은 잊기 힘들 만큼 강렬했다. 그렇지만 인간 실존을 통째로 바꿔놓는, 지독하게도 끝없는 급성 스트레스 목록에 비하면 별것 아니었다.

이는 우리가 즉각적으로 투쟁-도피 반응을 요하는 상황에서 썩 나쁘지 않게 대처하는 이유이기도 하다. '당장 해결해야 한다'라는 생각이 들면 우리는 죽어라 노력해 그럭저럭 수습한다. 생물학자 로버트 새폴스키가 말했듯 만성 스트레스야말로 진짜 교활한 놈들이다. 그 앞에서 인간의 두뇌는 조금 엉망이 된다.

우리는 왜 더 잘 대비하지 못할까? 만성 스트레스를 유발하는 문제들은 인간이나 영장류에게만 고유한 건 아니다. 생명체는 누구나 어떠한 형태로든 빈번하게 공포를 느끼며 살아간다. 대체로는 잡아먹힐지 모른다는 공포지만 그것에만 국한되지 않는다. 자세히 들여다볼수록 동물도 사랑, 애착, 그리움, 구체적이거나 추상적인 무언가를 잃은 슬픔처럼 복잡한 감정을 느낀다는 사실이 자명하다. 만성 스트레스는 지각하고 돌보는 존재이기에 겪는 것인가? 아니면 달려드는 사자와 자신을 죽이려 드는 이웃을 상대하며 필연적으로 생겨나는 부산물인가? 자연선택의 힘으로는 만성 스트레스가 천천히 우리를 좀먹는 것을 뿌리 뽑을 수 없는가? 역사의 최근 장章에 이르러서야 겨우 그런 스트레스를 완화할 방법을 찾은 인류는 여전히 미완인 존재들인가?

나는 새폴스키 박사가 그의 탁월한 역작 『행동』을 통해 이 모든 질문에 그렇다라고 대답했다고 생각한다. 동시에 그것은 상황에 따라 다르다. 신경세포를 발화하고 호르몬을 분비하며 우리의 생각, 행동, 감정을 형성하는 원소들의 조합은 경이롭고 섬뜩하고 놀라울 만큼 복잡하기 때문이다. 우리 삶의 매 순간이 바로 직전의 화학반응부터 인류가 존재하기 이전의 시대, 그리고 중간의 모든 것과 연결될 수 있다는 점도 고려해야 한다. 새폴스키는 또한 이렇게 말하지 않을까.

"맙소사, 이런 걸로 너무 스트레스받지 말고 나가서 맥주나 마셔요."

하지만 나는 아동병원 복도를 서성이고, 대기실 소파에서 하염없이 자세를 고쳐 앉고, 휴대전화를 손에 꼭 쥔 채로 수술실에서 언제쯤 소식이 들려올지 기다리는 동안 내면에서 일어난 반란을 도무지 잠재울 수 없었다. 어쩌면 내가 나도 모르게 네 살 난 딸에게 스트레스를 주었던 게 아닐까. 나 때문에 아이가 암에 걸렸나. 이제는 나까지 암에 걸릴지도 몰랐다. 그렇다고 해도 괜찮았다. 그래도 쌌다. 나는 실패만을 생각했다. 나의 실패와 인류 진화의 실패를.

꼬리에 꼬리를 물던 자기파괴적인 생각은 마침내 기다리던 연락이 온 순간에야 끝났다. 딸이 수술실에서 나왔다고 했다. 우리는 다른 곳으로 이동해 의료진의 보고를 기다렸다.

가장 먼저 도착한 사람은 챈 박사였다.

"네바는 제가 수술한 환자 중에 가장 작은 아이였어요!"

딸아이가 뇌수술에 들어간 지 열한 시간 만에 듣고 싶은 첫마디가 그런 것일 리 없다. 하지만 의사의 뿌듯한 표정과 뜸들이는 태도에 공포심이 잦아들었다.

"네바 상태는 괜찮아요."

"만날 수 있나요?" 다이애나가 물었다.

"곧 만날 수 있어요. 지금은 중환자실로 데려가 안정시키는 중이에요. 연락이 갈 겁니다."

"수술은 잘 끝났나요?"

"일단 제가 맡은 부분은 잘 끝났고 환자 상태도 좋아요. 곧 행킨슨 박사가 종양 절제술 경과를 보고할 거예요."

챈 박사는 이렇게 말하며 시선을 살짝 피했다. 다시 공포가 엄습했다. 얼마 후 토드가 찾아와 단도직입적으로 경과를 전했다.

"아이가 잘 이겨냈어요. 그게 가장 중요하죠. 하지만 종양은 일부를 남겨놓아야 했어요. 보호자분들도 우리도 바라던 바는 아니죠. 거의 다 제거하긴 했지만, 안타깝게도 일부가 시신경과 핵심 혈관에 딱 달라붙어 있더군요. 건드렸다가는 시신경과 혈관 모두 손상됐을 거예요."

투쟁-도피 반응은 여러 형태로 나타난다. 가끔은 달아나고 싶은 충동을 가누기 힘들다. 필사적으로 맞서 싸울 때도 있다. 그러나 어떤 순간에는 투쟁도 도피도 물리적으로 불가능해 보여 그저 얼어붙은 채 아무것도 하지 못한다. 물리학자들은 서 있는 위치에 따라 중력의 크기가 조금씩 달라진다고 말한다. 하지만 그 차이는 알아챌 수 없을 만큼 미미하다. 한 나무에서 사과를 100번 떨어뜨린다고 치면 간단한 방정식으로 거의 오차 없이 추락과 관련된 수치를 예측할 수 있을 것이나. 그런데 어떤 때는 지구의 질량이 모두 나에게만 쏠리는 것처럼 무겁게 느껴진다. 그에 대한 답은 뉴턴도 찾아내지 못했다.

 나는 대기실 소파에 붙박이처럼 앉아 바로 이런 절망적인 순간 때문에 토드를 선택한 것이 아닌가 생각했다. 우리가 그를 믿은 이유는 그가 '위험이고 뭐고 나는 수술을 성공시킬 수 있는 의사'라며 밀어붙일 수 있는 순간에도 그 반대를 선택할 만큼 현명하며, 결과적으로 딸의 시력을, 나아가 생명을 살렸을 어려운 결정을 솔직히 전달할 힘이 있는 사람이었기 때문이다. 나와 다이애나는 처음 토드를 만난 날 그의 침착함에 마음을 놓았다. 불확실성을 편하게 대하는 그의 모습을 두고 우리끼리 이야기를 나누기도 했다. 토드는 자아를 중심에 두는 사람이 아니었다. 따라서 그라면 자기 고집대로 밀어붙이는 게 아니라 중요한 순간의 실제 결과를 있는 그대로 볼 수 있겠다는 확신이 들었다. 한편으로는 인간 유전자 속 어떤 작은 변이가 누군가에게 어린아이의 뇌를 수술하고 언제 멈출지 판단하는 용기를 갖추게 해주는지 막연히 궁금해졌다.

 얼마 지나서는 토드가 무언가 다른 실천을 하고 있다는 생각이 들었다. 그러고자 한다면 우리도 과학을 통해 할 수 있는 일이었다. 그 실천이 삐끗대는 마음속 공장을 든든하게 떠받쳐줄지도 몰랐다. 그간 나는 내면으로 향하는 분노와 숨막히는 스트레스의 악순환에 갇혀 살았다. 대부분이 자아를 포기하지 못해 생기는 문제였다. 코스타리카 숲속에서 처음 깨달았듯, 과학의 탁월함은 자아를 내려놓고 관찰의 힘을 믿게끔 한다. 진정으로 과학을 실천하는 것은 영웅 의사나 죄책감에 시달리는 아빠와 같은 역할을 떠맡는 것이 아니다. 무한히 복잡한 세상의 인과를 운명 아니면 개인의 잘못된 선택이라는 단순한 틀로 해석하는 것과도 거리가 멀다. 이야기가 우리 생각이나 바람대로 흘러가지만은 않는다는 사실을 인정하고 바꿀 수 없는 것들에 경이하는 방법을 찾는다면, 과학이라는 렌즈로 세상을 바라보는 일은 수치심이나 현실 부정에 허우적대지 않으면서 바꿀 수 없는 한계를 받아들이는 데 도움이 되어줄 것이다. 과학은 위험을 감수하는 행위인 것 못지않게 경계를 지키는 행위다.

  수술실에서 토드가 바로 그 점을 실천해 보였다. 현재에 충실했고, 현실을 끈기 있게 관찰했으며, 관찰로 얻은 데이터를 열린 태도로 수용해 그에 빠르게 적응했다. 그때 그는 뛰어난 실력이나 과감한 의사결정을 인정받으려는 생각이 전혀 없었다. 자기 평판 자체에 전혀 연연하지 않았다. 오직 네바만을 생각했다.

6
화산섬

　네바가 태어나기 몇 년 전, 다이애나와 내 고향 하와이로 가는 비행기에 올랐다. 연인이 되고 처음 함께 떠나는 장거리 여행이었다. 그런데 다이애나는 나에게 화가 나 있었다. 차디찬 침묵이 그 사실을 알려주었다. 이유는 타당했다. 내가 고통스러운 이혼 과정에 휘말려 그 파편이 우리의 일상을 뚫고 들어오는 것을 막지 못했기 때문이다. 게다가 나는 어린 두 딸과 떨어져 살아야 한다는 사실로 인한 죄책감의 굴레에 갇혀 있었다. 이상한 결혼생활이었기에, 두 딸은 태어났을 때부터 단 한 번도 온 가족이 함께 사는 게 무언지 경험하지 못했다. 내가 아이들을 보러 콜로라도주에서 매사추세츠주를 자주 오갔다. 이제 이혼하고 나면 아마 영원히 멀리 떨어져 사는 아빠 역할에 머물 터였다.
　그에 따른 실패감은 굉장했다. 나는 헌신적인 결혼생활의 모범을 보며 자랐고, 나도 잘해낼 줄 알았다. 그런데 오히려 그로부터 멀어지고 있었다. 자주 우울했고 의기소침했으며 점차 나밖에 모르게 되었다. 한마디로 정말 꼴불견이었다. 결국 다이애나가 폭발했다. 여행 직전 다이애나는 울고 소리치며 나에게 이별을 통보했고, 고개를 저으며 내 집을 떠났다.

그날 밤늦게 다시 찾아온 다이애나는 여전히 화가 풀리지 않은 채, 또 우리 관계에 확신을 갖지 못한 채 이렇게 통보했다.

"여행은 갈게. 그다음은 나도 모르겠어."

마음이 식은 듯한 분위기를 풍기는 연인과 비행기에 몇 시간이나 나란히 앉아 있으면 고문 같은 힘의 장에 갇힌 느낌이다. 나는 수다스럽게 떠벌리기를 선택했다. 처음에는 하와이 땅의 역사와 그곳에서 보낸 어린 시절을 엮어 과학을 향한 다이애나의 사랑에 호소했다.

나는 어릴 적 12월의 어느 날 산호 바닷가에서 떼를 썼던 일화를 들려주었다. 그때 나는 절대 배에 타지 않겠다고 난리를 피웠다. 변명하자면 그때 나이는 네바가 뇌종양을 진단받은 때와 같은 네 살이었다. 모터가 바깥에 달린 작은 보트 안에는 부모님과 부모님의 친구들이 올라타 있었다. 우리 일행은 오아후섬 북동쪽 앞바다에 있는 중국인모자섬*에 가는 길이었다. 하와이 말고 다른 세상은 알지도 못했지만 나는 뭍을 떠나면 큰일이 나는 줄 알았다. 어른들이 가든 말든 해변에

---

* Chinaman's Hat Island. 하와이 모콜리이섬의 별칭.

남아 있고 싶었으나 끝내 강요에 못 이겨 보트에 올랐다. 그런데 막상 타고 나자 수채화 같은 얕은 바닷물이 미끄러지듯 지나가는 광경에 넋을 잃었다. 찬란한 파란빛과 초록빛에 홀딱 반한 나머지 섬에 도착했을 때는 내리기 싫다고 또 한바탕 떼를 썼다. 이 순간이 내가 자연 세계의 아름다움에 순수한 충격을 받은 최초의 기억이다.

나는 계속 말했다.

"그런데 사실 하와이를 사랑하는 사람들은 죽음의 아름다움에 마음을 빼앗긴 거야."

다이애나가 관심을 보였다.

"무슨 소리야?"

"다 화산이잖아. 화산은 모든 걸 파괴하는데 결국 그게 하와이의 자연을 만드니까."

나는 (여전히 수다스럽게) 생태학 입문 강의에서 하는 이야기를 늘어놓았다. 나는 학생들에게 이렇게 묻곤 했다.

"생명을 지탱하는 것은?"

어느 해인가 학생들은 긴장해서 섣불리 입을 못 떼는 예측 가능한 침묵 끝에 이런 대답을 내놓기도 했다.

"산소?"

"물?"

"햇빛?"

"맥주!"

모두가 웃음을 터뜨렸다. 나는 흙이 가득 담긴 손수레 사진을 띄운 뒤 세상에서 가장 비옥한 토양은 전부 재앙으로부터 시작되었다는 사실을 설명하기 시작했다. 화산이 폭발하면 화쇄류와 함께 재와 용암이 언덕과 개울을 집어삼킨다. 나무들이 사라지고 물고기들은 물속에서 산 채로 끓는다. 혹은 거대한 빙하가 천천히 모든 것을 부수고…… 뒤이어 재앙 같은 대홍수를 일으킨다. 이후 광경은 공포다. 초토화된 땅은 달 표면처럼 황량하다. 하지만 그것은 시작이기도 하다. 범람한 강물과 땅에 내려앉은 화산재는 광물질을 풍부히 남겨 생명체가 자라날 환경을 만든다. 초창기 인류 문명이 티그리스강, 유프라테스강, 황허강, 인더스강 같은 유역에서 발흥한 것은 우연이 아니다. 그곳들에서 인간은 물을 쉽게 얻었을 뿐 아니라 과거의 홍수 덕에 넓고 비옥해진 토양에서 작물을 기를 수 있었다. 오늘날에도 미국 중부나 중국 북동부에 있는 것과 같은 넓은 곡저평야에 곡창지대가 발달했다. 과거에 좋은 토양이 생겨났기에 오늘날 많은 작물을 기를 수 있는 것이다.

다이애나는 "맥주!" 농담에도 웃지 않고 심드렁하게 대꾸했다.

"응. 다 아는 이야기잖아. 그게 우리 여행과 무슨 상관인데?"

마른침을 삼키고 말을 이었다. 우리의 도착지인 빅아일랜드*에 가면 파괴와 재생으로 짜인 태피스트리를 누구나 볼 수 있다. 나는 다이애나에게 아직 화산재로 덮인 땅 바로 옆에,

---

* Big Island. 하와이제도에서 가장 큰 섬으로, 하와이섬이라고도 한다.

불과 몇 년 전 일어난 화산 폭발의 흔적을 감춘 울창한 숲이 자라나 있을 것이라고 말해주었다. 그보다 회복이 더딘 곳들도 있다. 빅아일랜드 곳곳에서 보게 될 굳은 용암은 여전히 무언가의 새로운 시작을 의미한다. 강인한 식물종이 화산암 지대의 좁은 틈에 뿌리내리고는 단단한 땅을 뚫고 첫 싹을 틔운다. 혹은 회색이나 초록색, 아니면 주황색으로 덮인 지의류—조류藻類와 균류의 공생체—가 새 땅에 터전을 잡는다. 각 생명체의 전초기지는 암석 틈새로 흐르는 물에 농축된 이산화탄소를 더해주어 화학적 풍화작용을 촉진하고 물속에 광물의 양분이 방출되도록 한다. 그러면 얼마 지나지 않아 죽은 세계가 생기와 푸르름을 되찾는다.

부끄럽지만 나는 그 소강의를 마치면서 정말로 "생기와 푸르름"이라는 표현을 썼던 것 같다. 다이애나는 그런 미사여구에도 반응하지 않았다. 대답은 이게 전부였다.

"잘 들었습니다, 교수님."

나는 무안해하며 더디게 흐르는 시간을 견뎠다. 그래도 창밖으로 하와이가 펼쳐지자 다이애나도 처음 보는 풍경에 기분이 조금 누그러져, 창문에 얼굴을 딱 붙이고 내 다리에 손을 얹으며 감탄했다.

"와, 저게 뭐야!"

몸을 기울여 내다보니 화산암과 바다가 만나는 코나 해안이 있었다. 밧줄처럼 꼬인 용암이 굳은 땅은 까맣게 빛났다. 갈라진 바위 틈새로 시들한 쇠풀 다발이 군데군데 자라나 있었다. 관광객들은 그 삭막한 땅이 한때 하와이 왕족이 선호하던 거처였으며, 그래서 다사다난하고 때로는 잔혹했던 역사의 현장이었다는 사실에 놀라곤 한다. 개빈 도스의 걸출한 하와이 역사서 『시간의 모래톱Shoal of Time』에 따르면, 카메하메하 1세는 경쟁자들을 물리치고 정식 통치자로서 빅아일랜드를 거처로 삼은 뒤 다른 섬들을 정복해 하와이제도를 통일했다. 그곳은 또한 카푸kapu, 즉 신앙을 근간으로 하며 어길 시 죽음을 각오해야 했던 엄격한 법체계가 종종 잔혹하고 폭력적인 방식으로 행해진 곳이기도 했다. 다이애나의 마음이 어디쯤 와 있는지 걱정이었던 나는 그 땅이 나에게는 조금 더 자비롭기를 바랐다.

오른쪽으로 거대한 마우나로아산이 모습을 드러냈다. 북서쪽으로는 좀더 거칠고 작은 후알랄라이 화산의 윤곽이 나타났다. 더 위쪽으로는 눈으로 뒤덮여 반짝이는 마우나케아산 정상이 보였다. 코나공항에 착륙하기 직전, 나는 기회를 엿보다가 근처 들쭉날쭉한 해안선을 가리켰다.

"저기 화산암 사이에 특별한 곳이 숨어 있어. 태평양에 처음 뛰어들 거면 저기가 제격이지."

다이애나가 고개를 돌리더니 작은 미소로 대답했다.

"내리면 저기부터 갈까?"

휴.

얼마 후 우리는 수영복으로 갈아입고 파도가 부서져 미끄러운 화산암 땅을 조심조심 건넜다. 다이애나가 걸음을 멈추고 세찬 파도를 바라보았다.

"정확히 어디서 뛰어내리라는 거야?"

네바가 고스란히 물려받게 될 의심 많은 표정이었다.

"저기 가장자리 바로 앞에 있어. 지금 우리 발밑에는 오래된 용암 통로들이 있어. 용암이 바다로 흐르다가 다른 데로 방향을 틀어서 생긴 것들이지. 그중 하나가 여기 표면에 구멍을 냈어. 그 안은 바닷물로 차 있고."

"그러니까 용암 구멍에 들어가라는 소리구나."

다이애나는 조금 전과 똑같은 표정으로 무미건조하게 대답했다.

"응…… 그런 셈이지. 커다란 자쿠지라고 생각하면 돼. 수압 때문에 계속 위아래로 제법 세게 물결이 칠 거야. 구멍을 통해 바다로 빨려들어갈 것처럼 무서울 수도 있어. 하지만 그런 일은 없을 거야! 재미있을걸!"

다이애나는 물끄러미 나를 쳐다보았다.

가장자리에 다다르니 정말로 구멍에서 바닷물이 솟아나 우리 발을 적셨다. 그러다 바닷속에서 덩굴이 잡아당기기라도 하듯 물이 다시 빠지면서 수위가 2미터 가까이 낮아졌다. 물이 완전히 빠지진 않았지만 조만간 그렇게 될 거였고, 그 아래로 뛰어든다는 건 확실히 정신 나간 짓처럼 보였다. 나는 다이애나에게도 이렇게 말할 작정이었다. "다른 데를 찾아볼까봐."

그 순간 다이애나가 냅다 뛰어들었다.

다이애나는 깔깔 웃으며 수압에 등이 떠밀려 올라왔다. 물살은 거품을 일으키며 잠시 다이애나를 휘감았다가 이내 급속도로 내려갔다. 다이애나는 순간 놀라서 몸부림쳤으나 컴컴한 물속 동굴로 빨려내려가진 않는다는 걸 깨닫고 둥둥 떠있다가, 물살이 또다시 자신을 밀어올리자 웃음을 터뜨렸다. 나는 제자리에 서서 다이애나가 몇 번이나 파도를 타는 모습을 지켜보았다. 그 웃음, 활짝 번지며 빛을 발하는 그 웃음에는 언제나 조금 짓궂은 구석이 있었다. 뒤이어 나도 뛰어들었다. 다이애나는 말없이 내 손을 잡았다. 그렇게 우리는 물살과 시간의 흐름에 몸을 맡겼다. 그 현상을 과학으로 설명할 수도 있었겠지만 굳이 그러고 싶지 않았다.

우리는 비행 피로가 씻겨 사라질 때까지 한 시간 넘게 물속에 있다가 섬 반대편으로 향했다. 우리가 간 곳은 볼케이노라는 작은 마을이었다. 빨간 꽃이 피어난 오히아 레후아와 사람 키보다 훨씬 크고 거대한 잎이 달린 고대 양치식물 사이로 아담한 건물들이 드문드문 보였다. 그곳의 식물들은 지구상 어디에서도 볼 수 없었다. 마을에 도착했을 때 코나의 따사로운 햇볕은 사라진 지 오래였고, 은은한 안개 사이로 희미한 유황냄새가 풍겼다. 활화산인 킬라우에아산이 코앞이었다.

차를 몰고 오는 동안 내 이혼 문제로 또 한번 위기를 맞았으나 겨우 넘겼다. 도중에 힐로의 한 식료품점에 들러 참치 포케 두어 개와 일주일 치 식량을 샀다. 다른 지역에서 얇게 썬 고기나 파스타 샐러드를 흔히 팔듯 하와이 식료품점에서는 다양한 종류의 포케를 판다. 우리는 뉘엿뉘엿 지는 해의 빛을 받으며 아담한 숙소의 포치에 앉아 일회용 젓가락으로 참치 포케를 먹었다. 네바를 임신했을 때조차 이틀 빼고 매일 뛰었을 만큼 거의 병적으로 달리기에 매달리는 다이애나가 괜찮은 아침 조깅 코스가 있는지 물었다. 대답은 어렵지 않았다.

"내가 세상에서 제일 좋아하는 달리기 코스가 바로 앞에 있어. 우림에서 출발해 화산 분화구가 있는 곳까지 갔다가 돌아오는 거야. 진짜 멋져."

"거리는 얼마나 돼?"

중요한 질문이었다.

"한 바퀴 돈다고 치면 16킬로미터 정도."

"자기도 뛸 수 있겠어?"

나는 다이애나만큼 잘 뛰지 못했다. 그걸 아는 다이애나는 도전적인 눈빛으로 짓궂게 미소 지었다. 나는 다이애나의 의심이 옳다는 것을 알면서도 괜한 허세를 부렸다. 다이애나와 함께일 수 없다는 생각만으로 찌르는 듯한 통증이 느껴졌다. 나는 이것이 부디 달리기에만 국한된 이야기이기를 바랐다.

달리기 코스에는 죽음과 파괴의 흔적이 가득했다. 킬라우에아산이 얼마 전 또 분출 활동을 했기 때문이다. 그러나 어떤 지점에서는 꼭 나의 내면을 비추듯 미약하게나마 미래의 희망이 엿보였다. 화산의 격노를 용케 피한 나무들이 작게 한 무리 남아 있었다. 용암과 재로 뒤덮인 땅에서 기어코 자라난 묘목들도 곳곳에 보였다. 그중 몇 그루는 성목이 되어 더 많은 기회를 만들어낼 것이다. 우리는 달리면서 정말로 그렇게 된 곳을 보기도 했다. 다시 태어난 숲은 새 생명으로 약동했고, 불과 몇십 년 만에 암울했던 과거를 완벽히 감추었다.

우리는 짧은 골목길에서 달리기 시작해 왼쪽으로 꺾어 우체국과 보랏빛 티보치나 꽃으로 만들어진 산울타리를 지났고, 대로를 건너 나무들이 우거진 길에 들어섰다. 오히아 레후아와 양치식물이 몇 킬로미터나 이어진 숲속 길은 당장 공룡이 나타나도 이상하지 않을 만큼 환상적이었다. 우리는 말을 아끼며 달렸다. 나는 속도를 맞추느라 호흡도 아껴야 했다. 오사반도 해변에서 처음 같이 달렸을 때는 다이애나가 어딘가 좀 뻣뻣하고 어색해 보여서 내가 실력을 오해했었다. 이렇게 생각했던 것이다.

'흠. 자주 달리지는 않나보군.'

이후 다른 사람들도 나와 똑같은 착각을 했다. 그러는 사이 다이애나는 우리 모두를 앞질러갔다.

마침내 숲을 벗어나 잿빛 화산재로 덮인 경사지 코스에 들어섰다. 타고 남은 나무들이 유령처럼 여기저기 있었다. 더 달리다보니 킬라우에아산의 칼데라 바닥에 다다랐다. 우리가 지나야 하는 길은 새까만 파호이호이* 용암보다 미세하게 밝

---

* pahoehoe. 점성이 낮은 용암류, 혹은 그것이 매끄럽게 흘러 형성된 밧줄 형태의 용암.

아서 분간이 갔다. 그러다 오르막으로 이어졌고 분화구 관측소를 지났다. 숙소로 돌아가는 길, 다이애나가 속도를 늦추더니 화산 폭발로 파괴된 숲의 무덤인 양 쌓여 있는 용암 무더기 앞에 멈춰 섰다. 바람이 세차게 부는 날이었다. 다이애나는 반짝이는 눈을 가리는 검은 머리칼을 연신 뒤로 쓸어넘겼다. 그리고 호통 같기도, 절절한 애원 같기도 한 말을 소리쳤다.

"그렇게 이혼 문제로 혼자 끙끙대는데 당신이 나를 사랑한다는 말을 어떻게 믿으라는 거야?"

다이애나는 몸을 돌려 혼자 달리기 시작했다. 나는 헉헉대며 뒤따랐다.

그날 밤, 나는 가식과 허세를 내려놓고 드디어 용기를 내서 솔직한 마음을 터놓았다. 내가 느끼는 실패감도 간신히 고백했다. 과거의 선택을 나 자신도 오롯이 이해하지 못하겠다고. 예상하지 못한 상황을 헤쳐나가려 최선을 다하고 있기는 한데 그게 너무 힘들다고. 그리고 내가 당신을 아주 많이 사랑하고 있으며 이별을 통보받고 남겨진 때가 인생 최악의 순간이었다고. 만일 나를 떠난다면 내 마음은 갈가리 찢기겠지만 그 결정을 이해한다고.

다이애나는 한참 말없이 나를 바라보았다. 그러더니 숙소 테라스로 걸어나갔다. 가랑비가 내리고 있었으나 아랑곳하지 않고 새빨간 애디론댁 의자*에서 한 시간 가까이 무언가를 생

---

* Adirondack chair. 등받이가 높고 팔걸이가 달린 정원용 의자.

각했다. 다시 돌아왔을 때는 촉촉하게 반짝이는 눈으로 이렇게 말했다.

"그래. 나 여기 있어. 이제 어쩔 거야?"

다이애나가 두 팔로 나를 꽉 껴안았다. 그렇게 우리 둘은 춤추듯 몸을 흔들며 빗소리를 들었다.

토드가 나간 새하얀 병실에서, 우리는 그때 그 순간을 재현하듯 서로를 꼭 껴안았다. 하와이에서 마음의 벽이 허물어졌을 때, 나는 벽이 완전히 파괴된 자리에서 새로운 이야기가 떠오르는 것을 저항 없이 받아들였다. 그때부터 우리 둘의 관계는 단순한 연애에서 끊어지지 않는 유대로 변화했다. 나는 그런 순간의 위태로움에 관해 생각했다. 붕괴 직전까지 몰린 상황의 공포에 관해서도. 그 상황은 결국 폐허에서 환한 꽃이 새로이 피어나는 결과로 신비하게 이어졌다. 그때 우리 주변의 풍경처럼. 우리가 공유하는 세상처럼. 과학은 대재앙처럼 보이는 위기도 한낱 순간이며, 대부분은 상상하지 못한 아름다움으로 이어진다는 사실을 우리에게 보여준다.

7
나트륨

수술에서 깨어난 네바는 부모보다 훨씬 차분했다. 머리는 헝클어졌고 얼굴은 통통 부었지만 밝고 호기심 많은 눈은 그대로였다.

"엄마." 딸이 예사롭게 말했다. "아이스크림은 언제 먹을 수 있어요."

질문이라기보다 아이스크림을 먹겠다는 선언처럼 들렸다. 아이는 태어난 그주부터 쭉 침대를 함께 쓴 기린 인형을 안고서 주변을 관찰했다. 깜빡이는 모니터들, 가슴과 팔에 주렁주렁 달린 관과 줄, 침대 발치 벽에 걸린 화이트보드까지. 그리고 물었다. "저기다 그림 그려도 돼요?"

병실의 화이트보드가 유발하는 불안을 다행히도 알 리 없는 네 살짜리다운 질문이었다. 화이트보드에는 몇 가지 기본 정보가 적힌다. 환자 이름, 담당 간호사 이름, 투약해야 하는 약 목록. 네바의 경우에는 간호사가 두어 시간마다 찾아와 혈중 나트륨 농도도 기록했다.

그렇다, 바로 소금. 우리가 소금을 갈망하는 데는 다 이유가 있다. 나트륨 농도는 각종 세포 기능을 조절하는 데 핵심 역할을 한다. 고등학교 생물학 시간에 배운 나트륨-칼륨 펌프*를 기억하는가? 이 단백질 복합체는 우리 몸, 그중에서도 특히 뇌에 대단히 중요하다. 뇌에서 일어나는 신진대사의 절반가량이 이 작은 펌프와 직접적으로 관련이 있다.

인간만 그런 것이 아니다. 사슴, 소, 새도 소금이 있는 곳에 모여든다. 그런데 우리는 나트륨을 별것 아닌 무언가로 여긴다. 그냥 소금일 뿐이라고 생각한다. 원소를 연구하는 과학자들도 마찬가지다. 이를테면 생물지구화학 분야에서 질소와 인이 생물체에 얼마나 중요한지, 우리가 사는 생태계를 어떻게 형성하는지, 그것들을 비료로 만든 인류의 발견이 역사적으로 얼마나 의미 있는 변곡점인지 설명하는 논문은 지구를 뒤덮을 만큼 많다. 물론 질소와 인은 정말로 중요하다. 하지만 우리에게는 나트륨도 그만큼 필요하다. 오클라호마대학교 생태학자 마이크 카스파리는 수년 전부터 이 문제를 고민했다. 시작은 개미의 관점에서였다.

카스파리와 그의 동료들은, 내가 연구한 코스타리카 숲과

---

* sodium-potassium pump. 나트륨을 세포 밖으로, 칼륨을 세포 안으로 운반해 이온 균형을 유지하는 단백질 복합체.

같은 열대림의 개미들이 겉보기와 달리 인간의 점심밥 자체에 관심이 있어 그 주변에 몰려드는 것이 아니라는 점을 발견했다. 사실은 나트륨이 있는 곳을 중심으로 활동하는 것이었다. 과학자들은 이 사실을 어떻게 밝혀냈을까? 우리가 집에서 개미를 발견했을 때 쓸 법한 방법을 사용했다. 미끼를 놓은 것이다. 다만 미끼 종류가 두 가지였다. 하나에는 설탕을 넣었고 다른 하나에는 소금을 넣었다. 관찰 결과, 나트륨이 부족한 지역의 개미들은 족족 소금 덫에 걸려들었다. 소금이 있는 곳에 몰리는 사슴, 소, 새처럼.

달리 말하자면 주변에 소금이 얼마나 있느냐로 개미의 종과 행동 양태를 예측할 수 있다. 과학 논문이 매력적인 서사로 높이 평가받는 경우는 드물지만, 가끔 정말로 '와, 이거 멋진데!' 하고 감탄을 자아내는 논문을 만나게 된다. 카스파리의 연구가 그랬다.

하지만 이제 내게 나트륨은 하나도 멋지지 않았다. 간호사가 두 시간마다 찾아와 네바 혈액을 소량 채취해 아래층 검사실로 가져갔다. 이 검사 때문에 네바는 수술 이후 36시간 이상을 중환자실에 있어야 했다. 네바가 받은 수술은 수분 균형을 유지하는 신체 능력을 망가뜨렸다. 체내 나트륨 농도를 조절하는 데 필요한 호르몬을 분비하는 것이 뇌하수체이기 때문이다. 나트륨 농도에 문제가 생기면 회복중인 아이에게 나쁜 일이 순식간에 연달아 생길 수 있었다.

수술 이후 첫날밤, 네바는 피를 뽑는데도 놀라울 만큼 무덤

덤했다. 처음부터 동맥에 관을 삽입해 채혈한 덕에 매번 주삿바늘을 찌르지 않아도 되었기 때문이다. 아이는 두어 번 깬 것을 빼면 푹 잤고, 조금 전 그 모든 일을 겪고도 예상보다 훨씬 의젓했다.

하지만 오래가지 않았다. 수술 다음날 아침, 레지던트와 의대생 무리가 찾아와 우리가 끼어들 틈도 없이 자고 있던 아이를 깨웠다. 담당 레지던트가 성의 없이 "좀 어떠니?" 하고 물으며 건성으로 아이 팔을 들었다가 그 앞에서 냅다 상태를 보고하기 시작했다. 네바는 영문도 모른 채 겁에 질려 눈이 휘둥그레졌다.

"엄마? 나 또 주사 맞아요?"

다이애나가 "아니, 그럴 일 없어" 하고 답하며 아이 손을 잡은 뒤 레지던트를 쏘아보았다.

"지금 뭐하세요?"

"예?"

"내 말 들었잖아요."

레지던트는 오만하게 대꾸했다.

"아침 회진중인데요."

"아뇨, 지금 다짜고짜 애를 겁주셨잖아요."

"아뇨, 저는 그럴 의도가—"

"당장 나가요. 우리도 따라 나갈 테니까 복도에서 기다려요."

레지던트는 깜짝 놀라 맞받아치려다가 생각을 고쳤는지 팀을 이끌고 유리문 밖으로 나갔다. 하지만 나가면서 "오래는 못 기다립니다"라는 말은 참지 못하고 기어코 내뱉었다. 다이애나는 내가 익히 아는 표정을 짓고 있었다. 곧 일이 터진다는 신호였다. 다이애나는 서둘러 그 표정을 감추고 다시 네바를 바라보았다.

"아가, 걱정하지 마. 의사 선생님들이 환자를 한 명씩 살펴보는 중이래. 엄마랑 아빠가 나가서 이야기하고 올게. 저 문으로 우리를 볼 수 있을 거야."

"엄마, 그런데 왜 화가 났어요?"

"저 사람들이 말도 없이 너를 깨운 게 마음에 안 들어서 그래. 하지만 괜찮아. 쉬고 있으면 금방 다녀올게. 알았지?"

"내가 볼 수 있는 데 있을 거죠?"

다이애나가 유리창 바깥으로 보이는 복도를 가리켰다.

"응, 바로 저기 있을 거야."

네바가 작게 고개를 끄덕였다.

우리는 복도로 나가 문을 닫았다. 190센티미터도 훌쩍 넘어 보이는 신경외과 레지던트는 다이애나보다 머리 하나는 족히 컸다. 다이애나는 아랑곳하지 않고 무섭게 노려보며 그에게 바짝 다가섰다.

"당신, 소아과 레지던트 아니에요?"

레지던트는 이런 질문을 예상 못했는지 주저했다.

"예, 소아신경외과 소속인데요."

"그런데 고생하는 애를 어떻게 다뤄야 하는지 전혀 모르나요? 트라우마 수업 때 졸기라도 하셨나?"

"어머니, 이런 방식은 도움이 되질 않습니다."

"다짜고짜 들어와서 아무 이유도 없이 애를 깨워 겁줘놓고, 나한테 이래라저래라 하지 마세요."

그게 다가 아니었다. 다이애나는 키 큰 의사의 가슴팍을 손가락으로 쿡쿡 찌르기까지 했다.

"이제부터 이렇게 하죠. 응급 상황이 아닌 이상 무조건 우리에게 먼저 알리고 병실에 들어오세요. 아이 앞에서 종양이니 상처니 조금 전 했던 헛소리는 절대 꺼내지 마세요. 절대로. 규칙을 어기면 토드에게 연락해 무슨 수를 써서라도 당신을 쫓아낼 줄 아세요."

의대생들의 눈이 커졌다. 레지던트는 얼굴이 벌게져 말이 없었다. 다이애나가 계속 말했다.

"수술 후 MRI 검사는 아침 몇시로 잡혔나요?"

"오후 세시로 잡혀 있습니다."

아내는 충격에 잠시 말을 잃었다가 분노를 꾹꾹 눌러 또박또박 말했다.

"지금이 아침 일곱시잖아요. 어제 그렇게 큰 수술을 받은 애를 앞으로 여덟 시간 동안 금식시키라는 건가요? 소시오패스인가, 아니면 그냥 무능력한 건가? 당장 영상의학과에 연락해 검사를 잡으세요."

레지던트는 어쩔 줄 몰라 더듬거리며 대답했다.

"그, 그선 불가능할 것 같은데요."

"가능하게 만들어요."

하지만 끝내 검사를 앞당길 수는 없었다. 결국 네바가 인내심을 잃었다. 아홉시부터 목마르다고 울기 시작하더니 아침 내내 갈수록 심하게 보챘다. 점심 무렵에야 잦아들었고 눈빛이 다시 멍해졌다. 드디어 MRI 검사를 위해 간호사가 찾아왔을 때 아이는 입을 굳게 닫은 후였고 마스크에 립밤을 바르자고도 하지 않았다. 또 바늘에 찔리는 거냐고 겁에 질려 물을 때만 빼면 아무 말이 없었다.

바늘에 찔려야 하는 상황은 자꾸만 생겼다. 동맥에 삽입한 관으로도, 정맥에 삽입한 보조 관으로도 피를 뽑을 수 없었다. 바늘을 찔러넣기가 어찌나 힘든지 결국 의료진이 아이 곁에 달라붙어 손가락에서 피를 아주 천천히 한 방울씩 모았다. 작은 용기를 채우는 데 고통스러울 만큼 오랜 시간이 걸렸다. 그러는 동안 우리는 아이의 나트륨 농도를 매번 묻고 기록했다. 수치가 안정권에 들어야 퇴원할 수 있었기 때문이다. 그리고 아이 곁에 누워 말을 건네고 책을 읽어주고 노래를 불러주었다. 입을 꾹 닫고 시선을 피하는 아이의 모습에 눈물을 삼키며.

그런 상황이 며칠이나 이어졌다. 굳게 닫혀 도무지 열리지 않는 아이의 마음과 주기적으로 피를 뽑을 때마다 뻣뻣하게 굳는 몸이 매 순간 우리를 고통스럽게 했다. 아이는 주사를 맞을 때만 입을 열고 소리쳤다.

"맞기 싫어!"

아동심리학자가 장난감과 이야기를 보따리째 들고 자주

방문했다. 간호사들은 어린이 환자는 보통 이런다며 우리를 안심시켰다. 일반적인 반응이고 오래가지 않을 거라고. 하지만 다이애나는 오만한 레지던트와 서투르게 진행된 MRI 검사에 여전히 분을 삭이지 못했다. 한번은 중환자실 환자들의 심리 상태를 더 세심히 돌봐야 하는 것 아니냐며 몇 분이나 고래고래 소리를 지른 뒤 병실을 뛰쳐나갔다. 또 어떤 고집불통 레지던트가 화난 다이애나와 마주칠지 생각하니 잠시나마 딱한 마음이 들었다.

수술을 몇 주 앞두었을 때였다. 나와 네바는 우리집 주방에서 밝은 스테인리스 그릇, 옥수수 전분, 물, 그리고 보라색 색소병을 꺼내 차렸다. 내가 네바를 도와 물과 옥수수 전분을 섞고 거기에 색소 몇 방울을 떨어뜨렸다. 네바는 보랏빛으로 변하는 반죽을 신나게 휘저었다.

"아빠, 우리 뭘 만드는 거예요?"

"우블렉을 만들 거야."

아이가 웃었다.

"웃기는 이름이다!"

반죽 그릇에 대고 소리쳐보라는 내 말에 아이는 미심쩍어하는 표정을 지었다.

"왜요? 이상해."

"한번 해봐."

아이는 반신반의하며 "우!" 하고 소리쳤다. 표정이 알쏭달쏭해졌다.

"다시 해봐. 좀더 크게!"

이번에 아이는 옆에 있던 개가 놀라서 짖을 만큼 크게 소리쳤다. 그리고 보랏빛 반죽에 소리파동이 이는 모습을 보고 놀라서 눈이 커졌다.

우블렉은 비非뉴턴 유체로, 우리가 세상의 작동 방식이라 여기는 뉴턴의 간단한 법칙을 따르지 않는다. 부드럽게 다루면 액체처럼 흐르지만 충격을 가하면 고체처럼 단단해진다. 반죽 안 원소들이 압박에 맞서 서로 뭉치기 때문이다. 눈에 보이지 않는 방어 전술을 전개하듯 갑자기 바깥세상에 맞서 장벽을 세운다. 인간 정신의 가소성과 한계를 닮았다는 점에서 우블렉은 애벌레가 그렇듯 우리에게 교훈을 준다. 스트레스와 두려움이 우리를 가로막도록 내버려두면 우리는 과학자로서나 한 인간으로서나 제대로 대처하지 못한다. 네바가 만든 보랏빛 반죽 위에 소리파동을 일으킨 물리법칙이 그런 경우에도 똑같이 적용된다.

믿기 힘들겠지만, 스트레스를 받으면 우리 혈액은 더 끈적해진다. 이를 혈액농축이라고 한다. 이 현상이 얼마나 위험한지는 오래전에 밝혀졌다. 일례로 제1차세계대전에 참전한 병사들의 충격과 트라우마가 혈액농축과 어떠한 연관성이 있는지 다룬 의학 논문들을 보면 알 수 있다. 원인은 복합적인데, 결정적으로는 혈구와 노폐물을 운반하는 액상 성분인 혈장이 손실되기 때문이다. 그러면 단백질과 헤모글로빈 농도가 올라간다. 이는 만성 스트레스에 시달리는 사람들이 심장마비와 고혈압에 더 쉽게 걸리는 이유로도 알려졌다. 식단이나 '생활 습관' 때문이 아니라 우블렉처럼 비뉴턴적으로 작용하는 스트레스 때문인 것이다. 괴로움은 비유적인 표현이 아니라 말 그대로 우리를 수축시키고 경직시킨다.

네바의 수술 후 며칠 동안 우리 세 가족은 각자 그러한 고통에 갇혀 살았다. 우리 사이에 무엇 하나 부드럽게 흐르는 게 없었다. 네바는 말없이 겁에 질려 있었고, 다이애나는 딸의 마음을 열어 상황을 타개하려고 절박하게 애쓰다가 겨우 분노를 억누르기를 반복했다. 그리고 나는 할 수 있는 게 없다는 무력감을 느꼈다. 소아과 중환자실에서는 모든 것이 비뉴턴적으로 흐른다는 사실을 피부로 깨닫고 있었다. 좋지 않은 순간은 빠르게 끔찍한 순간으로 굳어갔고, 안도의 순간은 따뜻한 목욕물처럼 우리를 감쌌다 흘러가버렸다. 다이애나와 나는 그저 나트륨 수치에 집중했다. 우리 가족이 갇힌 사이클에서 빠져나갈 방법은 그것뿐이었다.

첫 주가 다 지나갈 때쯤, 다이애나는 딸이 누운 침대에 올라가더니 우리집을 그리기 시작했다. 그렇게 네바 옆에 조용히 자리잡고서 집 윤곽을 시작으로 뒤뜰 울타리, 거실 테라스를 그려나갔다. 자신이 지금 무엇을 그리고 있는지 매번 네바에게 설명하고 다음에 무엇을 그렸으면 좋겠는지 물었다. 네바가 대답하지 않으면 알아서 다음 것을 그리며 그림을 완성해갔다. 나는 아이의 눈이 희미하게 다시 빛나고 얼굴에 화색이 도는 것을 보았다. 마침내 딸아이가 며칠 만의 침묵을 깨고 말했다.

"엄마. 코코를 빼먹었잖아요."

그때부터 네바는 평소 모습을 되찾았고, 머지않아 우리는 집으로 되돌아올 수 있었다. 마지막 나트륨 검사에서 모든 수치가 정상 범위에 들어왔을 때 나는 무슨 이유에서인지 카스파리의 개미를 떠올렸고 다이애나에게 그 이야기를 들려주었다. 다이애나는 황당하다는 표정을 지었다. 어쨌거나 퇴원해도 좋다는 말을 들었을 때 모든 건 금방 잊혔다. 우리 가족은 커다란 유리문을 걸어나와 잠시 멈춰서 숨을 깊이 들이마셨고, 차갑지만 맑은 12월의 아침 하늘을 올려다보았다. 네바는 담요로 꽁꽁 싸여 빨간색 짐수레에 올라타 있었다. 한 친구가 병실로 가져다준 커다란 사자 인형에 파묻혀 보이지 않을 지경이었다. 어느덧 사흘 후면 크리스마스였다.

네바는 덴버 시내에 있는 초밥 가게에서 엄마 아빠 사이에 앉아 행복하게 초밥과 연어알을 잔뜩 먹어치워 종업원들을 웃겼다. 머리는 여전히 어떻게 할 수 없이 엉망이고 손에는 붕대가 감겨 있었지만, 아이는 눈을 반짝이며 신나게 종알댔다. 아무 이야기나 하면서. 그러다 주제가 자전거로 옮겨갔다.

"아빠, 나는 언제 자전거를 탈 수 있어요? 자전거 갖고 싶어요."

"아가, 오늘 바로 사줄게."

우리는 자전거 가게에서 꽃바구니가 달린 작은 흰색 자전거를 골랐다. 아이는 자전거에 올라타 훨씬 큰 자전거들이 줄지어 있는 가게 통로를 돌아다녔다. 그날 저녁, 가구를 한쪽으로 치운 거실에서 아이는 자전거를 타고 소파와 거실장 주위를 돌았다. 그러다가도 자전거에서 폴짝 뛰어내려 개를 얼싸안곤 했다. 그러면 개가 열심히 아이 얼굴을 핥았다. 그날 밤 아이는 산타 할아버지에게 무슨 선물을 받고 싶은지 기분 좋게 중얼거리다 개 옆에서 잠들었다.

스트레스로 인한 혈액농축 반응으로 우블렉처럼 과하게 예민해졌을 때도 인간은 과학 분야에서든 자신에 관해서든 위대한 발견을 하고 대단한 해법에 도달할 수 있을까? 물론 그럴 수 있다. 하지만 진정한 배움과 발견, 천재성의 발현은 우리가 노는 듯한 마음 상태일 때, 즉 충분히 이완되어 현실과 가능성을 열린 마음으로 관찰하며 받아들일 수 있을 때 훨씬 수월해진다. 여러 심리 실험이 보여주듯 인간은 느긋할 때 문제를 해결하고 새로운 생각을 떠올리는 일을 더 잘해낸다. 정보를 유지하는 문제에 관해서도 마찬가지다. 우리는 머리가 스트레스로 딱딱하게 굳어 엉망인 상태가 아닐 때 오래가는 기억을 더 효율적으로 저장한다. 이러한 행동 데이터는 신경영상 연구 결과로도 뒷받침된다. 스트레스가 과하게 쌓이면 창의적인 생각을 떠올리는 데 필요한 뇌의 특정 부위가 사실상 기능을 멈춘다. 새폴스키는 『행동』에서 스트레스에 대한 반응으로 뇌가 연쇄적으로 세우는 장벽의 일면을 특유의 생생한 문체로 설명했다.

스트레스는 전두엽 피질의 다른 기능들에도 지장을 준다. (……) 글루코코르티코이드는 전전두엽 피질에서 노르에피네프린 신호를 향상시키는데, 다만 이런 경우에는 그 정도가 지나쳐서 각성된 집중력 대신 인지적으로 광적인 혼란이 유도된 것이다.*

그러니 뻔한 소리지만, 우리는 좀 여유로워질 필요가 있다. 좋은 일은 거기서부터 시작하기 때문이다. 물론 말처럼 쉽지 않다. 스트레스를 받으면 아주 자연스럽게 투쟁-도피 모드로 빠진다. 괜히 그러는 것이 아니다. 우리는 오랜 세월 생존을 위해 그렇게 반응해야 했다. 과학은 그런 반응을 이해하도록 도와줄 뿐 아니라, 우리 뇌를 속여 거기서 빠져나오는 것도 가능하다고 말한다. 어떻게 해서든 외부 자극을 바꾸려는 능동적인 선택, 이를테면 위험이 닥쳤을 때 호흡을 가다듬거나, 마음을 더 평온하게 해주는 무언가로 주의를 돌리거나, 자리를 벗어나 더 나은 행동을 하거나, 아니면 그냥 스마트폰을 꺼버리는 선택은 머릿속 공급망을 재편해 창의성의 선반을 채우는 역할을 한다. 다이애나가 마음을 가라앉힌 뒤 네바 옆에 앉아 그림을 그리고, 네바가 새로 산 자신의 자전거에서 뛰어내려 개를 껴안은 것처럼.

---

* 로버트 M. 새폴스키, 『행동』, 김명남 옮김, 문학동네, 2023, 159~160쪽.

8
박테리아

　다이애나는 주변을 차단하고 과학으로 도피하는 솜씨가 이제껏 내가 본 누구보다 뛰어났다. 그럴 때 다이애나는 눈앞의 노트북 화면이나 공책에 온 정신을 빼앗겼다. 함께여도 함께 있는 게 아니었다. 솔직히 가끔은 인정하기 싫을 만큼 약이 올랐다. 네바가 태어난 후로는 다이애나에게 내가 우선순위 다섯 손가락에는 드는지 농담으로 묻곤 했다. 네바, 반려견, 커피메이커, 과학을 빼고 남는 한 자리에 악착같이 매달려야 했다. 이런 농담을 하며 친구들과 웃었지만 늘 재미있지만은 않았다. 정말로 다이애나는 눈에 보이지 않는 박테리아의 세계로 자꾸만 사라졌다. 수년을 그렇게 지낸 후에야 과학에 대한 다이애나의 열정이 특별한 방식으로 다른 이들에게 버팀목이 되어줄 수 있다는 사실을 깨달았다.
　그 조짐을 나는 코스타리카에 처음 체류할 때 보았다. 다이애나는 미국 밖으로 나간 게 그때가 처음이라 여러 잠재적인 스트레스 요인에 노출되어 있었다. 일단 언어 장벽이 문제였고, 독사도 있었고, 밤에 잘 때는 전갈을 조심해야 했다. 하지만 다이애나는 그러면서도 박테리아 이야기를 쉬지 않았다. 그 세계가 얼마나 멋진지, 우리가 모르는 게 얼마나 많은지 들려주었다. 어떻게 보면 다이애나는 단순하게 들리는 질문의 답을 구하러 현장 연구에 합류한 것이었다. 그 질문이란 이러했다. 특정 토양에 어떤 박테리아가 존재하는지가 그 땅의 비옥도를 결정짓는가?

문제는 토양의 세계가 말도 못하게 복잡하다는 것이다. 우리는 비교적 최근까지도 그런 사실을 제대로 이해하지 못했다. 1970년대 이전 미생물학은 실험실에서 미생물을 현미경으로 관찰하고 배양하는 학문이었다. 그렇게 해서는 그 많은 박테리아를 다 관찰할 수 없었고 실험실에서 전부 키우기도 불가능했다. 미국 국가과학훈장을 받은 칼 우즈는 외부적 특성이 아니라 DNA의 고유한 특징을 통해 미생물 세계를 들여다보기 시작했다. 20여 년 후에는 미생물학자 놈 페이스가 같은 방법으로 자연 세계 전반을 바라보았고, 눈에 보이지 않는 세계가 얼마나 풍요로운지 말해주는 새로운 계통수를 만들어냈다. 코스타리카의 토양 한 숟가락에만 해도 아마 1조 개쯤 되는 박테리아가 들었을 것이다. 지구에 존재하는 박테리아의 유전적 다양성은 우리가 아는 모든 동식물의 다양성을 무색하게 할 정도다. 노린재부터 벌새, 사자, 인간, 해조, 세쿼이 아까지도 단세포 생명체와 비교하면 계통수에서 차지하는 구석이 겸연쩍을 만큼 작다. 따라서 토양에서 어떤 박테리아가 무슨 일을 하는지, 어떻게 서로 연결되는지 파악하는 것은 무척이나 힘든 일이었다.

다이애나는 바로 그런 점을 사랑했다. 어느 날 해변을 달릴 때도 그런 이야기를 신나게 늘어놓던 모습이 기억난다. 내가 가쁘게 숨을 몰아쉬며 몇 마디를 겨우 던지는 동안 다이애나는 과학이 폐활량을 늘려주기라도 하는지 말을 쉬지 않았다. 나는 그때 다이애나와 함께 달리면서 우리 몸 내부에, 그리고 표면에 존재하는 것들을 처음 제대로 이해했다. 다이애나는 말했다. "우리 몸을 이루는 세포의 절반은 우리 것이 아니라는 사실을 아나요?"

숨이 턱끝까지 찼다. "그래요?"

"네! 그 절반은 우리 안에, 그리고 우리 표면에 사는 박테리아들이에요. 그것들이 무엇을 할지 생각해봐요!"

"달리기 속도도 높여줄까요?"

다이애나가 박테리아에 매료된 것도 이해가 갔다. 에드 용이 『내 속엔 미생물이 너무도 많아』에 기록해놓았듯, 이후 세월은 우리가 박테리아를 수동적으로 나르기만 하는 운반체가 아니라는 사실을 알려주었다. 다음은 에드 용의 책에서 내가 좋아하는 구절이다.

우리는 모두 일종의 동물원이다. 우리는 하나의 몸으로 둘러싸인 거주지이자 여러 종으로 구성된 집합체이며, 하나의 세계다.*

그리고 다음 문장은 우리가 품고 있는 동물원을 통해 우리의 세상이 다른 세상과 어떻게 교차하는지를 암시한다.

우리는 새로운 집으로 이사한 뒤 24시간 안에 기존의 미생물 위에 우리의 미생물을 덮어씌운다. 그럼으로써 '타인의 집'을 '우리의 집'으로 만드는 것이다.**

미생물이 달리기를 더 잘하고 싶다는 내 바람을 이뤄줄지 모르겠다. 그러나 건강에는 미생물이 필수적이다. 질병에 맞서 싸우고, 음식물 소화를 돕고, 비타민을 생성하며, 수면의 질을 좌우한다. 이 동업 관계가 깨지면 우리는 힘들어진다. 그런가 하면 당뇨와 일부 관절염, 다발경화증 등 자가면역질환 상당수는 유전자가 아니라 결함 있는 미생물 파트너를 통해 유전될 수도 있다는 사실을 우리는 알아가는 중이다.

그러한 미생물 파트너 중에는 우리 유전자 속에 있는 것들도 있다. 인류가 진화하는 동안 일부 유전자는 부모가 아닌 여러 생물체를 거쳐 우리 DNA로 들어왔다. 허술한 SF영화

---

* 에드 용, 『내 속엔 미생물이 너무도 많아』, 양병찬 옮김, 어크로스, 2017, 11쪽.
** 에드 용, 같은 책, 401쪽.

이야기가 아니라, 수평적 유전자 이동이라는 과정을 통해 실제 일어나는 현상이다. 세상에 떠다니는 DNA 조각은 박테리아나 바이러스, 또는 고세균이라는 아주 작은 단세포생물 등의 미생물 속에 들어가고, 그로부터 우리 내부로 파고들어 달라붙는다. 우리가 살아가는 세상은 대단히 상호의존적이다. 몸속도 예외가 아니다. 그러한 의존적 관계는 보통 우리가 눈으로 볼 수조차 없는 생명체들의 활동에 달렸다.

다이애나는 그런 것들을 사랑했고, 직업적 삶의 영역에서 그 사랑을 중심으로 탐구를 펼쳐나갔다. 바깥세상에는 무엇이 존재하는가? 그것이 우리의 생명과 자연 질서에 얼마나 중요한가? 다이애나는 물론 어떤 답을 찾아다녔지만, 그 과정의 복잡함과 불확실성을 지칠 줄 모르고 즐겼다는 점이 특별했다. 거의 하루도 빼놓지 않고 새로운 질문이 튀어나왔다. 하지만 다이애나는 당장 답을 찾지 못해도 신경쓰지 않는 듯했다. 평생 못 찾아도 괜찮았을 것이다. 다이애나는 문제를 고민하고 미스터리를 파헤치는 일 자체를 좋아했다.

다이애나를 만나기 전까지 나와 과학의 관계는 그리 훌륭하지도 섬세하지도 않았다. 나는 시간과 노력만 충분히 들이면 과학이 우리 삶의 상당 부분을 설명해주리라는 확신에 가까운 믿음을 품고 살았다. 그것이 과학의 최고 목적이라고 생각했다. 그러면서 내가 내면에 도덕적, 지적 우월함을 간직했다고 믿게 되었다. ……아니, 정말로 우월하다고 느꼈다.

수십 년도 전에 작가 데이비드 쾀멘은 까마귀가 지나치게 똑똑하다고 주장했다. 너무 똑똑해서 지루함을 느낀 나머지 이 세상 동물 중 어이없는 행동을 하기로 손꼽히는 종이 되었다는 것이다. 영리한 까마귀는 매일 할일을 무척 효율적으로 해치운다. 그런 뒤 떡하니 자리잡고서 몸단장을 하거나 잘난 체하며 남의 일에 끼어든다. 그러나 자기 결함을 인지할 만큼 영리하지는 못하다. 나도 마찬가지였다.

나는 자존심 때문에 첫번째 결혼생활을 망쳤다. 처음에는 거의 모든 문제의 원인이 전처에게 있다고 믿고 싶었다. 물론 전처도 나름의 문제가 있었지만 나라고 다르지 않았다. 내 문제는 부분적으로 과학절대주의라는 유독한 원천에서 비롯되었다. 결혼식을 준비하면서는 교회에서 식을 올릴지 말지를 두고 다퉜다. 전처는 운치 있고 하얀 나무 벽이 둘린 케이프코드 예배당에서 결혼하자고 했다. 아내의 부모님이 결혼식을 올린 곳이었다. 하지만 나는 지독한 무신론자였기에 딴지를 걸지 않고는 못 배겼다.

젊은 시절, 나에게 과학은 신의 존재나 여타 신비한 믿음의 형태가 전부 엉터리임을 증명해주는 도구였다. 나는 물리학을 전공한 과학철학자였던 아버지의 길을 따랐다. 아버지는 언젠가 이런 말을 한 적이 있었다.

"내게 필요한 신은 단 하나, 증거뿐이다."

이와 반대되는 주장은 유약하며 진실을 부정하는 생각이라고 여겼다. 거의 모든 사회문제의 뿌리가 바로 그런 사고방식에 있다고도 생각했다. 그래서 나는 자연 세계의 경이로움이야말로 내게 일종의 영성을 주었다고 스스로를 속였지만—훗날 결국 그렇게 되기는 했다—당시에는 사실 그냥 그쪽이 멋지다고 생각했을 뿐이다.

이제 와 생각해보면 내 오만함은 또다른 형태의 광신이었다. 그것은 바람직한 과학적 태도와 근본적으로 불일치했다. 종교처럼 과학에도 극단적 분파가 있다. 이를테면 우생학이나 인종 '과학', 돌팔이 의학 같은 것 말이다. 과학은 분명 기적을 일으킨다. 하지만 한편으로는 폭력과 배제, 인종차별과 혐오를 품고 있다. 과학사는 다른 어떤 분야의 역사만큼이나 추악하며, 그 추악함은 과학이 지향하는 기본 원칙의 근본적인 잘못이 아니라 인간의 결점에 기인한다. 이는 여러모로 종교적 이상과 현실의 괴리를 소름 끼치게 닮았다. 기독교는 제 몸을 사랑하듯 이웃을 사랑하라며 신도들을 열심히 가르친다. 그러나 정작 기독교의 이름으로 행해지는 것은 배제와 모욕, 심지어는 살상이다. 과학이라고 다르지 않다. 우리 과학자들은 편견이 없어야 한다. 가장 순수한 형태의 호기심에서 출발해 뭐든 질문하고 언제든 오류를 인정할 준비가 되어 있어야 한다. 하지만 우리도 인간이다. 결국 현실은 이상과 다르다.

그럼에도 나는 이 모든 엉망진창과 경이로움을 포함하는 우리의 인간성을 중심에 둘 때 비로소 과학이 최상의 형태에 도달한다는 사실을 믿게 되었다. 기독교나 여느 신앙 전통처럼 과학도 불변의 현실을 상대하지 않는다. 과학은 그 자체로 인간의 산물이며 세상을 바라보는 시각이다. 그리고 그 세상은 계속해서 변화한다. 고정된 의미로 규정하기에는 너무 복잡하고 예측 불가하다. 우리는 그러한 세상의 미스터리를 파고들 수 있다. 또 그래야만 한다! 동시에 우리 자신의 한계를 이해할 때 생기는 겸허함도 잃어선 안 된다. 과학의 본질은 우리가 진실이라고 생각하는 것에 의문을 던지는 것이다. 따라서 우리는 과학 자체의 한계 또한 의심해야 마땅하다.

C. S. 루이스가 그리스도를 두고 한 말이 과학에도 들어맞지 않을까. 과학은 우리의 약점을 비롯해 모든 것을 비추는 빛이어서, 우리는 경이하며 그것들을 받아들이게 된다. 과학을 통해 우리는 자신의 한계 안에서 아름답게 춤출 수 있다. 그러면서 한계에 관한 생각을 재정립하기도 한다. 과학의 역할은 정확히 그것이다.

다이애나는 이를 본능적으로 알았던 것 같다. 다이애나에게 과학으로의 도피는 인간성과 단절하는 행위가 아니었다. 오히려 인간성의 발로였다. 다이애나는 과학 안에서 가장 순수하게 살아 있음을 느꼈고, 그런 태도로 과학을 실천했다. 정신 나간 것 같은 아이디어도 마다하지 않았다. 전통적인 유형에서 벗어난 학생들을 일부러 찾아내 격려하기도 했다. '모범' 딱지를 강조해 인종, 성별, 계급을 솎아내는 풍토에도 적극적으로 반대했다. 다이애나에게 과학은 사랑과 믿음을 발산하는 수단이었다.

허리케인 카트리나가 다이애나의 두번째 고향 뉴올리언스

를 초토화했을 때 다이애나에게서 그런 모습을 똑똑히 보았다. 귀가해서 보니 다이애나는 TV 앞에 딱 붙어앉아 울고 있었다. 연이어 비치는 무너진 제방과 침수된 마을, 죽음과 가난과 실향의 이미지에서 눈을 떼지 못했고, 대통령과 연방재난관리청의 허술한 대처를 욕했다. 헬리콥터 카메라가 폐허가 된 나인스워드를 비췄다. 옛날에 다이애나가 열심히 벽을 칠하고 공원을 보수하며 동네 구석구석을 알아갔던 바로 그곳이었다. 다이애나는 뭐라도 하기로 결심했다.

우리는 허리케인이 뉴올리언스를 휩쓴 지 1년도 더 지났을 때 그곳을 방문했다. 공항에 도착하자마자 동쪽의 세인트클로드로 차를 몰아 로어나인스워드까지 갔다. 여전히 집마다 스프레이로 X 표시가 그려져 있었다. 내부에서 몇 구의 시신이 발견되었는지 말해주는 숫자가 외벽에 적힌 집도 많았다.

우리는 흔적도 찾아보기 힘들게 파괴된 어느 마을에 도착했다. 뉴올리언스답지 않게 추운 1월 날씨여서 차에서 내려 천천히 걸어가는 다이애나의 얼굴 앞으로 뿌옇게 입김이 퍼졌다. 오른편 집은 얼룩진 노란 벽돌이 허물어지고 지붕도 일부 무너져 있었다. 우리가 있는 블록에서 그나마 형태를 보존한 건물이었다. 판유리 없이 컴컴한 창문 옆쪽 벽면에 주황색 X 표시가 있었다. 아래쪽 구석에 적힌 2라는 숫자를 보니 가슴이 쓰렸다. 다이애나는 우두커니 서서 폐허가 된 집을 한참 바라보다가 천천히 입을 열었다.

"바로 옆에 우리가 복구한 공원이 있었어. 내 기억으로는 그래. 이제는 아예 몰라보겠네."

다시 입을 연 다이애나는 조용하지만 결연했다.

"수업 방향을 바꿀까봐. 우리는 좀더 지속 가능한 세상을 만들자고 허구한 날 떠들기만 하잖아. 이게 현실인데. 학생들이 직시하고 이해해야 하는 건 바로 이런 현실이야."

돌아온 가을에 다이애나는 정말로 허리케인 카트리나에 관한 강의를 열었다. 다이애나는 뉴올리언스와 연관이 있는 과학이면 뭐든 달려들었다. 자기 전공인 박테리아의 역할을 연구하는 것은 물론 빈곤, 정책, 탐욕을 다루는 사회과학을 파고들었고, 이렇다 할 해법 없이 수해에 시달리는 도시를 위한 수문학水文學과 공학, 허리케인을 설명해주는 기후과학, 제방 범람이 공중 보건에 미치는 영향 등을 공부했다. 그리고 연방재난관리청장이었던 마이클 브라운이 우리와 같은 동네에 산다는 소식을 듣고는 연락처를 구해 직접 연락했다.

"그 사람은 어떻게 됐어?" 내가 별 기대 없이 물었다.

"수업을 들으러 오겠대. 생각보다 흔쾌히 수락하더라."

"그 사람이 진짜 수업에 온다고?"

다이애나는 은근한 질책과 실망이 섞인 표정으로 나를 바라보았다.

"그게 우리가 할 일 아니야? 알고 있다고 생각하는 이야기를 뛰어넘어 생각하도록 사람들을 자극하고, 우리 자신을 자극하는 거?"

다이애나는 이번에도 자기답게 과학자가 해야 할 일을 하고 있었다. 나는 부끄러움을 느꼈다. 다이애나는 다들 그냥 진실로 받아들이는 답에 안주하지 않고 진짜 답을 알고 싶어 했다. 그리고 학생들에게도 똑같은 기회를 주고자 했다. 답이 만족스럽지 않거나 끝까지 답이 나오지 않아도 좌절하지 않았다. 중요한 것은 자신이 시도했다는 사실, 인간다우면서 동시에 엄격했다는 사실이었다.

네바의 미래가 걸린 현실을 마주한 지금, 우리에게는 바로 그런 인간다움과 엄격성이 필요했다. 네바는 수술을 이겨냈으나 머릿속에 아직 종양이 남아 있었다. 우리는 직감을 믿고 중대한 결정을 내려야 했다. 남은 종양덩어리를 없애는 방사선치료가 필요할까? 다이애나는 곧장 과학 논문들을 찾아 읽기 시작했고 전 세계 전문의들을 수소문했다.

서서히 그림이 완성되어갔다. 결론은 일곱 살 미만 아동이 방사선치료를 받으면 위험하다는 것이었다. 네바는 아직 다섯 살도 되지 않은 아이였다. 우리는 방사선치료에 호의적인 방사선 종양의들도 찾아냈다. 그들은 부수적인 피해를 최소화할 수 있으며 종양의 성장을 막는 것이 무조건 이득이라고 주장했다. 하지만 다른 종양의들은 학습 능력 저하와 영구적인 혈관 손상, 다른 암 발병 사례를 거론하며 우려했다. 과학 논문을 열심히 파고든 끝에 우리는 두개인두종을 누구보다 오래 연구한 독일인 학자를 알게 됐다. 다이애나가 그에게 편지를 썼다.

"헤르만 선생님에게," 다이애나는 물었다. "선생님이라면 어떻게 하시겠습니까?"

얼마 후 답장이 왔다. "기다리세요." 그는 아직 발표 전인 논문 자료를 공유해 그 이유까지 설명해주었다. 유심히 관찰하기만 한다면, 종양이 다시 자라는 징후가 나타나기를 기다리는 것보다 곧장 방사선치료를 받는 것이 종양을 더 잘 통제한다고 볼 수는 없었다.

통계상의 데이터는 평균치만을 말해준다. 종양이 시신경이나 시상하부와 꽤 멀리 떨어진 아이와 바로 근처에 있는 아이를 구분하지 않는다는 뜻이다. 네바는 후자에 해당했다. 우리는 수술 후 촬영한 MRI 사진과 함께 우리가 무엇을 걱정하는지 설명하는 편지를 써서 헤르만에게 되물었다. "정말 그렇게 생각하세요?" 그렇게 여러 번 의견이 오간 끝에 마침내 헤르만이 결론을 내려주었다.

"제가 진행한 연구와 그동안 방사선치료를 받은 소아 환자들의 관찰 결과를 근거로 판단했을 때, 만일 제 아이라면 최소한 두 달 뒤 MRI 검사 때까지는 기다려보겠습니다. 그런 뒤 결정을 내릴 것 같군요."

그렇게 마음 졸이며 두 달을 보냈다. MRI 검사 결과를 기다리는 동안 네바는 여전히 마취 기운에 몸을 못 가누며 다이애나 품에 안겨 있었다. 나는 예전처럼 그대로 벽에 걸려 있는 사진들과 편지들을 바라보았다. 야구방망이를 든 소년을 추모하는 글도 여전히 거기 있었다. 가슴 아픈 그 게시판을 보고 있기가 힘들어서 물을 마시고 오겠다는 핑계로 여러 번

자리를 비웠다.

그 순간만큼 과학에 대한 믿음이 시험받은 적은 없었다. 헤르만의 데이터만 믿고 방사선치료를 건너뛴 게 바보 같은 실수였다면? 과학자인 우리가 직업적 배경을 극복하지 못하고 딸아이에 관한 우리의 지식과 구체적인 정밀검사 결과를 간과한 채 평균과 경향에만 의존한 것이라면? 벌써 종양이 자라서 시신경을 덮었으면 어쩌지? 일반론을 대할 때 과학의 힘을 믿기란 쉽다. 그러나 그 믿음에 우리가 사랑하는 사람이 걸려 있으면 무척이나 힘들어진다.

드디어 토드가 들어왔다.

"안녕, 꼬마야. 네 뇌 사진을 보고 싶니?"

네바가 소심하게 고개를 끄덕였다. 나는 토드의 밝은 말투에 과하게 의미를 부여하지 않으려고 노력했다. 그가 나와 다이애나를 보며 말했다.

"좋아 보이네요. 예상보다 더 좋아요. 직접 확인하시죠."

화면에 아이의 흑백 뇌 단면 사진이 뜨기 시작하자 마음이 울렁거렸다. 가끔은 턱, 코, 눈구멍이 단번에 보였지만 어떤 때는 영 헷갈렸다. 토드는 여러 장을 넘기다가 한 단면 사진을 정지시킨 후 입 위쪽을 확대했다. 그리고 검은색과 회색 사이 초승달 모양의 경계를 가리켰다.

"자, 제가 종양을 남겨둔 곳이 이 자리예요. 수술 직후 촬영한 사진을 볼까요." 토드는 키보드를 몇 개 두드리더니 첫번째 사진과 유사한 단면도를 불러와 나란히 띄웠다. "여기 남아 있는 종양이 보이시죠."

나는 12월에 촬영한 사진에서 콩팥 모양의 덩어리를 확인한 후 이번에 촬영한 사진과 비교해보았다. 지금은 그곳이 텅 빈 검은색이었다. 갑자기 알 수 없는 희망이 부풀었다.

"어디 갔죠? 사라지기도 하나요?"

"아뇨. 사라진 건 아니에요. 하지만 시신경과 멀리 떨어져서 지금은 여기 있네요." 토드가 검지로 다른 자리를 가리켰다. "뇌하수체 위에요. 가끔 이런 일이 생겨요."

"세상에나. 잘된 거죠? 혹시 더 자랐나요?"

"예, 잘된 일이죠. 다행히 자라지도 않았어요. 더 다행인 점은, 종양이 우리가 피하고 싶었던 자리에서 상당히 멀어졌다는 거예요."

그날 밤 우리는 네바에게 아이스크림을 주면서 축하해주었다. 아이가 언제나처럼 개 옆에서 잠들자 나와 다이애나는 와인 병을 들고 테라스로 나가 자축했다. 큰 위기를 모면한 만큼 몇 달 만에 안도감을 느꼈다. 그러나 아주 안심할 수는 없었다. 종양은 언제라도 다시 자랄 수 있고, 1라운드에서 운이 좋았다고 승리를 장담할 수는 없었다. 다음날 아침, 다이애나가 대뜸 통보했다.

"헤르만 교수를 만나러 독일에 갈 거야."

"뭐?"

"두개인두종 학회가 열린대. 헤르만 교수가 2년마다 여는 자리야. 두개인두종 분야에서 내로라하는 의사들과 연구자들이 참석할 거야."

"잠깐, 그걸 어떻게 알았어? 어떻게 가려고? 공개 학회야?"

"아니. 초청받아야 해. 그래서 헤르만 교수에게 이메일을 보내 생물학자이자 소아 두개인두종 환자의 보호자 자격으로 참가해 의견을 나눠도 되겠느냐고 물었어. 헤르만 교수가 허락했고."

나는 그런 아내 모습이 하나도 놀랍지 않았다. 정말이지 아내다운 행동이었다. 참가 소식을 알린 지 한 달도 되지 않아 아내는 정말로 비행기를 타고 암스테르담으로 날아가서 열차로 갈아탄 뒤 학회가 열리는 독일의 도시로 향했다. 아내는 여러 나라에서 온 전문의들과 함께 먹고 마시며 웃었고, 공개 토론에서 그들의 주장을 반박했으며, 학계 외부인임에도 꽤 많은 사람을 설득하는 데 성공했다. 철저히 준비해 자기 몫을 톡톡히 해낸 덕이었다. 아내는 경과를 기다리며 지켜본 우리의 선택이 옳았다는 확신을 새로이 다지며 집으로 돌아왔다. 증거가 의심할 여지 없이 확실해서는 아니었다.

아내가 자기 선택에 안심한 이유는 모든 가능성을 빠짐없이 확인해서이기도 했지만, 동시에 본래 과학의 한계를 어렵지 않게 받아들이는 성향 때문이기도 했다. 한번은 밤중에 아이의 종양 치료를 두고 이런저런 방법의 장단점을 비교하는데, 아내가 갑자기 철학적으로 변해 이렇게 말한 적이 있다.

"과학이 분명한 답을 주어야 한다고 생각하는 사람이 너무 많아. 그게 잘못이야."

나는 우리가 내린 결정의 세세한 내용을 따져보느라 건성으로 대답했다.

"응?"

"일기예보가 엉터리라고 다들 조롱하잖아. 사실 일기예보는 놀라울 만큼 정확해. 다만 세부 사항까지 전부 맞히지 못할 뿐이지. 암 치료법을 개발했다는 소식도 계속 들려와. 그렇지만 그게 완벽하지는 않을 거야. 과학은 모든 문제를 해결해주지도 않고, 우리를 스트레스 없이 영원히 살도록 해주지도 않는다고. 말이 안 되잖아."

"맞아, 그래, 당연히 그렇지."

다이애나는 한번 더 열을 올렸다.

"그래, 그런데 왜 우리가―둘 다 과학자면서!―그런 덫에 빠져 있지?"

"무슨 소리야?"

"정보를 많이 얻으면 그만큼 확실한 결과를 얻는 줄 아는 사람들처럼 굴잖아. 그럴 리가 없는데."

나는 반박하려다가 생각을 고치고 입을 다물었다. 다이애나가 말을 이었다.

"100년 후에는 다른 부부가 우리처럼 이러고 앉아서 아픈 아이를 어떻게 치료해야 할지 고민하며 괴로워할 거야. 그들에게는 지금 우리가 상상할 수조차 없는 선택지가 주어지겠지. 하지만 그들의 아이 역시 아프리라는 사실은 변하지 않아."

"그래…… 그런데 그게 지금 우리와 무슨 상관이야? 이해가 잘 안 돼."

"내 말은 우리도 과학의 한계를 인정해야 한다는 거지. 한계가 없으면 무슨 재미겠어. 물론 그 한계 때문에 자식이 위험해지면 가슴이 찢어질 거야. 그렇지만 밤낮으로 이 문제에만 집착하는 건 우리에게나 네바에게나 도움이 되지 않아."

세월이 지나며 조금씩, 나는 그때 다이애나가 하고자 했던 말의 의미를 깊이 이해하게 되었다. 과학을 무한히 즐기는 듯한 다이애나의 태도가 한계를 받아들였기에 가능했다는 사실도 깨달았다. 최상의 형태에 이른 과학은 우리가 사회 전반에서 추구해야 할 이상을 담고 있지만, 그러한 모습이 점점 사라져간다는 사실을 다이애나는 누구보다 잘 알았다. 그 이상이란 곧 결점과 한계를 받아들이면서도 그것들을 줄이려 고민하고, 무언가가 완벽과 거리가 멀더라도 진정으로 경이로울 수 있다고 굳건히 믿는 것이다.

우리가 과학을 신격화하지 않고 믿을 만한 완벽한 대상이 되어주기를 요구하지도 않을 때, 과학은 비로소 과학을 실천하는 과정에서, 그리고 우리 내면에서 온전한 모습을 드러낸다. 그러려면 우리는 대다수 종교가 인간을 바라보듯 과학을 바라봐야 한다. 즉, 기본적으로 엉망이지만 다행히도 나날이 나아지려 노력하며…… 여전히 대단한 기적을 일으킬 수 있는 존재로 말이다.

9
남극

다이애나가 독일에서 돌아오고 얼마 지나지 않아 우리는 또다른 중대 결정을 내려야 했다. 벌써 몇 달째 고민하던 문제였다. 중환자실 생활 막바지에 딸이 잠든 채 지내는 동안 다이애나와 나는 이야기를 나누기 시작했다. 우리는 최선을 다하고 있는 걸까? 아이에게 뭐가 필요할까? 아이가 최상의 치료를 받을 수 있을 만큼의 재정 상태인가?

그런 대화가 한창일 때 약 3200킬로미터 떨어진 곳에서 일자리 공고 이메일이 왔다. 듀크대학교가 환경대학원 학장과 미생물학 전공 교수를 찾고 있다고 했다. 한 자리는 나에게, 다른 자리는 다이애나에게 꼭 맞았다. 우리가 일자리를 얻게 되면 연봉이 오르고 세계 최고의 뇌종양센터와도 가까워질 터였다. 앞으로 그 변화가 얼마나 중요해질지 당시에는 미처 알지 못했지만.

우리는 콜로라도주를 떠날지 말지 혼자서, 또 함께 고민했다. 나는 착하기만 한 외과 레지던트에게 스트레스를 분출하기에 이르렀다. 그러다 후회하며 아래층 카페에서 그에게 가져다줄 맛있는 커피와 아이스크림 두 덩이를 샀다. 다른 환자 병실 앞에서 마주친 그는 피곤한 눈으로 나를 보며 친절하게 사양했다.

"유당불내증이 있어서요."

멀어지는 그를 향해 나는 괜히 조리에도 맞지 않는 말 몇 마디를 중얼거렸다. 나 자신이 더 한심하게 느껴졌다. 어쨌거나 커피와 아이스크림은 내가 해치웠다.

그날 저녁 우리는 네바의 병실 창턱에 걸터앉아 또 한번 특별한 일몰을 구경했다. 플랫아이언스의 윤곽이 어둠에 잠기고 있었다. 그것은 볼더에 있는 우리 동네의 언덕 중턱에 돌출된 암석산으로, 오래된 사암으로 이뤄져 있다. 그 너머로는 험준한 대륙 분수령이 솟아 있었다. 하늘에 길게 펼쳐진 구름의 아랫부분이 환한 주황색에서 은은한 장밋빛으로 물들어갔고, 높은 봉우리들 옆에 소박하게 자리한 북쪽의 한 산등성이 옆에서 구름 한 조각이 슬그머니 나타났다. 그 산은 우리 딸과 이름이 같았다. 보고 있으니 아이가 태어난 날 밤이 떠올랐다. 그날 우리는 여기서 서쪽으로 가면 나오는 다른 병원의 병실 창턱에서 아이를 품에 안고 앉아 있었다. 일자리 공고 이메일을 받은 날 밤, 네바는 등허리에서 침대 뒤 링거대로 이어지는 투명 관을 몸에 달고 잠들었다. 나와 다이애나는 우리가 사랑하며 우리를 하나로 이어준 이곳과, 이곳에 있는 공동체에 대해, 또 이곳을 떠난다면 얼마나 마음이 아플지에 대해 이야기했다.

우리는 함께 듀크대학교에 지원하기로 했다.

그리고 다이애나가 독일에 다녀오자마자 혹시나 했던 일이 현실이 되었다. 듀크대학교로부터 고용 제안을 받은 것이다. 우리는 한번 더 결정을 내려야 하는 순간을 맞이했다. 다이애나는 네바의 치료법을 고민할 때와 똑같은 논점으로 돌아갔다.

"죽을 때까지 고민할 수야 있지만 그래봤자 무엇이 옳은지는 알 수 없어."

"나도 알아."

우리는 몇 초간 서로 눈을 바라보았다. 그리고 다이애나가 먼저 내 손을 잡았다. 나는 무슨 말이 나올지 직감했다.

"가야 할 것 같아. 네바를 위해 가장 좋은 선택이야."

이후 상황은 빠르게 정리되었다. 이삿짐 차를 보내고 마지막 작별인사까지 마쳤다. 상쾌한 6월의 어느 날, 구름 한 점 없는 하늘과 그와 선명히 대비를 이루는 눈봉우리들을 뒤로한 채 우리는 앞으로 새집이 될 도시를 향해 동쪽으로 차를 몰았다. 우리 누구도 알지 못했고 진정으로 원한 적 없던 곳으로. 나는 백미러로 멀어지는 산을 마지막으로 한번 더 보며 상실감과 불안을 느꼈다.

이전에도 온 가족이 함께 대서양 연안으로 차를 몰고 간적이 있었다. 2년 전 다이애나와 내가 워싱턴DC에 있는 국립과학재단의 임시직을 맡았을 때였다. 이번에 콜로라도주를 빠져나가는데 네바가 물었다. "아빠? 듀크대학교는 워싱턴DC에 있어요?"

"아니, 하지만 거기서 그렇게 멀지 않아."

"거기 가면 지하철도 있어요?"

네바는 워싱턴DC에서 생활하는 동안 지하철에 푹 빠졌다. 태어난 지 고작 몇 주 된 아이를 조깅용 유아차에 태우고 달리러 나갔던 다이애나의 습관에서 비롯한 취향이었다. 볼더 시내 어느 굴다리에는 조깅용 유아차를 미는 여자 벽화가 있다. 바로 다이애나를 모델로 한 그림이다. 당시 다이애나는 벽화를 작업하는 화가를 날마다 지나쳐 달렸던 것이다. 워싱턴DC 시절에는 알렉산드리아에 구한 셋집에서 출발해 포토맥강의 서쪽 강변을 따라 달렸다. 가끔은 다리를 건너 내셔널몰까지 갔다. 나는 그곳에서 다이애나와 딸을 만나 점심이나 저녁을 먹고 함께 지하철로 귀가했다. 머지않아 우리는 지하철을 탈 때 네바를 예의 주시해야 했다. 얼른 오라고 우리를 재촉하면서 보이는 대로 열차에 올라타려고 하기 일쑤였기 때문이다.

국립과학재단에서 다이애나는 남극 생물학 프로그램을 이끌었다. 그 자리를 맡았다는 것은 지상에서 독특하고 중요하기로 손꼽히는 지역에서 수행될 과학의 틀을 잡고, 극소수만이 가볼 수 있는 얼음 대륙에 직접 다녀온다는 뜻이었다. 그런데 일단 가기 전에 신체검사를 통과해야 했다. 이때가 우리 가족이 처음 암의 위협에 맞닥뜨린 순간이었다.

다이애나는 마흔 살도 되기 전이었으나 몸 상태가 괜찮다는 허가를 얻으려면 갖가지 검사와 함께 유방조영상 검사를 필수로 받아야 했다. 한 의사가 남극에서 겨울을 나는 동안 자가 생체검사로 유방암 진단을 내린 뒤, 기상 상황이 나아져 대피할 수 있을 때까지 혼자 임시 화학요법으로 대처한 사건 이후로 유방조영상 검사 지침은 한결 까다로워졌다. 다이애나는 현실적이고 씩씩한 기상을 발휘한 의사의 사연에 감탄하면서도 과해진 행정절차에 분개했다. 무엇보다 과학 발전을 목표로 삼은 기관이 다른 것도 아닌 과학을 무시하는 듯 보였기 때문이다.

"진짜 어이없어. 나는 거기서 겨울을 나는 것도 아닌데. 고작 3주 머무는 거잖아. 과학적으로든 논리적으로든 굳이 이런 검사까지 받을 이유가 없다고."

다이애나는 원칙적으로 이러한 조치에 반대했으나 계속 그러다가는 남극에 못 갈 것 같자 고집을 꺾었다. 그리하여 며칠 후, 나는 조지타운의 어느 병원을 방문해 추상화들이 걸린 작은 대기실의 황갈색 소파에 앉아 있게 되었다. 다이애나는 정밀검사를 받으러 들어간 터였다. 맞은편에는 무척 야윈 여자가 머리에 스카프를 두르고 책을 읽고 있었는데, 그걸 들고 있는 것조차 버거워 보였다. 나는 우리 가족에게 닥칠 미래를 미리 보는 것 같아 순간 두려움을 느꼈다.

다음날 다이애나가 국립과학재단의 내 연구실로 들어왔다.

"유방조영상 검사에서 뭐가 나왔대."

온몸에 힘이 빠지는 기분이었으나 나는 겨우 입을 열고 물었다. "뭘 발견했대?"

다이애나는 침착하게 곧장 과학적으로 상황을 분석하기 시작했다.

"크기는 작아. 거짓 양성일 수도 있고. 그냥 칼슘 침착물일 수도 있대. 이래서 이 검사를 받는 게 어이없다는 거였어."

"생체검사도 받아야 한대?"

"몰라. 다음주 월요일에 다시 방문해서 자세히 촬영해봐야 한대. 그러면 알 수 있겠지."

결과적으로 다이애나의 생각이 옳았지만, 나는 다이애나가 두번째 검사를 받는 동안 조지타운 거리를 배회하면서 걱정을 멈출 수 없었다. 평소와 같은 자동차들과 택시들과 인파가 요란하고 희뿌연 배경이 되어 밀려났다. 감감무소식으로 시간만 흘러 어찌나 심란하던지, 한번은 차들이 쌩쌩 다니는 교차로에 들어설 뻔도 했다. 횡단보도 신호를 기다리는데 드디어 기다리던 휴대전화 벨이 울렸다. 다이애나였다.

"거짓 양성이래. 얼른 여기서 나가고 싶어."

나는 가로등 철 기둥에 기대 눈을 지그시 감았다.

얼마 후 다이애나는 크라이스트처치*에서 빨간색 단체 외투에 커다란 장화 차림으로 찍은 사진들을 보내왔고, 지구 밑바닥에서 스카이프로 연락해 네바에게 우스꽝스러운 표정을 지어 보였다. 다이애나는 직접 파낸 얼음 동굴에서 하룻밤을 보낸 이야기, 헬리콥터를 타고 거대한 빙하 끝자락에서 암석과 모래로 뒤덮여 달 표면 같은 지대로 이어지는 드라이 밸리에 다녀온 이야기를 들려주었다. 케이프로이즈에 있는 탐험가 어니스트 섀클턴의 막사를 보았으며, 남극기지까지 비행하는 길에 끝없이 펼쳐진 내륙을 보았다고도 했다.

남극조약에 서명한 국가들의 국기가 반원 대형으로 꽂힌 땅 정중앙에는 기념 막대가 하나 서 있고, 막대 위에는 거울처럼 반사되는 구체 장식물이 있다. 다이애나는 완전무장한 채 국기들 앞에서 사이드 플랭크 자세를 취한 사진과 그 장식물 옆에서 딱 봐도 배꼽 빠지게 웃고 있는 사진을 보내왔다. 나중에 듣자 하니 남극 표지물인 그 막대에 몸을 기댔다가 하마터면 쓰러뜨릴 뻔했기 때문이었다. 현지 연구를 마치고 돌아온 다이애나는 활력이 넘쳤고 조금 달라져 있었다. 놀랍지 않게도 곧장 남극을 재방문할 계획에 착수했다.

그 계획은 우리가 듀크대학교가 있는 노스캐롤라이나주로 향하던 중에 거론되었다. 평소처럼 내가 운전대를 잡았고 다이애나는 옆에서 노트북을 펼쳤다. 나는 여전히 콜로라도주를 떠나게 되어 마음이 아프고 네바 때문에도 걱정이 많았지만, 다이애나는 금세 과학에 몰입해 있었다. 나에게 이렇게

---

* Christchurch. 국제남극센터가 있어 남극 탐험의 관문 역할을 하는 뉴질랜드 도시.

묻기도 했다. "멕시코 프로젝트 기억나? 그걸 남극에서 진행하면 더 좋을 것 같아."

그 멕시코 프로젝트란 언젠가 우리 세 가족이 함께 했던 여행을 가리켰다. 태어난 지 5개월밖에 되지 않았던 네바는 그때 처음 비행기를 탔다. 우리가 날아간 곳은 멕시코 칸쿤이었다. 낡은 크라이슬러 미니밴에 네바를 안전하게 앉힌 뒤 남쪽으로 향했다. 목적지는 푼타 알렌이라는 아주 작은 마을이었다. 여유로운 관광도시 툴룸에서 55킬로미터쯤 더 가면 푼타 알렌이 나왔다. 툴룸을 지나 이어지는 흙길은 길고 좁은 반도를 양분하며 유카탄반도의 시안 카안 생물권 보호구역의 북동부 경계를 이루었다. 보호구역의 나머지 땅은 얕은 물에 뜨는 소형 보트나 카약을 타야 둘러볼 수 있었다. 거기서부터 광활한 맹그로브숲으로 둘러싸인 강어귀를 탐험하거나 서쪽으로 걸어가 외진 밀림에 들어갈 수 있었다. 바로 너머에 자리한 리비에라 마야의 화려한 호텔들과는 동떨어진 세상이었다.

우리가 그곳에 간 이유는 유리병에 박테리아를 채집하기 위해서였다. "고작 그걸 하러 멕시코에 간다고?" 대부분이 그렇게 물었다. 순전히 유리병에 박테리아를 모으기 위해서라면 나도 거절했을 것이다. 그러나 다이애나가 뒤쫓고 있는 물음의 답을 찾기 위해서라면 그럴 수 있었다.

다이애나는 이번에도 간단해 보이지만…… 알고 보면 그렇지 않은 것을 알고 싶어했다. 박테리아는 거의 모든 곳에 존재한다. 당신 표면이나 내부에도 있고, 코스타리카 토양을 가득 채우고 있으며, 대기에도 놀라울 만큼 많은 수가 떠다닌다. 그런데 어느 장소에 박테리아가 존재하지 않는다면 무슨 일이 일어날까? 질병을 막기 위해 박테리아를 제거한 곳이나 새로이 형성되어 박테리아가 아직 존재하지 않는 곳이라면? 박테리아는 그런 곳에 얼마나 빨리 도달할까? 어떤 박테리아가 먼저 도착하는지에 따라 종착지가 달라질까? 아니면 그와 상관없이 모두 같은 결과에 이를까? 다이애나는 이런 질문들의 답을 찾고 있었다. 그 답을 찾아낸다면 박테리아 세계가 어떻게 작동하는지, 원치 않는 박테리아를 어떻게 피할 수 있는지, 어떻게 하면 우리에게 이로운 박테리아를 끌어들일 수 있는지 설명할 수 있었다.

시안 카안을 출발점으로 삼은 까닭은 환경이 비교적 단순하고 일관적이어서 다이애나가 구상한 실험을 시작하기에 적합하기 때문이었다. 간단히 말해 다이애나의 실험은 유리병을 꺼내 뚜껑을 열어놓고 날마다 그 안에 어떤 박테리아가 모이는지 확인하는 것이었다. 결과적으로 유리병 속 박테리아는 얼마나 상이할까? 그런 패턴을 결정하는 법칙이 존재할까? 이를테면 가까이 붙어 있는 유리병들일수록 더 유사할까, 아니면 전부 무작위로 정해질까? 그곳에는 바다에서부터 일정한 바람이 불어왔다. 바람을 맞는 반도 동쪽에는 폭이 좁은 땅의 전체 길이에 걸쳐 시안 카안과 유사한 환경의 가느다란 숲이 펼쳐졌다. 우리는 유리병 몇 개에 멸균한 액체 상태의 박테리아 먹이를 넣은 뒤 그것들을 숲으로 가져가 바다 쪽 가장자리에 두었다. 일부는 바로 옆에 나란히 놓았고 일부는 멀찍이 떨어뜨려놓았다. 그러나 모두 비슷한 식생 환경에서 같은 바람을 맞았다.

  간단해 보이지만 실제로 작업하기 위해서는 미니밴을 타고 여기저기 움푹 파인 도로를 덜컹대며 끝도 없이 달려야 했다. 한 명이 네바를 맡아 돌보는 동안 다른 한 명이 멸균 장갑을 낀 채 유리병을 하나씩 조심히 열어 안에 든 용액 표본을 주사기로 소량 추출했다. 그다음 용액을 원뿔 모양 관에 옮겨 담은 뒤 주황색 뚜껑으로 밀봉해 뒷좌석 아이스박스에 보관했다. 숙소에 도착하면 전부 냉동고에 넣어 얼렸다. 이후 그것을 콜로라도주에 있는 다이애나의 실험실로 가져가 분석하면 되었다.

  다이애나는 그 실험을 통해 놀라운 사실을 발견했다. 맨 처음 유리병에 들어온 박테리아는 무작위로 결정되는 듯 보였으나 이후 모이는 박테리아에 굉장한 영향을 미치더라는 것이다. 파티에 가서 좋아하는 사람을 만나거나…… 아니면 도무지 견딜 수 없는 사람을 만나는 상황과 유사하다고 할 수 있다. 전자라면 파티에 머물지만 후자라면 당장 그곳을 빠져나올 것이다.

  유리병 표본을 모으려면 날마다 몇 시간이 걸렸다. 그래도 오후에는 고운 모래가 깔린 인적 드문 해변에 앉아 있거나 네바를 품에 안고 잔잔한 파도가 치는 바닷물에 들어가 시간을 보낼 수 있었다. 가끔은 시안 카안 도로의 북부와 남부를 가르는, 바다와 넓은 강어귀 사이에 놓인 보카 파일라 반도 위 다리에 오르기도 했다. 몇 년 전 나와 다이애나가 시안 카안을 처음 방문했을 때는 다리 북쪽 입구에 차를 대놓고 강어귀 쪽 얕은 물가에 들어갔었다. 나아가다보니 물이 가슴까지 차올랐다. 우리는 악어가 있는지 경계하며 왼쪽의 맹그로브들을 껴안고 이동했다. 맹그로브숲은 남쪽으로 굽이져 있어, 계속 따라가다보니 어느새 뒤편의 도로가 보이지 않았다. 그러다가 다시 물이 무릎 높이까지 오는 물가에 다다르자 조금 앞에 하얀 모래사장이 반짝였다. 왼편에는 여전히 맹그로브숲이 보였고 오른편으로는 수정처럼 맑고 얕은 물이 얼마간 펼쳐지다가 멀리 짙은 푸른빛의 해역으로 퍼졌다. 내 손에는 당연히 플라이 낚싯대가 있었다.

유령 같은 여을멸은 깊은 물에서 나와 얕은 물을 헤엄치거나 모래에 묻힌 작은 게나 새우, 그 밖의 먹이를 찾아다닌다. 다이애나는 처음 그곳을 찾았을 때 얕은 물가에 자리를 잡고 난생처음 플라이 낚시를 해보았다. 여을멸은 플라이 낚시 초보에게 추천하는 목표물이 아니다. 항상 바람에 맞서 낚싯줄을 던져야 하는데다가 여을멸은 약이 오를 만큼 유령처럼 움직이기 때문이다. 따라서 아주 재빠르고 정확해야 하며 은밀해야 한다. 그렇게 해도 실패할 확률이 더 높다. 송어 낚시를 오래한 사람들조차 미끼를 원하는 지점에 정확히 던지지 못해 이따금 고성을 지르고 욕을 하고 낚싯대를 내동댕이친다. 그러나 다이애나는 그게 그렇게 힘든 일인 줄도 몰랐고, 플라이 낚시 세계에서 여울멸이 얼마나 귀한 줄도 몰랐기에(혹은 알았어도 신경쓰지 않았기에), 그냥 리듬에 맞춰 낚싯줄을 던지는 행위를 즐기기 시작했다.

나는 생각했다. '이거, 곧 성공하겠는걸.'

정말이었다. 우리가 고른 구역으로 여섯 마리가 모여들자 다이애나는 제대로 해냈다. 낚싯대를 뒤로 한 번 보냈다가 맞바람을 향해 힘차게 내던질 것. 다만 낚싯줄이 수면에 부드럽게 내려앉도록 충분한 높이를 유지해야 한다. 새우 모양의 황갈색 인조 미끼가 물속 모래 바닥에 착지했을 때 다이애나는 천천히 줄을 몇 바퀴 되감았다. 이내 한 마리가 무리에서 떨어져 미끼를 물었다. 낚싯대 끝과 미끼 사이 줄이 팽팽해졌다. 뒤이어 낚싯줄이 릴에서 요란하게 풀려나갔고 다이애나는 휜 낚싯대를 붙든 채 어린애처럼 순진무구하게 놀란 표정을 지었다.

유리병 표본 수집 여행의 마지막날 우리는 네바를 데리고 그때 그 물가를 다시 찾았다. 내가 네바를 높이 안고 맹그로브를 따라 부드러운 진흙을 조심히 밟으며 나아갔다. 이번에도 물은 가슴 언저리에서 찰랑거렸다. 물가에 도착해 모래사장에 자리를 잡았다. 아이는 내 무릎 위에서 손으로 물을 첨벙였다. 나는 태어난 지 다섯 달밖에 되지 않은 아이에게 인생 첫 여울멸을 찾아보라며 일어나 목말을 태웠다. 하지만 아이는 내 머리를 두드리는 것을 더 즐거워했고, 그 모습을 본 다이애나는 못 말린다는 듯 눈을 굴렸다.

행복했던 그때를 추억하며 한바탕 웃던 중, 다이애나가 멕시코에서 했던 연구의 연장선상으로 남극에서 탐구해보고 싶은 것들을 설명하기 시작했다. 크라이오코나이트cryoconite 구멍이라는 것에 관해 이야기하는 다이애나는 무척 신나 보였다.

"무슨 구멍?"

"크라이오코나이트. 빙하 표면에 난 구멍들인데 해빙수가 들어 있어. 얼음으로 완전히 둘러싸인 채 저마다 고유한 내부 생태계를 형성한다는 점이 아주 근사하지."

나는 아직 멕시코 여행의 추억에 잠겨 있었기에 다이애나의 말을 흘려들으면서 "그래, 멋지네" 하고 형편없이 반응했다.

다이애나는 신경쓰지 않고 하고 싶은 말을 했다.

"그렇지? 그 구멍은 내가 하고 싶은 실험을 진행하기에 딱이야. 주변에 아무것도 없고 완벽히 격리된 환경인데다 빙하 어딜 가나 반복적으로 나타나거든. 게다가 언제 생성되었는지 알 수 있고 인위적으로 만들 수도 있어."

"그렇군, 더 들려줘봐."

다이애나는 시간이 지나면서 박테리아 군집이 어떻게 변화할지, 그 변화가 처음 도착한 박테리아에 따라 어떻게 좌우될지, 얼음으로 둘러싸인 구멍의 단순한 환경이 박테리아가 군집을 이루는 방식을 근본적으로 이해하는 데 어떻게 도움이 될지에 관해 자신의 가설을 설명하기 시작했다.

"그러니까 구멍은 해마다 생기고 내가 인위적으로 만들 수도 있어. 어떤 구멍에는 의도적으로 조합을 바꿔가면서 박테리아 군집을 심을 수도 있지. 다른 구멍은 그냥 자연스럽게 박테리아가 생기도록 내버려둘 거야. 이런 실험을 여러 해 지속하면 박테리아 군집화를 이해하는 데 필요한 그림을 완성할 수 있어."

"그래, 이해했어. 그런데 왜 꼭 남극이어야 해? 멋진 건 알겠는데 남극이어야만 하는 이유가 있어?"

"왜냐하면 그곳 군집 환경이 무지 단순하거든. 다른 곳들만큼 다양하지 못해. 그러니 박테리아 군집이 만들어지는 보편 법칙을 알아내는 데 유용할 거야. 보통 다른 곳들은 박테리아 말고도 너무 많은 게 존재해서 그런 규칙이 눈에 잘 들어오지 않아."

일부 작업은 멕시코에서 했던 것과 무척 비슷할 터였다. 다만 유리병을 미니밴에 싣고 다니는 게 아니라, 다이애나가 팀원들과 함께 헬리콥터로 현장에 접근해 구멍을 찾아다니며 필요한 표본을 모아야 했다. 다이애나는 이번에도 여러 시기에 걸쳐 여러 곳에 생긴 박테리아를 뒤쫓을 작정이었다. 일부는 남극의 여름 동안 알아서 자라나도록 내버려두는 한편 다른 일부는 직접 빙판에 구멍을 뚫고 그 안에 직접 설계한 박테리아 군집을 집어넣을 계획이었다. 이를 통해 다이애나는 박테리아 군집이 모이는 현상 이면의 원칙들을 밝혀내고자 했다. 그 원칙들은 어쩌면 인간이 사는 환경에도 적용할 수 있을지 몰랐다. 다이애나가 계획한 연구는 생태계 피해를 줄이면서 식량을 생산하는 방법부터 몸속 박테리아 군집을 조절해 각종 질병을 치료하는 방법까지, 모든 것에 통찰을 더해 줄 수 있었다.

"암을 고칠 수 있을지도 모르고." 다이애나가 말했다.

이후 잠깐의 침묵이 흘렀다. 그러나 다이애나의 주의력은 흐트러진 게 아니었다. 다이애나는 다시 노트북 화면으로 돌아가 키보드를 두드리기 시작했다. 우리가 노스캐롤라이나주에 들어섰을 무렵 다이애나는 연구 제안서 초안을 완성했다. 그리고는 듀크대학교에 새 실험실을 차려서 당장 작업에 착수하겠다는 계획을 열정적으로 들려주었다.

마침내 우리의 목적지가 눈앞에 펼쳐졌다. 이렇다 할 특징이 없는 평지에 지형지물이라고는 도로표지판과 이따금 발견되는 도시의 흔적이 다였다. 막 진입한 고속도로를 달리다보니 풀밭 위로 솟은 고딕양식의 탑이 보였다. 우리는 듀크 스트리트로 빠져나가 옛날 담배 창고 단지를 개조한 건물을 지나쳤다. 내부는 술집, 식당, 아파트로 바뀌어 있었다. 힙스터들이 찾을 법한 식당가와 아직 방치된 주변의 대비에서 갈등과 과오의 역사를 희미하게 감지할 수 있었다. 몇 블록을 더 지나 왼쪽으로 꺾어 마컴 애비뉴에 들어섰다. 그런 뒤 바로 우회전해 모퉁이 집의 진입로로 들어갔다. 진보라색 창틀에 짙은 황록색 건물. 우리 가족의 새 보금자리였다.

며칠 만에 우리집은 체임버스네 아이들과 네바가 신나게 뛰노는 곳이 되었다. 이런 일은 곧 우리의 일상이 되었다. 체임버스 가족은 맞은편 집에 살았다. 아이들은 누군가가 밖에

나가서 놀라고 소리칠 때까지 우리집이나 맞은편 집을 뛰어다녔다. 잔소리를 들은 아이들의 행선지는 대개 체임버스네 뒤뜰에 있는 커다랗고 낡은 트램펄린이었다. 지지대가 심하게 녹슬었고 그중 하나는 영 불안하게 휘기까지 했다. 검은 매트는 낡은 스프링으로 빙 둘려 있었는데, 그 사이에 난 틈이 다리가 훅 빠질 만큼 휑했다. 네바 몸에서 종양이 발견되기 전이었다면 그 트램펄린은 그저 어린 시절을 떠올리게 하는 반가운 물건이었을 테지만 이제 나는 밀려드는 걱정과 맞서야 했다. 아이들이 호스를 끌어다 트램펄린 매트에 물을 틀어놓고, 그 위에 올라가 방방 뛰고 미끄러지고 엉덩방아를 찧으며 자지러지게 웃는 모습을 보고 있노라면 불안이 커져갔다.

그래도 네바는 무사했다. 추가로 받은 MRI 검사에서도 문제가 없었고, 새 학교에 잘 적응했으며, 시간이 흐를수록 지난 몇 달간의 트라우마가 흐려지는 듯했다. 아이도, 나와 다이애나도 그 시간을 차츰 잊어갔다. 내가 하는 일은 조금 달라졌다. 더는 내가 좋아하던 방식으로 과학에 집중할 수 없었다. 이제 주된 역할은 학생들이나 동료 교수들의 발견을 돕는 일이었다. 새로운 문화에 적응하려고 노력했다. 하지만 남색 아니면 줄무늬 회색 정장을 차려입고 다닌 지 딱 2주 만에 결국 다시 청바지와 부츠로 돌아왔다.

숨막히는 열기가 조금씩 잦아들고 정신없이 들이닥치는 학생들에게 밀려 여름도 자취를 감출 때쯤, 나는 어느 때보다 바쁜 일정을 소화하고 있었다. 한쪽에서 대화하다가 다른 쪽으로 가서 또 이야기를 나눴다. 나는 희끗희끗한 갈색 머리를 살짝 부스스하게 하고 다니는 샐리라는 멋진 여성을 새 상사로 만났다. 언젠가 샐리가 듀크대학교 교무처장으로 자신이 하는 일의 태반이 무슨무슨 모임에 참석해 몇 마디 하는 것뿐이라고 농담했을 때, 나는 공감의 웃음을 터뜨리지 않을 수 없었다.

한편 다이애나는 왕성한 의욕을 보이며 파헤치고 싶은 과학의 미스터리를 실험하기 위해 새로운 아이디어를 꾸준히 개발했다. 하루는 오후에 연구실에 있다가 다이애나의 실험실을 찾았더니 실험 가운을 입고 보호안경을 쓴 채 높은 검은색 의자에 나란히 앉아 있는 다이애나와 네바가 보였다. 네바는 우스꽝스러울 만큼 소매를 둘둘 말고 끝자락을 다리보다 한참 길게 내려뜨린 가운 차림이었다. 아이는 주황색 뚜껑이 달린 원뿔 모양 관들을 앞에 두고 피펫을 든 채 아내의 설명을 진지하게 경청했다.

노스캐롤라이나주에서 처음 보내게 될 겨울이 오고 있었다. 나는 다이애나가 남극 연구 계획을 가다듬고 이후 아프리카 오카방고 삼각주에서 진행할 새 연구까지 구상하는 모습을 지켜보면서 종종 질투심과 서운함을 느꼈다. 아마도 나에게는 코스타리카에서 보낸 시절과 같은 기회가 영영 돌아오지 않을 터였다. 아무리 딸아이를 위해서라고 한들 그 세계 밖으로 나오기로 한 선택이 옳았는지 의구심이 들었다. 나는 현장 연구를 사랑했다. 엽총을 쏘느라 어깨에 멍이 드는 것까지도 좋았다. 자연 현장은 내가 답을 찾는 질문을 훌쩍 넘어 호기심을 자극했다. 한번은 다이애나에게 내가 실수한 것 같다고 토로했다.

"여보, 내가 여기 학장으로 온 게 좋은 선택이었을까. 예전에 하던 일이 그리워. 이렇게 살다가는 머리가 굳어버릴 것 같아."

다이애나는 늘 그러듯 황당해하며 나를 분석하는 듯한 표정을 지었다.

"그러면 다시 하고 싶은 일을 해."

나는 한숨을 쉬며 손을 내저었다.

"그렇게 간단하지 않아. 학장으로 있으면서 코스타리카로 돌아가 연구할 수는 없어."

"그건 그렇지. 일단 지금 일을 좀 하다가 코스타리카로 돌아가면 되잖아."

"당신도 현실을 알잖아. 한번 연구 현장 밖으로 나오면 돌아가기가 쉽지 않다는 거."

다이애나는 눈썹을 치켜올린 채 잠시 말없이 나를 바라보았다.

"그게 현장 연구를 포기하는 이유가 된다고?"

나는 당신 말이 맞다고 미소 지으며 수긍했지만, 마음속으로는 이미 내가 돌아갈 수 없는 길에 들어섰고, 한때 사랑했던 삶이 이제 사라졌다는 생각을 떨칠 수 없었다.

하지만 1월이 되었을 때 이런 고민은 더이상 아무런 의미가 없었다.

10
몰입

그 모든 일은 다이애나의 오른손 통증에서 시작되었다. 코스타리카를 다시 방문했을 때였다. 다이애나는 언제나처럼 새로운 아이디어에 푹 빠져 있었고, 오른편 코끼리귀나무에서 고함원숭이가 이따금 울부짖는 소리나 저 아래 태평양 해안선의 풍경에도 여간해선 주의가 흐트러지지 않았다. 다이애나에게 그런 것들은 노트북 화면 너머 뿌연 배경일 뿐이었다. 나는 시멘트로 포장된 테라스에서 그녀의 맞은편에 앉아, 일에 집중한 다이애나를 익숙하게 바라보았다. 다이애나는 눈썹을 찌푸린 채 꿈쩍도 하지 않다가 스타카토 리듬으로 키보드를 두드리기를 반복했다. 아침에 수영하고 나온 후라 검은 머리가 아직 물기를 머금은 채 뺨에 달라붙어 있었다. 어깨에 닿는 머리칼이 청록색 원피스 끈을 어둡게 물들였다.

평소와 달리 그때 그 순간에는 다이애나가 일에만 몰두해도 서운하지 않았다. 오히려 나도 그냥 내가 좋아하는 일을 할 수 있었다. 대상을 관찰하며 놀라워하는 일 말이다. 가만히 앉아 은은하게 미소 지으며 다이애나를 관찰했다. 그리고 생각했다. 어떻게 저렇게나 집중할 수 있지? 이유가 뭘까?

그로부터 몇 년 후에야 답을 찾았다. 적어도 내가 생각하기에는 옳은 답이었다. 좋은 과학자는 한 가지 질문에 효과적으로 집중하기 위해 나머지 질문들을 잠시 미뤄두어야 한다는 것을 안다. 다이애나는 그 점을 아는 사람이었다. 물론 나도 모르지 않았으나 다이애나는 나보다 훨씬 훌륭하게 실천했다. 그러나 그게 전부가 아니었던 듯하다. 처음부터 다이애나에게 과학은 탈출구였다. 자신과 맞지 않는 원가족에게서 달아나고, 사랑보다 필요에 따랐던 첫번째 결혼생활을 회피할 도피처였다. 그리고 지금은 하나뿐인 딸의 머릿속에 남아 있는 무시무시한 종양을 잊기 위해 과학을 붙들었다. 과학으로 풀 수 있는 문제에 깊이 천착하는 일은 지적 만족감을 주었을 뿐 아니라 아내의 영혼을 보듬어주었다.

나는 트라우마 치료를 받으면서 이러한 관련성을 깨달았다. 주의 전환이 사람들을 수렁에서 끌어올린다는 것은 신경학적으로 검증된 방법이다. 취미나 비디오게임 등으로 건전하게 주의를 전환하면, 가장 필요한 순간 용기를 내고 대처 능력을 발휘할 수 있다. 가끔은 모순적으로 보일 때도 있다. 이를테면 자살 충동에 시달리는 퇴역 군인이 비디오게임을 하면서 PTSD가 완화되는 사례도 있는데, 어떤 경우는 폭력적인 비디오게임에 빠지기도 한다. 그러한 주의 전환이 말 그대로 사람의 목숨을 구한다. 다이애나에게 과학으로의 도피는 사람을 마비시키는 두려움에 잡아먹히는 대신 네바에게만 오롯이 집중할 수 있게 해주는 방편이었다고 확신한다. 얼마 후 상상하지 못한 일이 닥쳤을 때도 아내는 과학이 있었기에 나에게, 또 자신에게 집중할 수 있었다.

화창한 열대의 아침을 즐기던 그날, 아내는 새로운 무언가에 주의를 빼앗기고 있었다. 나는 아내가 분노를 담아 손을 계속 흔들어대는 모습을 지켜보았다. 마치 몸의 한 부분이 눈앞의 과학에 모든 에너지를 쏟는 데 협조하지 않는 사실이 못마땅한 듯했다. 결국 내가 말을 걸었다.

"여보, 손이 왜 그래?"

"아파."

아내는 화면에서 눈도 떼지 않은 채 대답했다.

"손을 쓸 일이 있었어?"

"아니. 그냥 아프네."

"언제부터?"

내가 대화를 단념할 것 같지 않자 아내는 작게 한숨을 쉬며 작업을 멈춘 뒤 노트북에 고정되었던 시선을 위로 올렸다.

"일주일쯤 됐어. 여기 온 후로 점점 심해져."

당시 우리는 내 원가족과 함께 휴가차 코스타리카에 가 있었다. 뒤쪽에서 네바가 수영장에 뛰어드는 자기를 잘 보라며 나의 아버지에게 외치는 소리가 들려왔다. 다이애나가 말을 이었다.

"별거 아니야. 그냥 키보드를 많이 두드려서 그래. 손목터널증후군 같은 거겠지."

"그러면 좀 쉬는 게 어때?"

"뭐라고?"

다이애나는 어느새 다시 노트북 화면을 들여다보고 있었다. 나도 더 말을 걸지 않고 수영장으로 향했다. 이제는 익숙해진 공허함을 애써 외면하며.

일주일 후 더럼의 집으로 돌아온 우리는 어느덧 일상으로 자리잡은 시간을 보내고 있었다. 이번에는 우리 가족이 체임버스네로 가서 어울렸다. 어른들은 술병을 들고서 웃음꽃을 피웠고, 아이들은 가끔 귀청이 떨어질 만큼 요란하게 뛰어놀았다. 다이애나는 은색 스툴에 앉아 아일랜드 식탁의 검은 상판에 팔꿈치를 괴고 있었다. 체임버스네 주방은 싱크대, 냉장고, 심지어 전자레인지까지 소방차 같은 빨간색이어서 종이 모자를 쓴 점원이 푸들 스커트를 입은 손님들에게 밀크셰이크를 팔던 1950년대를 떠올리게 했다. 다이애나는 이야기에 귀기울이면서 때로 따끔한 농담을 던지고 활짝 웃었다. 그러면서도 자꾸만 상판에서 오른쪽 팔꿈치를 떼고 손을 흔들어 댔다.

그 모습을 본 체임버스 부부가 물었다.

"손이 왜 그래요?"

"아, 앨런이 하도 귀찮게 굴어서 한 대 때렸거든요."

그렇게 모두가 웃고 넘어갔다. 그날 저녁은 평소와 다르지 않았다. 집으로 돌아온 우리는 더 놀고 싶어하는 네바를 침실로 데려가 재웠다. 그러고 나서 거실에 나란히 앉아 있는데, 다이애나가 깊이 묻어둔 두려움을 터놓았다.

"이제 팔꿈치까지 아파."

"뭐? 언제부터?"

"며칠 됐어."

나는 숨을 깊이 쉬었다.

"여보, 병원에 가봐야 해."

"알아. 안 그래도 오늘 신경과 진료를 예약했어. 어이없지만 다음주에나 가능하대."

"잘했어."

아내는 잠깐 말을 멈추고는 오랫동안 사용하지 않은 석탄 벽난로를 바라보았다.

"조금 무서워."

나는 또 한번 숨을 깊이 쉬었다.

"뭐 때문에? 그냥 한 가지 동작을 너무 반복해서 그런 거 아닐까? 성가시긴 하겠지만 고치면 되지."

"글쎄. 다발경화증일까봐 무서워."

"아니, 왜 그런 걱정을 해?"

"느낌이 그래. 유전력도 있고. 영 예감이 좋지 않아."

그 말을 들으니 나도 불안해져 평소처럼 호흡하기도 쉽지 않았다. 그래도 나는 아내를 안심시키려 했다.

"일단 신경과 진료를 받고 생각하자. 분명히 괜찮을 거야. 당신 말대로 당신은 컴퓨터 앞에 워낙 오래 앉아 있잖아. 틀림없이 그것 때문이야."

"응."

하지만 아내는 전혀 안심한 듯 보이지 않았다.

아내가 진료받기로 한 날, 나는 내가 일하는 건물과 아내가 있는 건물 사이 주차장을 가로지르고 나무 계단을 한참 올라 아내의 연구실로 갔다. 역시나 아내는 약속 시간도 잊은 채 남극 연구 계획에 푹 빠져 있었다. 그만 멈춰야 한다는 사실에 짜증까지 냈다.

"몇 분만 더 있다 갈까?"

아내는 그렇게 말하면서도 손을 흔들어댔다.

"글쎄. 지금 출발하지 않으면 늦을 텐데."

아내는 체념하고 한숨을 쉬며 노트북을 닫았지만, 기어코 가방에 노트북과 논문 한 무더기를 챙겼다. 그리고 함께 사무실을 나오는데 또 참지 못하고 거부감을 드러냈다.

"병원에 가봤자 앉아만 있다 올 텐데. 그냥 계속 일하는 게 나을지도 몰라. 어차피 안 가도 모를걸."

듀크대학교 캠퍼스에서 몇 킬로미터 떨어진 단층 벽돌 건물로 들어갈 때조차 다이애나는 연신 투덜댔다. 대기실에 앉고 나서는 조용해졌지만 그러다 한마디 툭 던졌다. "병원 대기실에 있는 거 진짜 지긋지긋하다."

"마찬가지야."

의사가 약속 시간에 늦자 다이애나는 나를 보며 "내가 뭐 랬어" 하고 살짝 웃었다. 진료가 지연될수록 내 상황은 곤란해졌다. 상사 샐리와 잡아둔 면담에 늦을 상황이었기 때문이다. 다이애나가 그걸 알고는 먼저 가보라고 고집을 부렸다.

"어차피 나는 노트북도 가져왔고 할일도 있어."

교무처장실은 앨런관 2층에 있었다. 듀크대학교의 특징인 회색 화산암 벽에 고딕풍 조각이 장식된 건물 중 하나였다. 샐리는 코너형 책상에 쌓인 서류철을 뒤적이다 그 사이에 파묻혀 있던 수첩을 꺼냈다.

"젠장, 뭘 찾을 수가 있어야지! 당신 방도 이래요?"

나는 내 연구실을 떠올렸다.

"음, 제 방에 비하면 여기는 무균실 수준이라서요. 아무래도 저한테는 이런 일이 절대 일어나지 않죠."

샐리가 웃음을 터뜨렸다. 이내 우리는 예산 문제와, 수백만 달러를 내겠다던 한 기부자의 오래전 약속이 어서 실현되었으면 좋겠다는 이야기를 나누었다. 그런데 부족한 자금을 어떻게 메울지 자세히 논의하기 시작하면서부터 나는 도무지 대화에 집중할 수가 없었다. 질문에 대답조차 못하는 나를 보고 샐리가 자세를 고쳐 앉았다.

"괜찮아요?"

"아뇨. 지금 다이애나가 신경과 검사를 받고 있어서 마음이 복잡하네요."

샐리는 교무처장을 맡기 전 수년간 듀크대학교 의과대학

소속이었다. 세계에서 손꼽히는 암 생물학자였으며 스스로도 여러 질병을 겪어본 사람이었다. 단번에 달라진 샐리의 말투에 걱정이 묻어났다.

"그렇군요. 더 자세히 말해봐요."

"한 3주 전부터 자꾸 오른손이 아프다고 했어요. 그러다 통증이 팔로 번졌고 가끔 팔꿈치를 넘어서까지 아프대요. 또 좀 저리다고도 했어요."

샐리의 눈빛에 스친 것은 걱정이었을까? 아니면 그냥 내 착각이었을까?

"다른 증상은요? 팔만 그렇대요?"

"그런 것 같아요. 아내가 문제를 더 감추지 못할 때까지 숨기는 나쁜 습관이 있긴 하지만요."

샐리는 다이애나가 만나기로 한 의사 이름을 듣고는 실력 좋은 사람이니 걱정하지 말라고 나를 안심시켰다. "확실해지기 전까지 괜히 걱정하지 말아요. 쉽지 않을 테지만요. 우리 대학에서 전문 치료를 받으려면 나나 낸시에게 꼭 말해요. 대기하지 않아도 되게 곧바로 연결해줄게요. 이 분야 최고 의사들을 알거든요. 도움이 필요하면 연락해요, 알았죠? 언제든지요."

샐리가 말한 낸시는 의과대학 학장이었다. 나는 샐리와 낸시가 진심으로 우리를 도우리라는 사실을 알았다. 우리가 이곳에 막 왔을 때 네바의 치료를 도운 것도 그들이었다. 나는 낸시의 조언과 이어지는 당부에 고마워하며 고개를 끄덕였다.

"자, 얼른 다이애나에게 돌아가세요."

병원에 도착하니 마침 다이애나가 막 나왔다.

"의사도 이유를 확실히 모르겠대. 손목터널증후군일 수도 있다고는 하는데, 왠지 얼버무리는 것 같기도 해. MRI를 찍어 보자네."

이제 나는 MRI라는 단어만으로 지긋지긋해 불쑥 욕부터 나왔다. "젠장. 왜?"

"이런 증상은 보통 여러 이유로 나타날 수 있대. 다발경화증도 그중 하나고. 하지만 의사도 심각하게 걱정하는 눈치는 아니야. 서두를 필요 없대. 3월로 검사 예약을 잡자던데."

그 말에 나는 두려움과 안도를 동시에 느꼈다. 그러나 일주일도 채 되지 않아 상황은 악몽으로 치달았다.

주방으로 들어온 아내는 얼굴이 창백했고 혼란스러워 보였다. 이른아침, 네바가 깨기 전 커피메이커를 만지작거리던 나는 아내의 표정을 본 순간 커피고 뭐고 다 잊고 말았다.

"여보, 왜 그래?"

"그게…… 나도 모르겠어. 방금 진짜 이상한 일이 있었어."

"무슨?"

아내는 어떻게 대답할지 고민하는 듯 잠시 주저했다.

"위층 욕실에서, 얼굴에 바른 연고를 닦아내려고 화장지를 꺼내려 했거든." 아내가 얼굴을 가리켰다. "여기 이거 보이지?"

"응, 그런데?"

"나도…… 나도 뭐라 설명해야 할지 모르겠어. 머릿속으로는 늘 하던 대로 왼손으로 화장지를 잡으려 했어. 그런데 오른손이 나가버렸어. 그냥 세면대 아래 허공을 손으로 휘저은 꼴이 됐어."

"그냥 피곤해서 그런 거 아냐? 커피 마시기 전이라서?"

나는 말하면서도 내가 무언가를 회피하고 있다는 걸 알았다.

"아냐. 진짜 이상해. 틀림없이 왼손을 움직이려고 했는데 오른손을 휘저었다니까."

우리는 서로에게서 어떤 버팀목을 찾으려는 듯 눈을 맞췄다. 간절하게.

내가 무겁게 입을 열었다. "낸시에게 연락해봐야겠다."

다이애나도 고개를 끄덕였다.

우리의 연락을 받은 낸시는 공감과 위안은 물론 앞으로의 계획까지 빠짐없이 들려주었다. 그러나 목소리에서 염려가 감지되었다. 한 시간도 되지 않아 3월로 예정되었던 MRI 검사 일정이 앞당겨졌다. 우리는 그날 저녁 여섯시까지 병원에 가기로 했다. 그렇다면 결과는 평소 네바를 재우는 시간 직후에 알게 될 터였다.

그날 우리는 출근하지 않고 온종일 어정쩡하게 서로 곁을 맴돌았다. 어떤 때는 꼭 붙어 있었고, 다른 때는 종잡을 수 없이 서성이다가 각자 다른 곳에 틀어박혔다. 나는 위층 욕실로 올라가 세면대를 양손으로 부여잡고 거울에 비친 나를 보며 제발 아내에게 별일 없기를 빌었다. 만일 누군가 아파야 하는 거라면 초월적인 힘에 의해 그게 내가 되기를 바랐다. 정신을 똑바로 차려야 했으나 쉽지 않았다. 어떻게 욕실을 나섰는지도 모르겠다.

　욕실에서 나와보니 다이애나는 용케 안정을 찾은 듯했다. 아내는 과학자의 눈빛을 반짝이며 또다시 노트북 앞에 앉아 있었다. 나에게 대기 중 먼지와 그 안에 든 양분에 관해 물었는데, 내가 더듬더듬 대답하자 성에 차지 않는 듯 눈썹을 치켜올렸다. 아내는 더 자세히 파고들어 대기 중 먼지가 남극의 얼음 구멍에 필수 원소를 제공하는 핵심 원천일 수 있다고 설명하기 시작했다. 아내는 다시 남극 생각에 사로잡혀 있었다. 나는 마음을 다잡으려 애쓰며 아는 것을 말해주었다. 이를테면 남극 대륙에서 시추해 얻은 빙하코어*를 연구하면 각기 다른 시점에 대기 중 먼지가 어떤 구성으로 얼마나 들어갔는지, 그 변천사를 알아볼 수도 있었다. 내 설명을 들은 다이애나는 표정이 아리송해지더니 질문했다.

　"그건 수천 년 단위를 말하는 거 아냐? 지난해나 그 전해의 상황을 말해주는 건 아니지?"

　그랬다. 빙하코어의 기록은 오랜 세월에 걸쳐 눈이 계속 쌓이고 점점 압축되어 얼음층을 이루기 전까지는 시작될 수조차 없다. 그러니까 다이애나의 연구에 내 제안은 아무 소용이 없다는 뜻이었다. 나는 그 점을 깨닫고 다른 의견을 주고 싶었지만 당장은 과학에 집중할 수 없었기에 말끝을 흐렸다.

---

* ice core. 빙하에 구멍을 뚫어 채취한 얼음 기둥.

다이애나가 일어나 조용히 말했다.

"괜찮을 거야. 결과가 어떻든지 다 괜찮아."

그날 저녁 다이애나는 MRI 검사 후 살짝 충격받은 상태로 나왔다.

"와, MRI 관에 들어가 있는 거 진짜 끔찍하네. 네바는 수면 상태에서 검사받아 다행이야."

"의사가 뭐래?"

다이애나는 살짝 커진 눈으로 나를 보았다.

"별말 없어. 영상의학과 전문의가 알려줄 때까지 기다려야 해. 내가 MRI 기사한테 어떤 것 같냐고 묻기는 했거든. 그런데 좀 이상하더라."

"무슨 소리야?"

"아니, 내 눈을 한사코 피하더라고."

"별거 아니겠지." 나는 속으로 비명을 지르며 제발 내 말이 사실이기를 바랐다.

우리가 이야기를 나누는 동안 네바는 몇 걸음 떨어진 곳에서 꽃무늬 쿠션이 깔린 나무틀 의자에 책상다리를 하고 앉아 있었다. 아이가 우리를 불렀다.

"엄마, 왜 MRI 찍었어요?"

네바는 이미 셀 수도 없이 여러 차례 이 질문을 했다.

"엄마 손이 왜 아픈지 확인하려고."

이런 상투적인 대답으로는 딸의 불안이 해소될 리 없었다.

"머리 사진도 찍었어요?"

"응. 왜냐하면 우리 손에 명령을 내리는 게 머리거든."

이 대답은 도움이 된 듯했다. 네바는 새로운 정보를 알게 되자 그쪽으로 관심이 쏠렸다.

"정말요?"

"그럼. 뇌는 모든 것에 명령을 내리지!"

네바의 얼굴이 도로 굳었다.

"엄마, 그러면 엄마 뇌가 아픈 거예요?"

"아가, 아닐 거야. 확실히 알려고 촬영한 건데, 엄마 생각에는 그냥 팔만 문제인 것 같아. 괜찮을 거야."

하지만 괜찮지 않았다. 몇 시간 후, 그 어린 나이에 먼저 뇌종양 진단을 받았던 딸아이는 커다란 핑크 헤드폰으로 귀를 막고 풀죽은 모습으로 앉아 있었다. 태블릿으로 영화를 보고 있었지만 표정은 눈에 띄게 굳어 있었다. 아이가 생각하기에도 이건 평범한 금요일 밤이 아니었다. 원래 MRI 검사를 받는 건 엄마가 아니라 자신이었는데, 이번에는 자신이 엄마를 기다렸다. 진료실에 함께 있는 아이가 아무 말도 듣지 못하기를 바랐다. 영상의학과 전문의가 의식적으로 다이애나와 눈을 맞추려 노력하며 어렵게 말을 꺼냈다.

"왼쪽 두정엽에 큰 종양이 있고 뇌간 근처에서도 하나가 발견됐어요."

다이애나의 머릿속에서 두 개의 교모세포종이 발견되었다. 일부 기적적인 사례를 제외하면 치료할 수 없다고 알려진 뇌종양이다.

내 머릿속에는 한 가지 생각뿐이었다.

'이게 뭐야. 왜?'

이렇게나 활기차고 다른 이들에게까지 에너지를 나눠주는 사람이 5년, 어쩌면 그보다 훨씬 더 일찍 죽으리라는 사실이 거의 확실해졌다. 교모세포종 환자의 절반은 1년도 버티지 못했다. 나는 이 사실을 감당할 자신이 없었다.

병원에서 나오는 길에, 네바의 손을 꼭 잡고 있던 다이애나가 걸음을 멈추더니 아주 평온하게 나를 바라보며 희미하게 미소 지었다.

"이딴 걸로 내년에 남극에 못 가면 안 되지."

그날 밤의 기억은 뿌옇다. 다음날 아침은 MRI 검사 결과를 들었을 때보다 더 끔찍했다. 우리는 네바를 친구와 나가 놀게 한 뒤 침대에 나란히 앉아 연락을 돌렸다.

"안 좋은 소식이 있어요."

몇몇 사랑하는 이는 말을 잇지 못했다. 우리는 고통스러운 침묵을 함께 견뎌야 했다. 다이애나는 현실의 무게를 비로소 처음 제대로 느끼는 것 같기도 했다. 어떤 사람들은 충격에 빠질 겨를도 없이 우리를 도우러 달려왔다. 그레그와 그의 아내 로빈에게 연락했을 때 그들은 비행기를 타고 막 하와이에 도착한 참이었는데 몇 시간 만에 다시 노스캐롤라이나행 비행기에 올랐다.

그리고 한 친구는—의도했든 아니든— 그날 아침의 공포

를 단번에 날려주었다.

처음 통화는 별반 다르지 않았다. 다이애나가 소식을 전하자, 친구는 말이 없었고, 우리는 혼란과 고통이 뒤섞인 표정으로 눈빛을 교환했다. 이윽고 친구가 허둥대며 횡설수설 말을 늘어놓았다.

"어, 와, 그래. 그런데 얘들아, 음, 미안한데, 내가 지금 좀 문제가 생겼어. 나 지금 똥물을 뒤집어썼어."

우리는 또 한번 서로를 바라보았다. 이번에는 고통이 아닌 혼란뿐이었고, 이내 다이애나 얼굴에 미소가 번졌다.

"음…… 뭐라고?"

"그러니까 있잖아, 아침부터 더러운 이야기 해서 미안한데 내가 방금 일어나서 화장실을 썼거든. 그런데 물이 안 내려가길래 뚫어뻥으로 여러 번 밀고서 뚫어뻥 안쪽을 살폈는데 변기 물이 냅다 얼굴로 뿜어져나온 거지."

우리는 웃음을 주체하지 못했다. 그 와중에 다이애나가 당연한 질문을 했다.

"그런 상황인데 왜 전화를 받았어?!"

어처구니없는 통화 덕분에 다이애나는 평소 모습을 되찾은 듯 보였다. 얼마 후 다이애나는 자리를 털고 일어나 달리고 오겠다고 했다. 돌아와서는 다시 노트북을 펼치고 얼음 속 먼지에 관한 질문을 파고들었다. 꼬리에 꼬리를 물며 대여섯 개의 질문이 이어졌고, 마침내 연구 계획의 퍼즐이 짜맞춰지자 다이애나의 얼굴이 환해졌다.

탈무드에 따르면 인간의 창조적이고 호기심 많은 자아는 내면에 존재하는 신이자 육체를 초월하는 영원의 조각이다. 내가 점차 깨닫게 된 것처럼, 과학적 호기심에 근거한 집요한 몰두는 가장 필요한 순간 다이애나 내면의 신적인 면모를 드러내주었다.

학술 논문과 임상 보고서 더미에 파묻힌 신경외과의사 맞은편에 앉아 있는 순간에도 다이애나는 내면의 신과 함께였다. 진료실 창턱에는 유명한 미국 프로미식축구리그NFL 쿼터백 선수의 사인이 적힌 공이 진열되어 있었으나 온갖 물건에 반쯤 파묻혀 잘 보이지 않을 지경이었다. 의사 뒤편에 놓인 모니터에는 다이애나의 MRI 사진이 적나라하게 떠 있었다. 다이애나의 뇌는 복잡하게 주름져 있었는데, 그 가운데에 형체가 모호하고 물집 같기도 한 얼룩이 자리잡은 모습이 마치 덜 섞인 형광물감을 흩뿌린 듯 보였다. 신경외과의사 앨런 프리드먼은 희끗희끗한 가는 머리를 깔끔하게 빗어 넘겼고, 얼굴이 다부졌으며, 1980년대풍 뿔테안경을 쓰고 있었다. 뜬금없이 〈새터데이 나이트 라이브〉에서 시카고 베어스 팬을 다뤘던 코너를 떠올렸다. 의사는 몇 초간 말없이 우리를 보다가 입을 열었다.

"제가 환자분을 치료할 수는 없어요. 다만 앞으로 무슨 일이 생기든 환자분 인생을 좀더 편하게 만들어드리려 해볼 거예요. 수술받을 가치가 있을지 잘 생각해서 결정하시죠. 수술을 받으면 수명은 연장될 겁니다. 그렇지만 위험도 있어요.

자, 궁금한 게 있나요?"

나는 조금 놀라서 말문이 막혔다. 의사는 무정하고 무심하리만치 곧장 본론을 들이밀었다. 적어도 내가 느끼기에는 그랬다. 옆을 힐끔 살펴보니 다이애나는 도리어 의사가 마음에 든 눈치였다. 다이애나는 미소를 띠며 수술에 관해 몇 가지 질문을 했고, 이렇게 말했다. "에라, 모르겠다. 어차피 이번 주에 다른 계획도 없으니까 그냥 바로 수술받을게요."

프리드먼은 동요하는 기색을 전혀 보이지 않았다. 그러나 대화가 더 이어지자 달라졌다. 그가 물었다. "마취는 어떻게 하고 싶으세요?"

"네? 잘 모르겠는데요."

"수면 상태에서 받고 싶으세요? 아니면 깨어 있기를 바라세요?"

"깨어 있을 수 있어요?! 빌어먹을 농담이겠죠!"

다이애나의 눈이 반짝였다. 프리드먼이 소리 내어 웃음을 터뜨렸다.

"정말 그렇게도 가능해요. 사실 그게 더 나아요."

"와, 진짜 재미있겠는데요."

프리드먼은 놀라서 고개를 내저었다.

"좋습니다. 그러면 토요일에 뵙죠. 수술 후로는 헨리가 환자분을 맡을 거예요."

또다른 프리드먼인 헨리 프리드먼은 우리가 앞서 겁먹은 영상의학과 전문의 진료실에서 나온 지 겨우 두 시간 만에 상담을 받은 의사다. 다이애나의 소식이 어떤 경로에서였는지 낸시 귀에 들어갔고, 그길로 낸시가 듀크대학교의 권위 있는 뇌종양센터를 이끄는 헨리와 연결해주었다. 헨리는 우리가 뇌종양 진단을 받고 귀가해 침대에 누워 서로 꼭 껴안은 채 감히 어떤 말도 못 꺼내고 있던 그날 밤 바로 연락해왔다. 그가 쉴새없이 쏟아내는 말과 굉장한 자신감이, MRI 검사 이후 뒤흔들렸던 우리를 진정시켜주었다. 대화 막바지에 헨리는 이렇게 말했다.

"자, 솔직히 말할게요. 상황이 매우 안 좋아요. 하지만 다이애나 당신은 젊고 아주 강인하다고 들었어요. 우리는 일을 대충 하는 사람들이 아니고, 나는 당신을 포기하지 않을 거예요. 그러니 당신도 포기하지 말아요."

헨리는 그제야 말을 멈추고 숨을 돌렸다.

"월요일 아침 바로 만납시다. 일요일에는 먼저 앨런을 만나세요. 나보다 훨씬 의사처럼 보일 거예요. 나는 아니거든요."

정말이었다. 물 빠진 청바지에 닳아빠진 운동화. 게다가 흰색 듀크대학교 후드티 앞에는 웬 얼룩이 묻어 있었다. 흰머리가 섞인 검은 머리는 단정하지 못했고 수염도 마찬가지였다. 헨리는 듀크대학교 암센터 3층에 있는 작은 진료실로 성큼 들어서더니 곧장 다이애나를 꽉 안아주었다. 이후 나와도 포옹했다. 그런 뒤 치료 계획을 설명하기 시작했다.

다이애나 내면의 과학자가 또다시 깨어나 의사의 말을 끊고 물었다.

"그건 그냥 표준적인 방법인 거죠? 잘해봤자 몇 달을 벌 뿐 아닌가요? 면역요법은 어때요?"

헨리가 말을 멈추고는 다이애나를 보고 미소 짓다 소리 내어 웃었다.

"과학자들이란. 정말 못 말리는군요. 안 그래도 설명하려고 했어요. 우리는 화학요법과 방사선치료를 최후의 방법으로 생각하지 않아요. 그건 시작일 뿐이죠. 우리가 당신에게 있는 종양의 특징을 파악하고 다른 치료법을 모색하는 동안 그 치료가 병의 진행을 늦춰줄 거예요."

그날 암센터를 나오는데 다이애나가 결연한 표정으로 나를 바라보았다. 내가 익히 아는 그 표정으로.

"네바가 초등학교를 졸업하는 것까지 보고 말 거야. 그리고 중학교도. 고등학교도. 대학 졸업하는 모습도 봐야겠어."

11
카오스

다이애나의 실험 계획에는 도움이 되지 않았을 테지만, 다이애나가 연구하고 싶어했던 빙하의 작은 구멍 아래에는 세상의 역사가 얼음에 쓰인 채로 남아 있다. 인류가 존재하기 훨씬 전부터 남극에는 해마다 새로운 얼음층이 형성되었다. 얼음이 단단해지면 그 안에 순간의 기록이 거의 영원히 보존된다. 당시 대기는 어떠했고, 전 세계 사막에서 날아온 흙가루의 양은 얼마였는지, 해수면의 높이와 지구의 기온은 어떠했는지, 오늘날 우리는 지구의 과거 환경을 말해주는 빙하코어라는 역사책을 추출해 읽을 수 있다. 거기 기록된 역사는 무려 100만 년을 거슬러올라간다. 나는 로버트 맥팔레인이 『언더랜드』에서 한 말을 참 좋아한다.

얼음은 산불과 해수면 상승을 기억한다. (……) 또 5만 년 전

여름에 며칠이나 햇빛이 비추었는지를 기억한다. (……) 얼음은 로마의 제련 유행을 기억한다. 얼음은 제2차세계대전 이후 몇십 년 동안 휘발유에 들어 있던 치명적인 납의 양을 기억한다. 얼음은 기억하고 말한다. 우리가 빠른 변화와 신속한 역전이 가능한 변덕스러운 행성에 살고 있다고 말해준다. 얼음은 기억이 있고 이 기억의 색은 파란색이다.*

콜로라도주 골든의 어느 평범한 정부 청사를 방문해 빙하코어를 처음 보았다. 건물 뒤편 구석에 자리한 몹시 추운 방이었고, 나는 빨간색 파카를 껴입고 두툼한 흰 장갑까지 낀 차림이었다. 빙하를 연구하는 내 친구가 서리로 뒤덮인 보관대에서 빙하코어를 하나 꺼내 보여주었다. 매끄러운 원통 모양의 빙하코어는 먼지 띠를 여러 줄 두르고 있었다. 띠가 이루는 패턴은 단순했지만, 그 이면에는 빙하코어가 세계의 변화에 관한 정보를 방대하게 담고 있다는 사실이 숨어 있다. 나는 손을 뻗어 빙하코어를 만지려다가 멈칫했다. 왠지 금기의 예술작품 같았기 때문이다.

조금 뒤 다른 연구원이 빙하코어를 가져가 개조한 테이블톱table saw으로 얇게 썰기 시작했다. 잘린 조각은 반투명한 컵받침 같아 보였다. 추후 그는 밀폐용기에 조각들을 넣고 녹여 얼음 속 미세한 기포에 든 이산화탄소와 메탄의 농도를 측정

---

* 로버트 맥팔레인, 『언더랜드』, 조은영 옮김, 소소의책, 2020, 364~365쪽.

할 것이다. 다른 연구원들은 각 조각에서 먼지를 소량 채취해 방사성 우라늄 함량을 측정할 것이다. 그러면 얼음이 얼마나 오래되었는지 알 수 있고, 그 결과를 수소와 산소의 동위원소 측정값과 결합해 평균 기온을 재구성할 수 있다.

데이터를 종합해보면, 비교적 안정적인 시대가 이어지다가 갑자기 모든 것이 변하는 시기가 찾아온다는 사실을 알 수 있다. 가끔은 지질학적으로 말도 안 되게 빠른 속도로 수천 년 만에 세상이 뒤바뀐다. 영거 드라이어스** 시기는 특히 놀랍다. 마지막 최대 빙하기 이후 수천 년 동안 온난해져가던 지구가 일순간 방향을 튼 것이다. 일부 지역이 급격히 냉랭해지고 건조해졌다. 이를 가장 확실히 보여주는 증거는 남극이 아니라 그린란드에서 채취한 얼음이다. 당시 그 변화로 가장 큰 타격을 입은 곳이 바로 유럽 북부였기 때문이다. 그레이트브리튼, 스칸디나비아, 프랑스 같은 지역의 평균 기온이 급강하했다. 농사를 짓고 살던 인류에게는 재앙이었다. 모든 일은 급작스럽게 일어났다. 데이터에 따르면 당시 기온은 인간의 수명보다 짧은 기간 동안 순식간에 내려가 1000년 이상 고착되었다가 훨씬 빠른 속도로 다시 상승했다. 애초에 그런 현상이 발생한 것은, 북쪽의 대륙빙하가 대거 녹아내리면서 유럽에 열을 공급하는 데 큰 역할을 하는 북대서양해류를 차단했기 때문이라고 추정된다. 용해가 멈추자 순식간에 따뜻한 해

** Younger Dryas. 약 1만 2900년~1만 1700년 전에 도래한 소빙하기.

류가 되돌아왔다.

기후학자들은 얼음에 뚜렷한 흔적으로 남은 급격한 기후 변화를 무척 우려하고 있다. 요즘의 기록이 가리키듯, 지금 인류가 기후에 미치는 영향은 과거 어떤 격변보다도 강력하기 때문이다. 그 파급력은 훨씬 크고 빠르며 지난 100만 년간 지구가 겪은 적 없는 것이다. 우리는 유례없는 미래를 향해 돌진하고 있다. 나는 이 현상을 오래전부터 수업에서 가르쳐왔다. 그런데 이제 그런 변화를 바로 내 삶에서 마주하고 있었다.

과학자는 패턴과 예측 가능성을 원한다. 우리는 반복적인 관찰과 패턴의 원인을 규명할 실험을 통해 원하는 결과를 손에 넣는다. 예를 들어 기상학자는 허리케인이 어디에 상륙할지, 얼마나 강력할지 아주 정확히 예측할 수 있다. 과거에 발생한 폭풍의 패턴을 관찰하고 그 원인을 알아내려 노력해온 덕이다. 당시 해수 온도와 대기의 기압경도, 또 그 밖의 여러 요인을 고려하면서.

솔직히 말해 과학자들은 예측이 적중하면 뿌듯함을 느낀다. 그러나 예측이 언제나 맞는 건 아니다. 어마어마한 데이터로도 예측하기가 극도로 힘든 문제들이 있다. 이것이 과학적 노력의 역설이다. 우리는 확실성을 갈망하는 신체와 세상 안에서 살아가면서도 동시에 삶의 근본적인 불확실성을 인정해야 한다. 그리고 때로는 애초에 예측을 가능하게 해준 데이터를 모조리 부정하면서까지 무언가를 바라게 되기도 한다.

다이애나의 수술 날 아침, 주방의 창문가에 걸터앉은 내 심정이 정확히 그랬다. 나는 동트기 전 부드러운 새벽빛에 감싸인 뒤뜰의 비단잉어 연못을 멍하니 바라보고 있었다. 이제 와 아무런 의미도 없는 질문이 머릿속을 맴돌았다. 아내와 딸 모두에게 뇌종양이 생길 확률은 얼마나 될까?

네바의 사례만 떼어놓고 보아도 극히 드물었다. 미국에 사는 어린이 약 7500만 명 중 두개인두종 진단을 받는 수는 매년 300명에 불과하다. 비극적이게도 교모세포종은 그보다 훨씬 흔하지만, 다이애나 나이의 여성에게는 드물다. 확률로 따지면 15만 명 중 한 명꼴이다. 그렇다면 1년여 만에 모녀에게 종양이 생길 확률은 얼마일까? 대략 계산해보건대 1000억분의 3보다 희박한 듯했다. 이렇게 기이하리만치 낮은 확률은 또다른 추정으로 이어졌다. 인류 역사를 통틀어 다이애나와 네바의 운명을 나눠 가진 사람은 없으리라는 것.

불가능한 확률을 현실로 마주하자 내 안의 무신론이 흔들렸다. 이제 정말 신이 존재하는지도 모른다고 생각했다. 다만 아주 고약한 존재였다. 이런 일을 그냥 불운이라고만 설명할 수 있을까? 업보라거나 오페라에 등장하는 비극으로밖에 설명할 수 없지 않나? 이런 운명론을 떨쳐내기가 힘들었다. 인간보다 지고한 존재를 믿고 싶은 끌림이 점점 커지는 것도 피할 수 없었다. 도와달라고 손을 뻗으면 아내와 내가 함께 늙어가는 것을 가로막는 절망적인 확률을 보란듯이 물리쳐줄 누군가 또는 무언가를 간절히 믿고 싶었다.

말하자면 나는 믿음의 위기를 겪고 있었다. 아이러니하게도 종교에 의존하는 사람들이 인생을 송두리째 흔드는 역경을 만났을 때 겪는 것과 유사했다. 자신들이 숭배하는 진실이 존재할 리 없다는 생각 앞에서 그들의 삶은 무너져내린다. 당시 내 삶도 그러했다.

과학자다운 사고란, 모든 예측의 틀에 내재한 우연과 확률의 현실을 받아들이는 일을 포함한다. 그리고 이상적으로는 예측 불허의 현실에서 평온을 찾는 것을 의미한다. 평범한 일상부터 중대한 순간까지 우리네 삶은 대부분 확률로 결정되기에 정량화할 수 있다. 임신에 성공할 확률은? 아이가 건강하게 태어날 확률은? 주식시장이 상승세를 타거나, 선수가 승패를 좌우할 자유투를 성공시키거나, 내일 비가 내리거나, 차가 고장 없이 잘 굴러갈 확률은? 때로는 이런 인생의 질문에 대한 답으로 비교적 명확한 확률을 구할 수 있지만, 때로는 그렇지 않다. 어느 쪽이건 크고 작은 불확실성이 인생을 지배한다. 그런데도 우리는 언제나 그 미지의 영역을 없애고 싶어한다.

카오스이론을 생각해보자. 이는 기본적으로 물리학과 수학을 결합한 이론으로 세상을 규정하는 복잡한 시스템 다수가 초기 조건에 민감하게 반응하며, 무작위라고 생각했던 것들 속에도 놀라운 수준의 자기조직화와 패턴이 존재한다는 점을 설명해준다. 어떻게 보면 다이애나가 멕시코와 남극에서 구상했던 프로젝트도 생태학을 넘나들며 이와 유사한 개념을 건드린다. 말하자면, 특정 장소에서 발견되는 최종적인 박테리아 군집이 그 장소의 초기 조건에 고도로 민감한지 알아보려는 것이었다.

그런데 카오스이론은 사람들을 사로잡는 매력을 지닌 탓에 때로 지나치게 확대해석되기도 한다. 대중에게 카오스이론은 나비의 날갯짓이 한 마을을 초토화한 토네이도가 되기까지 모든 점을 연결하는 방법으로 알려졌다. 참고로 카오스이론을 창시한 수학자이자 기상학자 에드워드 로렌즈는 이를 무척이나 탐탁지 않게 여겼다.

로렌즈의 이론은 어쩌다 이렇게 인기를 끌며 제 영역 바깥으로까지 퍼졌을까? 그만큼 우리가 삶에서 예측 가능성을 간절히 원하기 때문이다. 우리는 저기서 벌어지는 일이 지금 여기 나에게 무슨 의미인지 알고 싶어한다. 그래서 숫자와 확률에 집착하고, 과학을 그것이 절대 할 수 없는―절대 하지 않을―예측의 영역으로까지 그릇되게 밀고 나간다. 하지만 이는 우리가 알 수 있는 것, 할 수 있는 것에 한계가 있다는 근본적 진실을 가릴 뿐이다. 통제할 수 없고 예측할 수 없는 일은 언젠가 일어나게 되어 있다. 확률만 붙들고 살다가는 우리에게 일어나는 일상의 마법을 빼앗기고 만다.

물론 사랑하는 사람이 거의 확실한 사망 선고를 받았을 때 삶에서 마법을 발견하기란 보통 힘든 일이 아니다.

온 가족과 친구들이 집으로 와주었다. 그들이 아침에 일어났을 무렵 나는 비단잉어 연못에서 시선을 거두고 다이애나를 도와 파란색 작은 더플백에 입원을 위한 짐을 챙겼다. 손님들은 계속해서 네바의 주의를 딴 데로 돌리려고 노력했다. 몇 분은 효과가 있었지만 네바는 곧 또다시 같은 질문을 던졌다.

"엄마가 왜 수술을 받아요?"

네바는 어른들 품에서 빠져나와 다이애나에게 갔다.

"엄마, 아무 일도 없을 거죠?"

다이애나는 놀라운 평정심을 발휘하며 딸을 품에 안고 한 바퀴를 빙 둘러 우리 부부의 침대에 쓰러뜨렸다. 그런데도 네바의 얼굴에서 걱정이 가시지 않자 아이가 간지럼을 잘 타는 턱밑을 간질였다. 그제야 아이는 웃음을 터뜨렸다. 다이애나는 그런 후에야 질문에 대답했다.

"아가, 의사 선생님들이 너를 도왔던 것처럼 엄마를 도와준대. 그리고 엄마는 너만큼 오래 병원에 머물지 않을 거야. 체임버스네에서 두 밤쯤 자고 나면 엄마를 만날 수 있어."

네바가 얼굴을 찌푸렸다.

"뭐야! 나는 2주나 있었는데!"

딸의 투정에 잠깐 분위기가 밝아졌으나 수술 시간이 코앞이었다. 계속되는 활력징후 체크, 끝없이 계속되는 수술 대기 시간은 너무나도 익숙하고 버거운 것이었기에, 우리는 그저 손을 붙잡고 눈을 맞췄다. 우람한 팔뚝에 비해 놀라울 만큼 목소리가 부드러운 보조 의사가 들어와 다이애나의 왼쪽 머리를 밀었다. 이어 레이저 장치 아래로 다이애나를 안내했다. 그는 레이저가 쏘는 빨간 점들을 따라 파란색 샤피 펜으로 다이애나의 관자놀이와 막 머리칼이 깎인 두피에 X자를 연속으로 표시했다. 정밀한 수술을 위한 절차라고 했다. 깎인 머리에 파란색 표시가 그려진 아내의 모습에 심장이 쿵 내려앉았다.

이후 시간은 네바 수술 날의 데자뷔였다. 계속될 것 같던 기다림이 돌연 끝나고, 아내는 이동식 침대에 누워 내 손을 꼭 붙잡고 있다가 수술실로 들어갔다. 나는 수술 대기실에서 또다른 대기실로 천천히 걸어갔다. 그곳에 앉아 있는데 네바가 좋아하는 어린이책이 떠올랐다. 『털장갑 The Mitten』이라는 책이다. 한 소년이 눈밭에 떨어뜨린 장갑 속으로 여러 동물들이 추위를 피해 들어간다는 내용이다. 물리적으로는 불가능한 일이다. 작은 뾰족뒤쥐와 생쥐, 토끼, 올빼미, 여우, 늑대, 곰까지, 신기하게도 장갑은 그 모든 동물을 품는다. 그러다 아프고 늙은 귀뚜라미가 맨 마지막으로 비집고 들어오려고 하자 결국 장갑은 찢어지고 만다. 나는 대기실에 앉아 기다리면서 이 책의 장면과 다이애나의 뇌 사진을 나란히 떠올렸다. 경악할 만큼 커다란 종양 두 덩어리가 다이애나의 뇌 속으로 은근슬쩍 들어왔다. 헨리의 말에 따르면, 인간의 뇌는 가소성이 굉장히 뛰어나서 파열되지 않고 상상 이상으로 구부러질 수 있다. 물론 어느 정도 한계까지만. 나는 다시 귀뚜라미를 생각했다.

그리고 서성였다. 병원 6층에 유리로 둘러싸인 실외 목노를 거닐었다. 그러다 아래층 문으로 나가 고딕양식의 의대 건물을 지나 다다른 곳은 구불구불한 길이 나 있는 듀크가든이었다. 참 아름답고 평화로운 곳이다. 그러나 그런 정원이 보통 그렇듯 세계의 식물 표본을 모아놓은 디오라마일 뿐이었다. 식물들의 고향인 진짜 생태계와는 전혀 닮지 않았다. 정원을 산책하다보니 주변의 부자연스러움이 아름다움보다 더 크게 다가왔다. 꼭 내 세상 같았다. 지금 그 세상은 위태롭고 사방이 가로막혀 있었다. 나는 그런 생각에 잠긴 채 대기실로 돌아갔다.

마침내 기다리던 시간이 찾아왔다. 나는 그레그와 함께 창문 없는 방으로 갔다. 거기에는 앨런 프리드먼이 작은 회의 테이블에 앉아 있었다. 그는 역시나 단도직입적이었다.

"수술은 문제없이 잘 끝났어요. 물론 아시다시피 두정엽 병변만 제거했지만요."

뇌간 부위를 감싸고 있는 다른 종양은 수술로 건드리기에 너무 위험했다. 아무리 앨런 프리드먼이어도, 내 아내여도 어쩔 수 없었다.

"압니다."

"환자분은 곧 만날 수 있어요. 질문 있나요?"

나는 앉은 지 얼마 되지도 않았는데 벌써 상담을 마치려는 듯한 의사를 보고 너무 다급해져 질문을 떠올리기가 힘들었다. 결국 뻔한 질문을 했다.

"두정엽 병변은 다 제거된 건가요?"

의사의 말투가 조금 누그러졌다.

"이런 종양은 원래 전부 제거할 수 없어요. 가장자리가 방사형으로 퍼져서 정확히 파악하기도, 제거하기도 거의 불가능하거든요. 그래서 화학요법과 방사선치료로 남은 종양을 억제하려는 거예요. 그래도 뭐, 계획한 만큼은 깔끔하고 남김없이 제거했어요."

"고맙습니다." 할 수 있는 말은 그뿐이었다.

앨런은 테가 두툼한 안경 너머로 몇 초간 나를 바라보다가 의사의 역할에서 잠시 빠져나왔다.

"다이애나는 참 재미있는 사람이에요. 또 강인하고요. 그래서 다행이에요."

"재미있다고요?"

"수술실에서 농담을 하더군요. 수술이 어떻게 돌아가는지도 알고 싶어했고요."

앨런은 작게 웃으며 고개를 절레절레 내저었다.

"데스크에서 확인해보셔야겠지만 아마 바로 면회할 수 있을 거예요."

다이애나는 살짝 비스듬한 각도로 조용히 누워 있었다. 삐삐 소리가 나는 모니터에는 활력징후 수치가 계속 기록되었다. 왼손에 꽂힌 정맥주사 연결 관은 조용히 움직이는 펌프를 지나 침대 위쪽의 거의 다 빈 투명 수액 주머니로 이어졌다. 오른쪽 팔뚝에는 왜인지 붕대를 감고 있었다. 그 이유를 고민할 겨를도 없이 위쪽의 훨씬 큰 붕대에 시선이 갔다. 붕대는 다이애나의 머리를 다 감싸고 왼쪽 귀까지 가리고 있어서 마치 미라처럼 말라붙은 플래퍼 모자* 같았다. 붕대 사이로 튀어나온 검은 머리칼이 보였다. 아내는 눈을 감고 있었다.

  나는 침대맡으로 의자를 끌고 가서 아내의 찌푸린 눈썹 아래 눈꺼풀이 주기적으로 떨리는 모습을 지켜보았다. 무언가 심히 불편한지 미묘한 꿈틀거림이 계속 이어졌다. 나는 가만히 손을 뻗어 아내의 손을 가볍게 잡았다. 그러자 아내가 눈을 뜨고 한참이나 무표정한 얼굴로 말없이 나를 쳐다보았다. 나는 아내 시력에 문제가 생긴 줄 알고 공포에 휩싸이기 시작했다. 그때 아내 입가에 연한 미소가 떠올랐다.

  "내 모자 어때?"

  나는 겨우 대답했다. "흰색이 잘 받진 않네."

  아내는 다시 잠에 빠져들었고, 이미 바닥을 드러낸 나의 평정심은 자기 의심의 파도에 휩쓸려 부서져갔다.

  내가 해낼 수 있을까?

  아내를 위해, 네바를 위해, 나를 위해. 사실상 피할 수 없어진, 아내 없는 삶을 살아갈 준비가 되었는가? 죽어가는 아내를 지켜보며 이루 말할 수 없이 가슴 아파하면서도, 아내의 비범함이 이번에도 유효하리라는 서사에 모든 희망과 믿음을 쏟아부을 자신이 있는가? 확신이 서지 않았다.

  털장갑을 찢는 귀뚜라미의 으스스한 이미지가 다시 머릿속을 비집고 들어왔다. 벌컥 분노가 치밀었다. 나는 자리를

---

* 20세기 초 유행한 종 모양의 여성용 모자 클로시cloche를 가리킨다.

박차고 일어나 가장 가까운 환자 화장실로 들어가 문을 걸어 잠갔다. 욕을 내지르며 거울 옆의 벽을 사정없이 쳤다. 오른손과 팔뚝에 전해지는 통증을 기꺼이 받아들이며. 빌어먹을 살균된 벽에서 빨간색 응급 상황 알림용 줄을 뽑아버릴까 생각하는데 밖에서 노크 소리가 들렸다.

"저기요, 괜찮으세요?"

주근깨가 난 얼굴에 눈이 휘둥그레진 간호사는 앳되어 보였다. 내가 문을 열자 간호사는 한 걸음 뒤로 물러서며 걱정스럽게 나를 살폈다.

"괜찮으세요? 필요한 게 있으세요?"

그 말에 분노가 수치심으로 녹아내렸다.

"아뇨, 미안합니다. 너무 힘든 주라서요."

나는 혼란스러움을 느끼며 밖으로 나와 천을 씌운 대기실 의자 팔걸이에 걸터앉은 채 창 아래로 안뜰을 멍하니 내려다보았다. 병원복 차림의 해쓱한 남자가 스스로 휠체어를 밀며 암센터에서 주차장으로 가는 길가 잔디밭에 올라섰다. 그는 왼손으로 턱을 받치고 있었는데, 이윽고 오른손에 쥔 담배에서 연기가 피어올랐다. 몇 분 후 청바지와 몸에 딱 맞는 황갈색 피코트 차림의 젊은 여자가 암센터 문을 열고 나왔다. 옆구리에 연회색 스키 재킷을 끼고 있었다. 여자는 종종걸음으로 휠체어에 탄 남자에게 다가가 스키 재킷을 앞뒤로 흔들어 보이며 고개를 크게 까닥였다. 남자는 미동도 하지 않았다. 여자는 남자를 가만히 바라보다가 챙겨온 재킷을 그의 어깨에 둘러주고 몸과 팔걸이 사이에 옷자락을 끼워넣은 뒤 담배를 뺏어 갈색 가죽 부츠로 짓밟았다. 남자는 그래도 반응이 없었다. 천천히 되돌아가다 말고 남자를 돌아보는 여자의 축 처진 어깨가 영락없이 내 모습 같았다.

회복실로 돌아가보니 다이애나는 깨어난 후였다. 벌써 남극 프로젝트에 적용할 이론에 몰두하고 있었다. 다이애나는 그레그와 대화하며 눈을 반짝였다. 그레그는 그러한 관심에 다소 놀란 눈치였다.

"그러니까 희귀 박테리아는 대체 뭘 하는지 알 수가 없어. 애초에 수가 많이 불어나지 않으니까. 그런데 그런 박테리아가 한 장소에 제일 먼저 대량 서식하기 시작하면 특정한 유형의 군집이 생겨. 다른 박테리아가 대량 서식하기 시작하면 또 다른 군집이 형성되고. 이게 진짜 중요한 거지!"

그레그는 대답하기 전에 나에게 '이게 말이 돼?' 하는 눈빛을 보냈다.

"그러니까 무작위라는 거지? 누가 먼저 자리를 점하는지가 중요한 거네?"

다이애나는 환한 표정으로 잽싸게 대답했다.

"아직 모르지만 그래 보여. 진짜 멋지지 않아? 어쩌다 한번 무작위로 일어나는 일이 이후에 일어나는 거의 모든 일을 결정한다니!"

다이애나는 그 말이 지금 자기 상황과 비슷하다는 사실을 알아채지 못했다. 어쩌면 알아도 신경쓰지 않았던 것 같다. 나는 아니었다. 나는 다이애나와 그레그가 과학의 세계에 점점 깊이 빠져드는 모습을 말없이 지켜보았다. 다이애나의 박테리아와 그레그의 열대 나무가 연결되었고, 두 연구 대상의 공통점이 드러났으며, 급기야 새로 쓸 논문 이야기가 오가기 시작했다. 그 모든 게 다이애나의 뇌를 열어 안에 있는 덩어리를 일부 제거한 수술이 끝난 지 불과 몇 시간 후의 일이었다.

치료가 불가능한 뇌종양에 이렇게 반응할 확률은 얼마나 될까? 아마 지극히 낮지 않을까? 그렇다면 정말로 다이애나는, 내가 간절히 바라던 대로, 비범한 존재인지 몰랐다. 머릿속이 과학을 향한 경이로움으로 가득차 있어서 다른 무언가가 끼어들 틈이 없는지도 몰랐다.

12
작은 나무

다이애나와 내가 코스타리카에서 함께 달렸던 길 끝에는 대체 왜 거기 있는지 모를 나무 한 그루가 있었다. 나무는 화산암 노두에 고집스럽게 붙어서 온몸으로 바다를 견뎠다. 파도가 연신 암석을 때렸고, 작은 나무는 바닷물을 흠뻑 뒤집어썼다. 이렇게 말하면 야생에 맞서는 고귀한 영웅이 떠오를지도 모른다. 하지만 사실 그 나무는 역경을 견디며 살아남으려 애쓰는 평범하고 하찮은 존재일 뿐이었다. 마디가 비틀리고 여기저기 휜 모습이 언뜻 『반지의 제왕』의 골룸을 닮기도 했다. 나무의 못생김은 숨이 멎을 만큼 장엄한 주변 숲과 대비되어 도드라졌다. 그렇지만 그 나무가 참 좋았다. 요즘도 자주 생각한다. 재미있고 뻔하지 않으며 영감을 줄 뿐 아니라, 불가능해 보이는 상황에서도 발 디딜 곳을 찾아낼 수 있다는 사실을 알려주기 때문이다.

그 나무가 어떻게 살아남을 수 있는지는 내가 몸담은 과학 분야가 설명해준다. 그 나무의 뿌리는 생각보다 튼튼해서 화산암을 뚫고 내려가 자리잡으며 암석에서 필요한 양분을 뽑아올린다. 아마 나무는 자신을 괴롭히는 바닷물에서도 필요한 성분을 취할 것이다. 칼슘, 마그네슘, 칼륨 같은 것들 말이다. 동시에 나무는 작고 단단한 외피로 무장해 바닷물에 맞선다. 심지어 잎들까지 밀랍 성분의 보호막을 입었는데, 그것은 말하자면 바닷물을 막아내는 작은 우산과 같다. 물론 잎들은 보호막을 입은 채로도 문제없이 태양에너지를 흡수한다. 인근 숲으로 조금만 걸어들어가면 같은 종의 나무들을 볼 수 있는데, 생김새가 전혀 다르다. 숲속 나무들은 사는 게 상대적으로 편하다보니 여유롭게 화려함을 과시한다. 보기에 참 아름답다. 하지만 나는 바닷가에 뒤틀린 몸으로 서 있는 그들의 형제가 더 좋다.

병원에서 집으로 돌아와 현관 계단을 조심조심 하나씩 오르는 다이애나를 지켜보면서, 나는 그 나무를 떠올렸다. 계단은 오랫동안 관리하지 않아 어둡게 얼룩져 있어 꼭 화산암 같은데다 얼음까지 깔려 있었다. 나는 지붕 덮인 포치와 주방 문을 향해 천천히 계단을 오르는 다이애나의 팔을 부축했다. 마디 그라 축제* 때 쓰는 보라색, 금색, 초록색 장식으로 꾸며

---

* Mardi Gras. 사순절 시작 전날의 사육제로, 미국에서는 뉴올리언스가 이 축제를 성대하게 치른다.

진 처마 밑 문가에는 다이애나를 환영하는 사람들이 나와 있었다. 맨 앞에 우리 딸도 보였다. 처음에 네바는 머리에 붕대를 감은 엄마를 보고 눈이 휘둥그레져 살짝 뒷걸음질쳤으나 이내 행복으로 환하게 빛나는 웃음을 지어 보였다. 다이애나는 물론 모두가 촉촉해진 눈을 애써 감추며 서로 얼싸안았다.

우리는 예년보다 추운 날씨에 서둘러 실내로 들어갔다. 북적이며 좁은 주방 통로를 지나 거실로 들어서자마자 모두가 한마디씩 하기 시작했다.

"좀 어때?"

"엄마, 왜 머리에 붕대를 감았어요?"

"배고픈 사람?"

"젠장, 노스캐롤라이나는 따뜻할 줄 알았는데!"

"잠깐, 다이애나를 좀 놔둬!"

그날의 나머지 시간은 긴장 섞인 에너지와 평소와 다르지 않은 척하려는 노력이 뒤섞인 가운데 흐릿하게 흘러갔다. 그러다 마침내 나와 다이애나 단둘이서 네바의 침대맡에 나란히 앉아 동화를 읽어주며 아이를 재웠다. 늘 하던 일이었으나 그날 밤은 평소보다 오래 지속되었다.

네바가 잠들고 나서야 다이애나가 지친 기색을 드러냈다. 다이애나는 침실로 가는 짧은 거리도 나에게 기대다시피 걸었고, 알약 세 알과 물잔을 건네받을 때는 눈을 뜨고 있기도 힘들어했다. 그러다 다시 눈에 힘을 주며 말했다.

"꼭 이겨낼 거야."

나는 고개를 끄덕일 수밖에 없었다.

다음날 아침 기온은 여전히 한 자릿수에 머물렀지만, 다이애나는 산책을 다녀오겠다며 고집을 피웠다. 가족들과 친구들이 다이애나를 뜯어말렸다.
"그러다 빙판에서 미끄러지면 어쩌려고 그래?"
"더 쉬는 게 어때?"
다이애나는 만류를 뿌리치고 장화를 신었다. 나도 따라나섰다. 침묵 속에서 천천히 걸어 목표 지점으로 삼은 블록 끝에 다다랐을 때 다이애나가 나를 돌아보았다.
"다음 블록까지 갈래."
이번에는 다이애나도 팔을 부축하겠다는 나를 거부하시 않았다. 마컴 스트리트 오르막을 오르기 시작했을 때 다이애나가 잠시 비틀거렸다.
"여보, 아무래도 오늘은 여기까지만 해야겠다. 그만 돌아갈까?"
"그래. 그러자. 차 가져올 테니 저기서 만나."
얼어붙은 공기 속으로 아내의 숨결이 퍼졌다. 문득 몇 년 전의 한순간이 떠올랐다. 몬태나주에서의 어느 날, 바람 부는 영하의 날씨에 긴 달리기를 하러 나간 아내를 데리러 갔을 때였다. 아내의 눈꺼풀이 새하얗게 꽁꽁 얼어 있었다.
다이애나는 수술 이후 하루도 빠지지 않고 산책했다. 일주일이 지나고부터는 혼자 걷겠다고 했다. 그리고 둘째 주부터는 다시 달리기 시작했다. 달리기 첫날, 나는 마컴 스트리트를 천천히 뛰는 아내의 뒷모습을 지켜보다가 슬그머니 차에 올라타 한 블록 거리를 두고 뒤따랐다. 아내는 뷰캐넌 스트리트까지 갔다. 우리 동네에서 그 거리를 건너면 듀크대학교 이스트 캠퍼스의 조금씩 낡아가는 회색 돌벽과 빨간 벽돌 건물, 그리고 탁 트인 잔디밭이 나왔다. 아내는 왼쪽 모퉁이를 돌아 시야에서 사라졌다. 아마 외벽에 뚫린 좁은 출입구로 향하는 모양이었다. 그 구멍으로 들어가면 자갈 깔린 캠퍼스 둘레길을 달릴 수 있었다. 나는 아내가 길을 건널 때까지 몇 초 기다렸다가 교차로에 차를 세웠다. 그런데 아내는 길을 건너지 않고 뷰캐넌 스트리트에 그대로 서 있었다. 허리에 손을 얹고서, 붕대를 푼 머리 아래 비난하는 눈빛으로 나를 노려보고 있었다. 관자놀이에서 왼쪽 귀 뒤쪽까지, 울퉁불퉁한 흉터가 당당히 드러나 있었다. 당황한 나는 창문을 내리고서 묵묵히 아내의 추궁을 들었다.

"지금 뭐하는 거야?"

"괜찮은지 걱정돼서."

아내는 한결 누그러진 목소리로 말했다. "왜 나랑 같이 뛰지 않고?"

그리고 한마디 덧붙였다. "따라올 자신이 있다면."

우리는 일주일에 두 번씩 암센터를 방문했다. 가끔 헨리를 만나는 날이면 포옹과 수다를 듬뿍 나누고 돌아왔다.

"좋아요. 벌써 달리기를 시작했다니 대단하군요. 앞으로 계획은 이래요. 종양 유전자 검사로 정보를 더 모아서 다른 치료법의 가능성을 알아보려고 해요. 염두에 둔 치료법이 있기는 한데, 다른 대안도 확인하면 좋으니까요. 그리고 이쪽은 민이라고 해요. 믿고 뭐든지 편히 상의하세요. 앞으로 최선을 다해 환자분을 도울 거예요."

헨리 옆에서 젊은 베트남인 여성이 노련하고 인내심 많은 미소를 띠고 있었다.

"반가워요." 헨리가 말을 이어가는 바람에 민이 할 수 있는 말은 그뿐이었다.

"자, 앞으로 매주 환자분이 내원할 때마다 민이 검진할 거예요. 나는 일정상 그럴 수가 없어서 매번 병원에 있지는 못하지만, 늘 상황을 살필게요. 내 휴대전화 번호 알죠. 그거 아무한테나 주는 게 아니에요. 환자분은 아무때나 연락해도 좋아요. 진심이에요. 물론 민이 꼼꼼하게 관리하겠지만요."

민은 다시 미소 지으며 다이애나를 향해 어깨를 으쓱해 보였다. 다이애나도 웃음으로 대답했다. 그러고는 헨리를 돌아보며 물었다.

"여전히 수지상세포 백신을 생각중이신가요?"

그것은 실험적인 치료법이었다. 환자 혈액에서 뇌의 면역반응에 관여하는 세포들을 추출한 다음, 수지상세포를 강화해 그것이 교모세포종을 공격하도록 일련의 백신을 만드는 방법이었다. 이 암에 관한 거의 모든 게 그렇듯 초기 결과는 기적과 거리가 멀었다. 그러나 아직 희망은 있었다.

"네, 그럴 계획이에요. 그래도 혹시 모르니 먼저 게놈 검사를 해보죠."

헨리는 우리를 또다시 포옹한 뒤 먼저 자리를 떴다. 민이 앞으로 몇 주간의 계획을 자세히 설명했다. 설명을 다 들은 다이애나가 수술 후 처방받은 항경련제에 관해 물었다.

"케프라는요? 곧 투약을 중단해도 될까요?"

"발작을 일으키거나 그럴 것 같은 증상을 겪은 적이 있나요?"

"아뇨."

"좋아요. 신경외과에서 결정할 문제지만 확인해볼게요. 3주 후부터 투약을 중단할 수 있을 거예요."

우리는 민에게 고맙다고 인사한 뒤 진료실을 나왔다. 계속 나오는 문을 열고 나가 지난번 휠체어에 탄 채 담배를 피우는 남자를 보았던 길에 들어섰다. 주변은 언제나처럼 이 건물이 어떤 곳인지 일깨워주는 요소들로 가득했다. 머리에 반다나를 두른 사람, 깡마른 몸, 분홍색 병원복, 나지막한 목소리. 우리는 천천히 주차장으로 향했다. 다이애나는 왼손으로 내 오른손을 붙들고 있었는데 여전히 반대편 손을 자주 떨었다. 진단의 계기가 된 통증이 그대로였기 때문이다.

그래도 일주일 후 똑같은 길을 지날 때는 작은 승리를 만끽했다. 다이애나가 나를 돌아보며 씩 웃었다. "나 다시 운전할 수 있어!"

앨런이 드디어 항경련제를 끊어도 좋다고 허락한 것이다.

나는 다이애나의 얼굴에서 굉장한 안도감을 보았다. 다시 운전할 수 있다는 것은 과거 삶의 조각이 하나 더 되돌아왔다는 의미였기에 소중했다. 다이애나는 곧바로 또다른 선언을 했다.

"가는 길에는 내가 운전할게."

내가 반대했다.

"아직 케프라를 완전히 끊은 게 아니잖아. 실제로 약을 끊고도 정말 괜찮은지 확인한 후에 운전해야 해."

왜 나는 다이애나를 그렇게 겪고도 몰랐는지. 주차장 엘리베이터 앞에 멈춘 다이애나의 얼굴에 내가 익히 아는 고집스러운 표정이 떠올랐다.

"빡빡하시네. 1.6킬로미터밖에 안 되잖아. 그냥 내가 할게."

그리고 짓궂은 미소를 지으며 이렇게 덧붙였다. "얻어 타시든가, 집까지 걸어오시든가."

나는 항복의 뜻에서 두 손을 들어 보인 뒤 아내에게 키를 건넸다. 처음에 아내는 뻣뻣한 오른손으로 수동 변속기를 조작하는 데 애를 먹는 듯했으나 이내 적응하고 집으로 가는 짧은 거리를 운전했다. 코너를 돌 때 다소 빨랐고 굳이 필요하지 않을 때 기어를 낮추기는 했지만, 아내의 얼굴은 시종일관 평온했다.

이후 사흘 내내 다이애나는 약속을 어겨가며 온갖 구실로 운전대를 잡았다. 우리는 아무 이유도 없이 식료품점과 아내 연구실과 카페에 갔다. 나흘째는 핑계를 대려는 노력조차 없이 그냥 물었다. "장거리 드라이브나 하고 올까?"

결국 아내가 모는 차를 타고 도시를 빠져나가 시골길을 달렸다. 새로 처방받은 약을 먹은 후로 오른팔 통증이 가라앉은 덕에 아내는 변속레버도 자신 있게 다뤘다. 차에 깔린 음악을 배경으로 테다소나무, 떡갈나무, 단풍나무, 풍나무가 심긴 풍경이 지나갔다. 군데군데 작은 농가도 보았다. 한번은 나무가 심긴 길을 빠져나가 삐뚤빼뚤 경계가 그어진 뭍과 그 너머 잔잔히 물결치는 폴스호수를 구경했다. 우리 둘은 대화도 거의 나누지 않고 예상치 못하게 찾아온 평온에 흠뻑 빠져들었다.

그날 밤 우리는 나란히 누워 책을 폈다. 드라이브하며 느낀 평온함이 여전했기에 나는 여유롭게 소설 속으로 빨려들어갔다. 그래서 아내가 책을 떨군 사실조차 몰랐다. 그러다 아내의 호흡이 격해지고서야 이상한 낌새를 알아챘다. 아내의 오른팔이 이불 위에서 감전된 것처럼 경련하고 있었다. 시선은 천장을 향해 있었고, 호흡은 점점 더 가빠지고 힘겨워졌다.

벌떡 일어나 아내의 어깨를 붙들었다.

"여보, 무슨 일이야? 괜찮아?"

아내는 이제 온몸으로 호흡을 버거워하며 아무 대답도 하지 못했다. 방 전체에 산소가 하나도 남아 있지 않다는 듯 절박하게 숨을 들이마셨다. 눈은 비정상적으로 커졌고 온몸이 경련을 일으키면서 호흡 소리는 비명에 가까워졌다. 나는 어찌할 바를 몰라 큰 소리로 다이애나를 부르다가 몸부림치는 그 몸을 뒤에서 껴안았다.

끔찍한 경련의 파도는 영원히 끝나지 않을 것처럼 이어졌다. 나는 맞은편의 올리브색 벽과 흰색 틀이 둘린 창문을 바라보며 계속 아내를 안고 버텼다. 모든 게 흐려졌다. 아내는 내 품속에서 잠잠해지더니 눈에 띄게 뻣뻣해졌다. 아내를 품에서 떼어내어 가만히 침대에 눕혔다. 여전히 눈을 부릅뜨고 있었으나 아무것도 보지 못하는 듯했다. 나는 아내를 양손으로 붙들고 애원하며 소리쳤고, 아내의 눈을 코앞에서 들여다보며 축 처진 어깨를 흔들었다.
"다이애나! 내 말 들려? 다이애나! 괜찮아? 괜찮아? 정신 들어?"
그래도 반응이 없었다. 나는 끝내 아내가 세상을 떠났다고 확신하고서 아내 몸 위로 무너져내렸다.
하지만 아내는 죽은 게 아니었다. 지진 후 여진처럼 아내의 몸이 잠시 떨렸다. 이내 호흡도 평소보다 깊긴 하지만 정상적인 패턴을 되찾아갔다. 다시 아내 몸을 붙들고서 보니 눈에 초점이 돌아오고 있었다.
"여보? 내 말 들려?"
대답은 없었지만, 겁에 질린 눈빛을 들여다보며 내 말을 알아들었음을 알 수 있었다.
"고개 끄덕여볼래?! 내 말 들리면 끄덕일 수 있어?"
아내는 미세하게 턱을 까딱인 다음 "헨리에게 연락해"라고

속삭였다. 나는 황급히 휴대전화를 들었다. 열한시가 넘은 시각이었으나 헨리는 대기음이 세 번 울리자마자 전화를 받았다. 이제 아내는 목소리를 낼 수 있었다.

"스피커폰으로 해줘."

헨리는 내 목소리에서 공포심을 직감했는지 평소처럼 수다스럽지 않았다. 단도직입적이었고 차분했다.

"상황을 설명해줘요."

내가 방금 있었던 일을 설명하는데 헨리가 불쑥 말을 걸었다.

"다이애나? 내 말 들려요?"

"네. 괜찮아요."

작지만 또렷한 목소리였다.

"다행이네요. 자, 방금 발작이 왔나본데요. 괜찮습니다. 더럽게 무섭긴 한데 원래 그런 일이 일어나요. 지금 어디 불편한 데 있나요?"

"모르겠어요. 무슨 일이 있었는지도 잘 기억이 안 나요."

헨리는 나에게 질문하며 간단한 검진을 이어갔다. 다행히 전부 괜찮은 것 같다는 진단이 내려졌다. 그렇지만 다이애나는 케프라를 다시 복용해야 했고, 나와 다이애나는 힘들어도 다시 잠을 청해야 했다.

"내일 병원에서 검사해보죠. 오늘밤은 집에 계셔도 될 것 같네요."

"헨리, 방금 나는 아내가 세상을 떠난 줄 알았어요."

목이 메었다. 아내가 내 팔을 지그시 잡았다.

"그래요. 이해해요. 많이 놀라셨죠. 이제 괜찮아요. 다만 아침에 달리기는 하지 마세요. 약속할 수 있죠?"

그 말을 끝으로 헨리는 원래 모습으로 돌아가 스마트워치부터 강아지들까지 등장하는 이야기를 독백처럼 늘어놓았다. 나는 그가 일부러 그런다는 느낌을 받았다. 전화 통화가 끝나갈 때쯤 나와 다이애나가 어느새 또 웃고 있었던 걸 보면 말이다. 다이애나는 어니스트 섀클턴의 남극 항해를 다룬 앨프리드 랜싱의 저작 『인듀어런스』*를 다시 읽기 시작했다. 인내 Endurance라니, 다이애나의 상황에 얼마나 어울리는 책이던가. 하지만 다이애나는 자신은 견뎌야 할 문제가 아무것도 없다는 듯 열정적인 과학자 모드로 순식간에 전환했다. 그리고 평소처럼 신난 표정으로 나에게 책을 들이밀었다.

"남극에 다시 가면 어떨까? 아, 진짜 멋질 텐데!"

다이애나가 먼저 잠들었을 때, 나는 또다시 코스타리카 바닷가의 작은 나무를 떠올렸다.

---

* 한국에는 『섀클턴의 위대한 항해』(유혜경 옮김, 뜨인돌, 2001)로 출간되었다.

13

호기심

자신의 세상이 뒤집혔을 때 다이애나가 보인 반응은 그저 꾸며낸 허세였을까? 그런 면도 있었을 것이다. 하지만 몇 주가 흐르면서 나는 그뿐만은 아니라는 사실을 깨달았다. 아내는 마음을 달래고 안심시켜주는 몇몇 습관을 놓지 않음으로써, 익숙한 것에 기대어 안정을 되찾아갔다. 그리고 그렇게 찾은 평온을 우리에게 나눠주었다. 우리가 함께 보낼 마지막 몇 달이 될지도 모를 시간을 분노와 절망으로 허비해버리지 않도록 말이다. 아내는 어떻게 그럴 수 있었을까? 스트레스와 창의성을 설명하는 신경과학에서 일부 단서를 얻을 수 있을 듯하다.

인간 뇌에는 온갖 종류의 활동 거점이 있다. 거점마다 임무가 태산이고, 뇌 전체에 뻗어 있는 여러 네트워크를 통해 서로 이어진다. 네트워크들은 때로 잘 기름칠한 기계처럼 한몸으로 작동하는 듯 보인다. 그런가 하면 서로를 향해 고래고래 욕하고 사방에서 시뻘건 경고등이 울리는 것 같을 때도 있다.

심리학자 오신 바테니언과 그의 동료들은 최근 논문에서 우리 머릿속에 '디폴트 네트워크default network'와 '실행 제어 네트워크executive control network'가 있다고 보는 일반적인 두뇌 개념 모델을 언급하며, 아무 문제도 없는 평상시에는 두 네트워크가 힘을 합쳐 새로운 발상, 개념, 돌파구 등의 창조적인 통찰을 내놓도록 두뇌를 돕는다고 설명한다. 이런저런 외부 공격 없이 마음이 행복하고 평온할 때 디폴트 네트워크가 더 잘 돌아간다는 사실은 데이터를 통해 확인된다. 그런데 상황이 혼란스러워지면 (언제나처럼) 실행 제어 네트워크의 집행관들이 나서서 권력을 과시하며 구체적이고 시급한 임무를 해결하도록 두뇌 활동을 재분배한다.

이때 또다른 영역을 점한 '현저성 네트워크salience network'도 가세한다. 내 생각에 신경과학을 연구하는 동료들을 환장하게 만드는 게 틀림없는 이 패거리는 잘 드러나지 않는 수상한 유형이다. 전혀 예상치 못한 순간에 불쑥 나타나는데, 사실 다들 속으로는 그들이 진짜 책임자라고 믿는다. 실제로 이 두뇌 부위는 외부 신호를 받아들인 뒤 그것을 처리하도록 머릿속 자원을 분배한다. 여러 역할을 맡은 현저성 네트워크는 디폴트 네트워크와 실행 제어 네트워크의 상대적 우위를 전환하는 일도 담당하는 듯 보인다. 그러다 상황이 정말로 나빠지면 적색경보를 울려 우리가 공상적이거나 딱 봐도 설익은 아이디어를 궁리하는 게 아니라…… 생존에 집중하도록 한다.

우리는 스트레스를 받으면 정확히 그렇게 행동한다. 창의적이고 호기심 많은 두뇌 영역이 뒷전으로 밀려난다. 새폴스키가 말한 머리 없는 닭처럼 광적인 혼란에 휩싸인다. 하지만 예외도 있다. 모두가 투쟁-도피 모드에 빠지는 것은 아니다. 다이애나를 생각해보면, 날마다 과학의 경이로움에 몰두한 것이 위태로운 삶에 대응하는 데 도움을 주었다고 확신한다. 매일 달리는 습관이 다이애나의 단련된 신체와 회복탄력성을 만들어주었듯이, 다이애나의 두뇌는 호기심과 창의성에 반응해 기분을 좋게 해주는 도파민 호르몬을 주기적으로 분비하도록 잘 조율되어 있었다. 그러니 아마도 다이애나의 디폴트 네트워크는 실행 제어 네트워크의 집행관들에게 당장 그만두라고 하는 데 능숙했을 것이다. 지휘하는 일에 그만큼 익숙했을 테니까. 얼토당토않거나 희망에 불과한 가설은 아니다. 뇌 영상 데이터에 따르면 디폴트 네트워크는 확실하고 꾸준하게 창의성을 발휘하는 사람의 머릿속에서 이례적으로 활성화되어 있다.

발작 사건의 충격은 다이애나가 잠깐 누린 자유를 앗아갔다. 이후 며칠 동안 다이애나는 평소와 달랐다. 극심한 스트레스가 마침내 다이애나를 압도한 듯 보였다. 하지만 놀랍지 않게도, 다이애나는 그마저 떨쳐냈다. 우리는 새로운 일상의 리듬에 점차 익숙해졌다. 노스캐롤라이나에 이른봄이 찾아와 아침 날씨는 점점 따뜻해졌다. 우리는 집을 빙 두른 포치에 앉아 커피를 마셨고, 가끔 길 건너편에서 목청껏 "안녕하세요!!!" 하고 인사하는 체임버스네 아이들을 보며 미소를 지었다. 이른아침 따위가 인사를 가로막을 수야 없었다.

다이애나는 발작을 겪고 며칠 만에 다시 달리기 시작했다. 처음에는 천천히 달리다가 조금씩 자신감이 붙었다. 내가 따라가겠다고 했으나 다이애나는 여전히 내가 자기 속도에 맞출 수 있을지 의심했다. 다이애나는 땀범벅이 되어 돌아와 샤워한 후 머리칼 일부를 밀어놓은 머리에 갈색과 흰색 무늬 반다나를 둘렀다. 그리고 언제나 그랬듯 남극 모양 배지가 달린 청록색 배낭에 논문 뭉치와 노트북을 쑤셔넣었다.

"아직이야?"

다이애나는 한시바삐 연구실로 가지 못해 안달이었다.

그런 패턴이 거의 매일 아침 반복되었다. 캠퍼스를 가로질러 암센터를 방문하는 것도 일과가 되었다. 우리는 센터 맨 아래층으로 내려가 파리한 얼굴로 억지 미소를 짓는 사람들 사이에서 기다렸다. 아내는 자기 차례가 오면 쌍여닫이문으로 들어가 방사선치료를 받았다. 치료를 마치고 돌아갈 때는 언제나 생각에 잠긴 채 좀더 천천히 걸었다. 그 일과 자체는 절대 한 시간을 넘지 않았다. 하지만 그 사이클은 내 하루에 자주 영향을 미쳤다. 나는 다이애나와 달랐다. 다이애나는 연구실로 복귀하면 곧장 연구에 몰입할 수 있었으나 나는 우리에게 닥친 새 현실에 대한 잡념에 사로잡혀, 이후 회의에도 통 집중하지 못했다.

4월에는 상황이 나아졌다. 날마다 받던 방사선치료도 이제 곧 끝이었다. 다이애나는 1차 화학요법도 큰 불편함 없이 넘겼다. 더러 웃기는 순간도 있었다. 화학요법을 받는 동안은 매달 한 번씩 짧은 시간 동안 아주 센 항암제를 투여해야 했다. 민은 메스꺼움을 완화해주는 경우가 있더라며 THC* 계열 약물을 추천했다.

다이애나가 그 약을 처음 먹은 날 밤, 하필 나는 응급실에 가 있었다. 내가 겪은 알 수 없는 복통의 원인은 게실염이었다. 약간의 통증을 느끼면서, 가뜩이나 아내의 발작을 본 게 바로 얼마 전이었기에 초조한 불안에 휩싸여 몇 시간을 보내다가 병원을 나섰다. 주차원에게 주차권을 건네고 응급차 전용 구역 옆의 금속 벤치에 앉아 기다리는데 전화벨이 울렸다.

"여보 곧 집에 오는 거야?!"

다이애나는 호흡이 가빴고 목소리가 지나치게 컸으며 다급했다. 덜컥 겁이 났다.

"응, 지금 바로 가. 왜 그래?"

"민이 처방한 대마 약 있잖아!"

한시름이 놓였다.

"뭐? 그게 왜?"

"왜인지 모르겠는데 정신이 이상해지네! 집에 올 때까지 나랑 통화할 수 있어?"

---

* Tetrahydrocannabinol. 대마의 대표적인 향정신성 성분.

나는 웃음을 참으며 "그럼" 했다. 나중에 듣자 하니 체임버스네 주방에서 편집증 같은 증상이 불쑥 시작됐다고 했다. 그 말을 전하는 다이애나도, 듣는 나도 웃음을 참지 못했다. 아내는 약기운에 눈을 부릅뜬 채 황급히 네바를 안고 이웃집을 나섰다. 우리집 현관문을 여는 일조차 할 수 없어 어린 딸에게 부탁해야 했다. 다이애나는 용케 아이를 재우고 구석에 있는 안락의자에 웅크렸다. 그러고는 무릎에 개를 앉히고 커튼을 친 채로, 나에게 전화할지 말지 고민했다. 누군가 도청할지도 모른다는 망상 때문이었다.

아내는 이런 우여곡절을 겪으면서도 거의 하루도 빼놓지 않고 남극 프로젝트를 계획했다. 그리고 달렸다. 나중에 알게 된 사실인데, 달리다가 방향감각을 잃을 만큼 정신이 혼미해진 적도 있었다고 한다. 철저히 숨겨졌던 이 진실은 훗날 뇌종양센터를 위한 자선 달리기 행사에서 다이애나의 고백을 통해 비로소 알려졌다.

행사는 아내가 마지막 방사선치료를 마친 지 불과 닷새, 마지막으로 화학요법 주사를 맞은 지 아흐레 만인 토요일에 열렸다. 아내는 틀림없이 지쳤을 것이다. 하지만 행사에 참여해 듀크대학교 의과대학 앞 주차장을 가득 메운 인파 사이를 지나면서 이따금 짧게 달리기를 연습했다. 사람들은 대부분 러닝화를 신고 있었다. 몇몇은 자기들끼리 맞춤 제작한 티셔츠도 입었다. 한 무리는 밝은 주황색, 다른 무리는 하늘색 티셔츠 차림이었다. "케이시를 위해 싸우는 사람들"이라고 적힌 티셔츠도 보였다. 어떤 이들의 티셔츠에는 "사랑해, 로버트"라는 문구 위로 오토바이를 탄 채 웃고 있는 남자의 사진이 실크스크린 방식으로 인쇄되어 있었다. 빨간색, 파란색, 초록색 그늘막 아래 접이식 테이블에는 팸플릿과 또다른 티셔츠가 진열되어 있었다. 주차장 뒤편에서는 공기를 넣어 부풀리는 바운시 캐슬*이 서서히 형체를 잡아갔다. 부모들은 아이 옷에 참가 번호를 달아주었다. 바로 옆 길가에서 진지한 표정으로 간간이 몸을 푸는 참가자들도 있었다. 분명 무거운 분위기가 감돌았으나 그런 가운데도 평범한 달리기 행사의 즐거운 활기가 흘렀다.

길을 가로지르는 흰색 배너에는 파란 글씨로 "우리와 함께하는 천사들"이라고 적혀 있었다. 배너 한쪽과 연결된 가설무대에 깡마르고 키가 큰 남자가 단체 티셔츠를 입고 한 손에는 메가폰을 들고 섰다. 남자는 교모세포종 진단을 받고도 15년이 넘게 생존한, 그야말로 살아 있는 희망의 상징이었다. 그는 먼저 떠나보낸 사람들을 기억하며 하루하루를 힘차게, 멋지게 살아가자고 했다. 그리고 절대 포기하지 말라고 당부했다. 그가 카운트다운을 시작하자 무질서하게 흩어져 있던 인파가 눈물을 훔치고 응원의 말을 외치며 출발선에 모였다.

군중 속에는 다이애나를 위해 참가한 이들도 있었다. 이번에

---

* bouncy castle. 팽팽하게 공기를 채워 그 위에서 뛰어놀 수 있게 만든 놀이기구.

도 전국 각지에서 친구들이 깜짝 방문해주었다. 전날 밤 모두 우리집 거실에 모여 다이애나와 함께 달리는 것의 의미에 관해 이야기했다. 여럿이 뭉쳐서 달리는 행위의 힘에 관해서도.

"다이애나가 소화할 수 있는 속도에 맞춰서 다 같이 뛰는 거야."

그 말을 듣고 다이애나는 그냥 미소 지을 뿐이었다. 나는 이유를 알았다. 다이애나는 레이스가 시작되자마자 거의 모두를 앞서나가는 것으로 전날 내가 떠올린 이유가 옳았음을 증명했다. 몇 년 전 아내의 고향 근처에서 열린 추수감사절 달리기 대회에서도, 둘이서 딱 한 번 함께 나간 마라톤에서도 그랬다. 아내는 그때마다 씩 웃으며 "달리기 대회에 친구는 없거든"이라고 말했다.

암 투병중에도 그런 모습은 어디 가지 않았다.

완주 후에 다시 본 아내는 친구들에게 둘러싸인 채 빛나는 얼굴로 여느 때처럼 활짝 웃고 있었다. 한 친구가 무리에서 빠져나와 여전히 헉헉대며 걸어오던 나를 붙들고 말했다.

"진짜 말도 안 돼. 아주 날아다니더라. 끝까지 다이애나를 따라잡지 못했어."

나는 살짝 거리를 두고서 아내를 지켜보았다. 아내는 무리 중 한 사람과 포옹한 후 고개를 젖히며 웃음을 터뜨렸다. 얼굴은 여전히 상기되어 있었다. 10여 년 전 코스타리카에서 나와 함께 달렸던 날, 마지막 언덕을 걸어내려갈 때의 표정이었다. 다이애나는 키 작은 야자수 가지에 눈이 새빨간 밝은 초록색 몸통의 청개구리가 붙어 있는 것을 발견하고는 어린아이처럼 놀라워하며 걸음을 멈췄다. 다이애나의 모자챙에서 가랑비 방울이 떨어졌다. 그날 우리는 길모퉁이를 돌자마자 평소와 달리 땅바닥에 앉아 앞을 가로막는 꼬리감는원숭이도 보았다. 원숭이는 가장 가까운 나무로 올라가 성난 괴성을 지르며 길가로 늘어진 가지를 마구 흔들어댔다. 다이애나는 신나서 깔깔 웃었다.

하루는 그렇게 함께 달리고 돌아가는 길에 호텔 뒤편 강어귀에서부터 각자 카약을 타고 노를 저어 근처 바다까지 나갔다. 한 시간 가까이 파도를 탔다. 바다 카약은 덩치가 커서 조종하기가 힘든 탓에 우리는 거품이 이는 바다로 자꾸만 빠졌고, 빠지면 기어오르고 다시 빠지기를 반복했다. 그러다 나란히 물에 떠서 다음 파도를 기다리는데 다이애나가 파도 끝자락에 우리처럼 물에 떠 있는 길고 어두운 물체를 가리켰다.

"웬 통나무가 강어귀 쪽으로 움직이는 것 같은데요?"

나는 다이애나가 가리킨 것을 확인하고 뜸을 들였다가 대답했다.

"아, 저거요. 통나무가 아니라 악어예요."

다이애나는 그 무렵 이미 나에게 익숙해진 표정으로 몇 초간 나를 물끄러미 바라보았다. 그리고 천천히 침착하게 입을 열었다.

"아까부터 저기 있는 거 알았죠?"

"음, 알았죠. 여기 자주 출몰해요. 하지만 인간은 절대 건들지 않아요."

다이애나는 그저 고개를 저었고, 다음 파도를 타고 악어가 있는 방향으로 곧장 나아간 뒤, 다시 노를 저어 강가로 돌아갔다. 나도 다이애나를 뒤따라 부두에 도착했다. 다이애나는 폴짝 뛰어내리더니 카약이 천천히 떠내려가게 둔 채 나를 보며 의미심장하게 씩 웃었다.

"내 카약은 당신이 반납해줘요. 보트 창고에도 악어가 있을지 모르니까요."

이제 나는 친구들을 헤치고 들어가 아내를 꼭 안아준 다음 상태가 어떤지 물었다. 아내는 대답하는 대신 이렇게 말했다. "제법 성적을 낸 것 같아! 시상식까지 기다려볼까?"

아내는 정말로 그룹 우승자로 호명되었다. 도무지 믿지 못하는 헨리와 기념사진도 찍었다. 상을 받으러 무대에 올라서는 요란스럽게 모자를 벗어던지고 사람들이 다 볼 수 있게 수술 흉터가 남은 머리를 내밀었다. 모두 박수를 보냈다. 헨리는 어깨동무하며 다이애나를 바라보고 고개를 내저었다. 이번만은 헨리도 말문이 막혀 "어떻게 한 거예요?" 하고 감탄할 따름이었다.

"모르겠어요! 쉽지 않았고 지금도 얼떨떨하기는 해요. 어지러워서 나무를 들이받을 뻔도 했다니까요."

그러더니 다시 친구들과 어울리러 가버렸고 나는 헨리에게 물었다.

"이런 일이 정상인가요? 선생님 환자들은 다 이렇게 달리기 대회에서 우승하고 안정을 취하라는 조언도 무시하며 살아요?"

헨리는 웃으며 고개를 저었다.

"아뇨. 하지만 어떤 사람들은 이런 상황을 계기로 놀라운 모습을 드러내죠."

"그런 사람들의 특징이 있을까요?"

"글쎄요. 어떤 사람들은 자신이 남들보다 강하다고 믿는데, 사실 그렇게 호전적인 태도가 결과적으로 도움이 되는지는 잘 모르겠어요. 다이애나는 그런 유형과는 달라 보여요. 좀 더 편안해 보이네요."

"아직도 연구를 놓지 않고 남극으로 가는 계획을 세우고 있어요."

헨리는 또다시 웃음을 터뜨리며 희끗희끗한 수염을 긁적였다.

"좋네요. 아마 그게 이유인가봐요."

몇 시간 후 우리는 비행기에 올랐다. 내가 창가석에, 다이애나가 통로석에 앉았다. 네바는 가운데서 북극곰이 그려진 짐가방으로 발을 받친 채 기분좋게 색칠놀이를 했다. 우리는 달리기 대회가 끝나자마자 곧장 공항으로 달려가 뉴올리언스로 향하는 중이었다. 착륙하는 비행기 밖으로 드넓은 도시 풍경이 펼쳐졌다. 도시의 남쪽 경계를 따라 뱀처럼 구불구불한 강이 흘렀다. 내게는 외국처럼 낯선 곳이었으나 다이애나에게는 고향과도 같았다. 우리는 재즈 축제에 갈 참이었다. 아내가 가장 좋아하는 그룹인 리버스 브라스 밴드Rebirth Brass Band가 무더운 날씨에 무대에 올라, 〈두 와차 워나Do Whatcha Wanna〉를 부르며 무슨 일이 일어나든 우리에게는 오직 우리만 선택할 수 있는 것들이 있다는 사실을 일깨워줄 터였다. 우리는 후텁지근한 바깥으로 나와 렌터카를 찾은 뒤 I-10 도로를 따라 달렸다. 창밖으로 메터리 지역의 얼룩덜룩한 배수 운하와 무계획적으로 들어선 건물들이 지나갔다. 도착한 곳은 프렌치쿼터 중심부의 호텔이었다.

다이애나가 호텔을 고른 것은 뜻밖이었다. 원래 다이애나는 뉴올리언스의 잊힌 구석구석을 좋아했다. 이전번에 뉴올리언스를 방문했을 때는 나인스워드와 가까운 마리니 변두리의 샷건 하우스*에 머물렀다. 집 복도에는 헐벗은 남자들이 그려진 흑백 아크릴화와 크루 오브 페트로니우스** 관련 기념품들이 진열되어 있었다. 우리는 세인트클라우드 남쪽의 다 쓰러져가는 술집에서 가재를 산처럼 쌓아두고 열심히 껍데기를 까서 먹었다. 그때 당시 우리에게 프렌치쿼터는 뒷전인 동네였고 의무감에 가본 느낌도 좀 있었다.

"왜 여기를 골랐어?"

"글쎄. 그냥……"

아내는 말끝을 흐리며 나를 보았다. 아내 얼굴이 굳어가는

---

* shotgun apartment. 폭이 매우 좁아 방들이 일직선으로 배치된 주택.
** Krewe of Petronius. 1961년 결성된 뉴올리언스의 유명 성소수자 공연 집단.

것이 보였다. 뭔가 애원하는 눈빛 같기도 했다. 이 도시에 와야 했지만, 지금 몸 상태로는 가장 사랑하는 동네에서 벌어진 일들과 마주해 고통을 더할 자신은 없는 것이 아니었을까. 나는 즉시 말을 돌렸다.

"재미있을 거야. 네바한테 서커스를 제대로 보여주자."

"아빠, 우리 서커스 보러 가요?"

내가 웃었다.

"아니, 그냥 표현이 그렇다는 거야. 이 동네는 그만큼 시끌벅적하거든."

전날 밤 열기와 소음 때문인지, 다음날 아침은 이상하리만치 고요하게 느껴졌다. 우리는 강가로 향했다. 잭슨스퀘어에 투명한 안개가 자욱했다. 가판대를 차리는 행상인들을 지나쳐 디케이터 스트리트를 건넜다. 다이애나는 카페 뒤몽드에서 베녜*를 먹고 싶다고 했다.

왜 다이애나가 우리를 데리고 유명 관광지만 골라 다니는지 또다시 의아해졌지만 묻지는 않았다. 베녜는 맛있었다. 다이애나와 네바가 서로 얼굴에 슈거 파우더를 묻히고 노는 순간은 더욱 좋았다. 카페에 한 시간 넘게 앉아 있다가 나와보니 프렌치쿼터에는 이미 조금씩 활기가 돌고 있었다. 네바는 떼를 써서 곰 인형과 분홍색 휴대용 선풍기를 얻는 데 성공했다. 둘 다 도시 이름이 떡하니 새겨져 있었다. 하지만 선풍기

---

* beignet. 뉴올리언스에서 즐겨 먹는 프랑스식 도넛.

는 20분 만에 고장나는 바람에 돌아가서 새 제품으로 교환해야 했다. 이번 여행에는 돈을 아끼지 않았다.

재즈 축제에 갈 시간이 되어 프렌치쿼터를 벗어나 시티파크 경계를 따라 북서쪽으로 이동했다. 그리고 공연장과 너무 멀지 않은 주차 공간을 찾느라 페어그라운즈 위쪽을 몇 바퀴 돈 끝에야 마땅한 자리를 발견했다. 공연장으로 걸어가는 동안 네바가 엄마 아빠 손을 잡고 연신 높이 발차기하며 뛰어대는 통에 결국 우리는 손바닥이 땀으로 흠뻑 젖었다. 아직 봄인데도 아주 찜통이라는 내 말을 다이애나는 잽싸고 날카롭게 받아쳤으나 특유의 짓궂은 미소와 함께였다.

"와아아!"

나는 아내의 미소에 언제나 꼼짝을 못했다. 그런데 아내가 머리에 물방울무늬 반다나를 두르고 있던 그때는 그 빛나는 미소가 총알 파편처럼 심장과 오장육부를 헤집었다. 아무리 노력해도 우리 가족의 앞날에 어른거리는 공포를 떼어놓을 수 없었다. 가끔은 아내만 그런 것들을 훌훌 떨쳐내고 사는 듯해 샘이 나기도 했다. 지금 생각해보면 아내의 강인한 정신은 지칠 줄 모르는 호기심의 직접적인 산물이기도 했다.

호기심이 다이애나의 비밀스러운 힘이라는 생각에는 근거가 있다. 정신과의사 노먼 도이지의 저서 『기적을 부르는 뇌』는 이러한 맥락에서 신경가소성 개념을 다룬다. 새로운 정보를 꾸준히 습득하는 사람의 뇌는 스스로 발전해 새로운 생각과 세계를 탐구하는 능력을 키워간다고 한다. 도이지는 도파

민 '보상'이 답을 찾는 데서 오기도 하지만 때로 답을 찾을지도 모른다는 기대감을 통해 더 강하게 온다고 말한다. 그러니까 호기심을 품는 습관은 답을 찾는 과정 자체에 긍정적으로 반응하도록 뇌를 훈련한다. ……설령 답을 구하지 못하더라도 상관없다. 뇌 영상 데이터가 말해주듯, 이 훈련을 자주 하는 사람은 스트레스에 덜 민감하게 반응한다. 그게 바로 다이애나였다.

　신경해부학자 질 볼트 테일러는 신경가소성의 살아 있는 예시다. 나는 얼마 전 팟캐스트에서 테일러의 놀라운 사연을 들으면서 다이애나를 떠올렸다. 테일러는 뇌 연구에 평생을 바쳤는데, 서른일곱 살에 뇌출혈로 좌뇌 기능이 사실상 멈췄다. 테일러는 이 경험을 두고 "여성의 몸에 갇힌 신생아"가 된 셈이었다고 표현했다. 저서 『나는 내가 죽었다고 생각했습니다』에서 밝힌 내용에 따르면, 몸이 완전히 제 기능을 되찾기까지는 8년이 걸렸다. 그러나 결국 회복에 성공했다. 테일러의 뇌는 변화에 적응해 스스로 치유하고 재건한 것이다. 나에게 특히 인상적인 부분은 따로 있었다. 뇌출혈 직후 인지능력이 떨어지는 것을 직접 목격하며 무서웠냐는 질문에 테일러는 아니라고, 도리어 과학자로서 "100퍼센트 매료되었다"라고 했다. 테일러는 과학적 호기심이 자신의 회복에 절대적으로 중요했노라고 확신한다. 그렇게 말하는 테일러에게서 다이애나의 모습을 보았다.

　우리는 줄을 서서 두 개의 회전식 입구를 통과해 넓은 흙길로 나갔다. 우리처럼 막 입장하는 사람들은 아직 얼굴이 말쑥했다. 반면 나오는 사람들은 얼굴이 햇빛에 익어 벌겠고 눈은 게슴츠레했다. 줄지은 건물들을 지나쳐 사람들이 많이 모인 곳으로 갈수록 음악소리가 커졌다. 리버스의 공연까지는 30분을 더 기다려야 했다. 우리는 인파와 담요와 접이식 의자를 헤쳐가며 음식 가판대로 향했다. 맥주를 들이붓듯 마시는 젊은이들 때문에 네바가 걸려 넘어질 뻔한 이후로는 목말을 태워 다녔다. 네바는 눈이 휘둥그레지고 뺨이 상기되었다. 그래도 수북한 감자튀김 바구니가 해결 못할 문제는 없었다.

  이제 무대 앞 잔디밭으로 갔다. 우리가 잡은 자리는 60대, 어쩌면 그보다 더 나이들어 보이는 부부 옆이었다. 대체로 흥청망청 취한 사람들 사이에서 부부는 자연스러운 우아함을 풍겼다. 두 사람 다 얼굴에 큼직한 기미가 있고 머리가 희끗희끗했다. 남자는 조금 벗어진 머리를 질끈 묶었고, 여자는 어깨뼈 사이로 굵직한 드레드가 치렁하게 내려왔다. 두 사람은 다리를 쭉 뻗은 채 나란히 앉아 있었는데, 남자가 가볍게 손을 여자 손 위에 얹고 있었다. 우리가 다가가자 남자가 환히 웃으며 환영의 의미로 자기들 옆 바닥을 손으로 두드렸다. 그러고는 애정을 숨기지 못하는 눈빛으로 자기 아내를 바라보았다. 그 순간 마음속에 고통이 다시 피어났다.

  때마침 리버스가 무대에 올랐다. 부부는 음악에 맞춰 몸을 흔들었다. 네바도 나이애나의 손을 잡고 빙글빙글 돌았다. 내 안의 고통도 녹아내렸다. 드디어 우리가 이곳까지 찾아온 이유인 노래가 연주되었다. 우리 가족은 주변을 신경쓰지 않고 춤을 추고 또 추었다. 강물의 소용돌이처럼 서로 얽히며 움직였다. 붙들고 있는 것을 언젠가 놓아주어야 한다는 사실을 아는데도, 이 흐름이 영원히 끝나지 않을 것만 같았다.

14
희망

피드몬트 대지의 습한 공기는 막 시작되려는 여름을 재촉했다. 여느 때처럼 암센터로 걸어가기만 해도 셔츠 등판에 땀이 배어났다. 다이애나의 반다나 가장자리에 삐죽 나기 시작했던 머리칼은 어느새 곱슬해질 만큼 길어졌다. 우리는 지붕 덮인 포치에 말없이 앉아 있었다. 초저녁 하늘이 갑자기 흐려지더니 비가 쏟아져 앞에 보이는 뿌리덮개*에 작은 고랑을 냈다. 이제 다이애나는 반다나를 벗고 명랑한 소년처럼 짧은 머리를 의기양양하게 드러내고 다녔다. 수술 흉터는 여전히 선명했으나 예전만큼 적나라해 보이지는 않았다. 마컴 애비뉴에 퍼붓는 비를 바라보는 아내의 눈이 반짝였다. 표정도 한결

---

*   mulch. 잡초 발생이나 수분 증발을 막기 위해 식물 주위에 뿌리는 낙엽, 나뭇조각 따위의 층.

여유로워 보였다.

　비를 보고 있으니 코스타리카 숲이 떠올랐다. 연초 몇 달은 숲이 건조해져 동물들이 깊숙이 숨고 일부 땅이 헐벗는다. 햇빛에 바짝 마른 목초지의 토양은 쩍쩍 갈라진다. 뼈만 남은 소들은 그나마 남은 나무 그늘에서 더위를 피했다. 그러다 봄비가 내리면 새잎과 해사한 꽃이 만개한다. 이 무렵에는 5월을 뜻하는 마요나무들도 꽃을 피워 멀리 녹음이 우거진 산등성이마다 노란 페인트를 끼얹은 듯했다.

　숲은 여러 해 동안 자기 몫의 놀라움을 주변과 나누었다. 그런 순간은 내가 진실이라고 믿는 무언가의 증거를 찾으려던 때도 찾아왔다. 바로 숲이 핵심 양분을 얻고자 인근 바다에 의존한다는 것이었다. 당시 연구의 시작은 영 좋지 않았다. 내가 차를 몰다가 실수로 제자 에리카의 발을 밟고 지나간 것이다. 다행히 부드러운 진흙땅인데다 에리카가 튼튼한 장화를 신고 있어서 큰 사고는 나지 않았으나 그 현장 연구에 자기 논문의 성패가 달렸던 제자 칼이, 동료의 발이 으스러질 뻔했는데도 무신경하게 반응한 것이 사건의 발단이 되었다. 칼은 필요한 표본을 구해야 한다는 생각에 스트레스가 이만저만이 아니었다. 에리카는 그를 돕고자 했으나 그의 태도에 점점 의욕을 잃어갔다. 둘 사이에 은근한 신경전과 날카로운 말이 오갔다. 그런데도 나는 거의 눈치채지 못했다. 다이애나가 분위기를 풀어주기도 했거니와 그 무렵 우리는 막 교제하기 시작한 터였다.

나는 스승의 의무를 게을리했고 심지어 칼과 에리카를 자꾸만 짝지어 현장 작업에 투입해서 불화를 부추기기까지 했다. 한편 나는 다이애나와 다른 일을 맡았다. 그렇게 수일이 흘렀고 칼과 에리카의 갈등은 고조되었다. 그동안 나와 다이애나는 매일 낮이고 밤이고 오사반도를 떠돌며 찬란하게 빛나는 숲에서 흙과 나뭇잎을 모았다. 골포 둘세 동쪽 해안 인근의 외진 숲에 갔을 때는 폭포와 절벽 사이 좁고 컴컴한 비탈에 자리를 잡고 폭포수에 머리를 담그기도 했다. 오른쪽으로 검은색과 형광 초록색으로 이루어진 독화살개구리 두 마리가 느리게 폴짝대며 절벽을 올랐다. 머리 위로는 다채롭게 푸르른 나뭇잎들이 우거져 세례 공간의 경계를 완성했다. 우리의 젖은 옷에서 붉은 점토를 씻어내주는 폭포수 안에서 우리는 서로, 그리고 7000만 년 전 바다의 암석 잔재들과 하나로 연결되었다.

얼마 후 우리는 아쉬워하며 가방과 삽을 챙겨 폭포를 빠져나왔다. 그리고 그날의 목적지인 인근 봉우리를 향해 등반을 시작했다. 경사가 제법 가팔라서 손을 뻗기만 해도 땅바닥이 닿을 정도였다. 종종 묘목의 밑동을 손잡이처럼 붙잡고 나아가야 했다. 그렇게 한 번 잡아당기고 그 힘으로 발을 내딛는데 오른쪽으로 얼룩덜룩한 갈색 형체가 재빠르게 미끄러져왔다. 검은 삼각형 무늬가 새겨진 몸통과 다이아몬드 모양의 머리가 보이는가 싶더니, 순식간에 쓰러진 나무 밑으로 사라졌다. 내가 펄쩍 뛰었다.

"테르시오펠로Terciopelo예요. 이쪽으로 갑시다."

다이애나는 아리송한 표정으로 나를 쳐다봤으나 군말 없이 계속 길을 올랐다. 꼭대기에 도착하자 햇빛이 아침 구름을 지나 좁은 능선의 성긴 나뭇잎 지붕 사이로 내리비쳤다. 다이애나는 삽과 가방을 내려놓고 나를 보았다.

"아까 뭐라고 했어요?"

"테르시오펠로. 중앙아메리카살모사Fer-de-lance."

정적이 흘렀다.

"사람을 죽일 수도 있는 뱀이 나왔는데, 한 번만 더 알아듣지도 못하는 스페인어를 썼다가는 이 삽으로 머리를 갈길 줄 알아요."

다이애나는 의미심장한 미소를 지었다. 나는 항복의 뜻으로 손을 번쩍 올렸다. 우리는 삽을 들고 땅을 파기 시작했다. 30분 정도가 지나자 약 1미터 깊이의 붉은 점토 구덩이가 생겼다. 우리는 필요한 표본을 구하기 좋게 구덩이 내벽 한쪽을 살살 긁어내어 판판하고 매끈하게 만들었다. 다이애나는 바닥 쪽 벽을 문지르느라 고개를 처박고 있었다. 구덩이로 완전히 빠지지는 않게 다리를 벌리고 고무장화 발끝을 흙속에 찔러넣은 자세로 버티는 중이었다. 내가 진척 상황을 보려고 몸을 내밀자 다이애나가 냅다 내 얼굴을 향해 흙을 한 삽 뿌렸다.

"조심해요. 테르시오펠로일라."

아래서 웃음소리가 들렸다.

구덩이에서 표본을 다 채취한 다음에는 산꼭대기에서 나

뭇잎을 모았다. 알고 보니 다이애나는 총으로 나뭇잎을 떨어뜨리는 데 소질이 있었다. 다이애나가 엽총을 쏘면 내가 떨어지는 나뭇잎들을 잡으러 여기저기 뛰어다녔다. 그러다 가시로 덮인 야자나무에 부딪히는 바람에 호저를 만난 개처럼 오른팔에 가시가 잔뜩 박히고 말았다. 나는 레더맨 툴을 꺼낸 다음 가방을 깔고 앉았다. 다이애나가 내내 장난기어린 말을 던지면서 가시를 하나하나 빼주었다.

우리가 구덩이를 파고 나뭇잎을 모은 이유는 숲이 어떻게 칼슘을 취하는지 알아내기 위해서였다. 인간처럼 나무도 삶을 영위하기 위해 여러 성분이 필요하다. 특히 일부는 아주 많아야 한다. 숲은 광합성을 통해 공기에서 탄소를 얻으며, 단백질의 핵심 구성요소인 질소도 결국 공기에서 얻는다. 그러나 칼슘을 비롯해 그 밖에 숲이 필요로 하는 것들은 전부 암석에서 온다. 암석은 열기와 빗물, 침범하는 식물 뿌리의 영향으로 서서히 풍화하면서 자신이 품은 풍요를 내어준다. 세계 대부분의 지역에는 암석이 모두를 만족시킬 만큼 넉넉하게 남아 있다.

열대림은 상황이 다르다. 열대림은 지구에서 가장 오래된 토양에 조성된 경우가 많아서 암석은 이미 오래전 닳아 사라졌다. 따라서 다른 원천에서 양분을 찾아야 한다. 수년 전 마누에우에게 설명했듯, 아마존 숲은 사하라사막 흙가루에 의존해 살아간다. 하와이 카우아이섬의 숲은 인근 바다에서부터 오는 빗물에 의존해 칼슘과 마그네슘을 얻고, 머나먼 고비

사막에서 날아온 흙가루에서 인을 취한다. 그렇게 세계는 광활한 시공간을 뛰어넘어 놀랍도록 연결되어 있다. 나는 내가 오사반도에서 얻게 될 답이 카우아이섬에서 찾은 것과 똑같다고 확신했다. 오사반도는 토양이 오래되었고, 강수량이 많았으며, 바다가 지척이었다. 그곳 토양에서는 암석을 전혀 찾을 수 없었다. 어떤 연구는 이미 확신하는 생각을 강화하기 위해 진행된다.

그러다가 기분좋게 틀리는 순간도 찾아온다. 오사반도는 세계에서 융기 현상이 가장 활발한 지역으로 꼽힌다. 다이애나가 내 얼굴에 흙을 던진 산꼭대기는 해마다 약 1.2센티미터씩 상승한다. 얼마 안 되는 수치 같지만, 융기로 땅 밑에서 새롭게 유입되는 암석만으로 숲이 필요한 양분을 얻기에 부족함이 없었다.

나는 과학을 하면서 모든 예상과 증거를 반박하는 결과를 만날 때가 참 좋다. 이제 내 아내가 그러한 예외이기를, 아내의 종양이 일반적인 예상을 엇나가기를 바랐다. 쉽지 않은 일이었으나 그래도 가능성이 아예 없지는 않았다. 실제로 교모세포종 환자의 약 5퍼센트가 5년 넘게 생존한다. 다이애나를 보고 있으면, 나와 주변 사람들이 다이애나가 바로 그 집단에 속하리라는 희망을 품는 것도 이상하지 않았다.

뇌종양은 인간성을 앗아간다는 점에서 특히나 잔인한 암이다. 네바의 경우 작은 종양이 자라나 시력을 앗아가고 그러다 배고픔이나 갈증을 느끼는 능력까지 박탈할 수 있었다. 소아 두개인두종 환자 중에는 안타까운 상태로 살아가는 아이들도 있다. 아무것도 보지 못한 채 자제력을 잃고 폭식해 그에 따른 건강 문제들을 달고 살다가 너무 일찍 세상을 떠나기도 한다. 다이애나의 경우 교모세포종이 머릿속에서 쇳덩어리처럼 굴러가 어디든 깨부술 수 있었고, 다이애나를 이루는 어느 부분이든 파괴될 수 있었다. 생명은 물론 삶 자체를 앗아간다는 점에서 뇌종양은 무시무시했다.

하지만 다이애나는 삶을 포기하지 않았다. 그 모습이 어떤 때는 정말로 불가해했다. 날마다 그렇게 살아가는 아내를 지켜보면서, 아내의 선택이 아내 몸의 경계를 훌쩍 넘어서까지 영향을 미친다는 사실을 차츰 깨달았다. 나는 기적처럼 아내를 고쳐줄 완치법을 찾고 바라는 데 집착했지만 아내는 아니었다. 언제나 그랬듯 최선을 다해 앞으로 나아갈 뿐이었다.

기독교인은 신을 굳게 믿으면 죽음 이후 구원받으리라는 약속에서 위안을 얻는다. "나 비록 음산한 죽음의 골짜기를 지날지라도 (……) 무서울 것 없"는 것은 그래서다. 그 믿음이 많은 이에게 지치지 않는 힘을 준다. 다이애나가 투병하는 동안 나도 그런 믿음을 품고 싶을 때가 있었다. 그런데 다이애나의 평온함은 신이 아닌 과학과 맺은 관계에서 비롯하는 듯했다. 다이애나가 불투명한 미래에 주저앉지 않고 자연 세계의 알 수 없는 것들에 대한 열정에서 힘을 얻어 씩씩하게 현재를 살 수 있었던 것은 그 덕분이다. 물론 아내도 완치법을 바랐으나 연연하지는 않았다. 아내는 과학의 실천이 어떻게 영혼을 달래주는지 몸소 보여주었다.

아내는 완치법을 발견하고픈 희망에 모든 것을 걸면 패배할 가능성이 큰 확률 게임에 또다시 갇힌다는 사실을 알았던 듯하다. 물론 과학은 기적이 가능하다고 가르친다. 그렇지만 우리의 통제 능력에 한계가 있다는 점도 일깨워준다. 통제하고 싶은 대상이 암이든 행동이든 아니면 그냥 다리 건설이든 간에 말이다. 기적적이고 획기적인 답을 찾아내는 것만이 성공이라는 생각으로 과학에 접근하면 과학이 지닌 진짜 중요한 힘을 놓치고 만다. 우리가 저항하지 않는다면, 과학은 우리에게 한계와 받아들임을 가르쳐준다. 그것을 깨닫지 못하는 한 결코 평온해질 수 없다.

다이애나가 정말로 기적적인 완치법을 찾으려면 실험적인 백신 임상시험에 기대봐야 했다. 그래서 우리는 습한 6월의 어느 날 아침, 눈감고도 갈 수 있을 듯한 암센터로 차를 몰았다. 아내는 또 한번 얇은 병원복으로 갈아입어야 했다. 이제는 병원복이라면 치가 떨렸다. 인간성이 가장 필요한 순간 인간성을 벗겨내려고 만든 옷 같았다. 이번에 다이애나는 빛바랜 파란색과 흰색이 섞인 병원복을 입었다. 투명 관이 연결된 커다란 주삿바늘 두 개를 팔뚝에 꽂으려면 오른쪽 소매는 걷어올려야 했다. 이윽고 관에 빨간 피가 돌았다.

아내 몸에서 빠져나온 피는 침대 옆의 상자처럼 생긴 기계를 통과해 그 아래 용기에 진하게 고였다. 또다른 관은 뽑아낸 혈액 대부분을—전부는 아니었다—몸속으로 돌려보냈다. 아내는 두 시간 가까이 누워 있어야 했다. 대부분 말없이 눈을 감은 채 길고 고른 숨을 쉬었다. 나는 혈액 용기만 물끄러미 보았다. 그 안에 내 아내가 교모세포종을 극복할 수 있다는, 끔찍하게 낮은 가능성에 비해 과도하게 자라난 희망이 담겨 있었다.

침대맡 기계는 아내의 혈액을 여과해 그 안의 세포를 농축하는 역할을 했다. 그런 뒤 혈액은 분리 과정을 몇 번 더 거치고, 그로부터 작은 시약병 하나 분량의 면역세포가 추출된다. 고배율로 확대해보면 그 세포들은 감탄을 자아낼 만큼 아름답다. 고등학교 생물 교과서에 실린 고전적인 세포 그림과 달리 복잡하게 주름져 있으며 섬세한 가지가 거미줄처럼 뻗쳐 있다. 가운데 부분은 반투명한 푸른빛을 띠기도 하는데 깊이를 헤아릴 수 없다. 세포가 아니라 성운이라고 해도 이상하지 않았다.

그렇게 추출한 수지상세포는 면역체계의 정찰단이다. 외부 공격에 노출된 신체 부위에 거의 어김없이 존재한다. 대표적으로 피부, 코, 위, 폐에서 발견된다. 수지상세포는 우리를 병들게 하는 위협 요인, 면역학 용어로는 항원을 찾아다닌다. 항원을 발견하면 림프절로 가져가 T세포와 B세포에 넘긴다. 그러면 그 세포들이 우리 몸이 발휘할 수 있는 놀라운 면역반응을 일으킨다.

혈액 속 수지상세포는 아직 완전히 성숙한 상태가 아니지만, 다량을 모으려면 혈액에서 뽑아내는 수밖에 없다. 그래서 채취 후 특수 연구실에서 배양하며 부디—신이시여, 부디—

다이애나의 종양에 면역반응을 일으키도록 손봐야 한다. 교모세포종 세포를 활용해 만든 항원에 수지상세포를 노출한 후 아내에게 딱 맞춘 백신으로 만드는 것이다. 모든 일이 계획대로 작동한다면 백신은 뇌 속 표적을 정확히 공격할 터였다.

이는 암 치료의 새로운 희망으로 떠오른 면역요법 분야에서 사용하는 수십 가지 전략 중 하나였다. 기본적으로 모든 전략은 하나의 발상에서 비롯했다. 우리의 면역체계가 암세포를 위협으로 인식하도록 만들어 타고난 방어체계로 위협을 제거하자는 것이다. 굉장한 가능성을 지닌 발상이다. 무엇과도 비교할 수 없이 탁월한 우리 몸의 적응력을 활용해 개별 종양에 정교하게 맞춘 반응을 일으키자는 것이니 말이다. 다른 암 치료법은 그만큼 섬세한 도구를 사용하지 않는다는 점이 한계로 작용한다.

백신 계획은 정말로 솔깃했고 몇 달 동안 버팀목이 되어주었다. 초기 임상시험 결과도 고무적이었다. 어떤 임상 결과에 따르면 환자 절반이 3년 넘게 생존했다. 일반 치료를 받았을 때 평균 생존 기간은 1년 정도였다. 그렇다고 백신이 마법의 약은 아니었으나, 어쩌면 희망이 실현될 획기적인 다음 단계로 우리를 데려가줄지도 몰랐다. 아내는 아직 젊고 강인했으며 평소 "유달리 튼튼한 면역체계"를 가지고 농담도 자주 했다. 자신은 면역체계 덕분에 절대 아프지 않은 것 같다고 말이다.

물론 확률은 희박했다. 교모세포종은 그 자체로 무시무시한 무기를 거느린다. 일단 혈뇌장벽이라는 뇌 보호막도 문제였다. 밀집한 세포들로 이뤄진 이 장벽은 감염이나 여타 공격을 차단한다. 그런데 반드시 그것을 통과해야 하는 암 치료 물질까지 막기도 한다. 게다가 뇌의 고유한 면역체계가 특수 백신에 반응하지 않을 수도 있었다. 교모세포종이 면역반응이나 다른 치료를 거부하기로 악명 높은 점도 문제였다. 교모세포종은 엠푸사*다. 계속해서 모습을 바꿔가며 우리를 인간답게 만드는 것들을 잡아먹고 밀쳐낸다. 다른 암이라고 가만히 있는 것은 아니지만, 헨리의 말에 따르면 교모세포종은 치료에 맞서 빠르게 진화하고 적응하는 능력이 남다르다. 잠깐 속도를 늦출 수는 있으나 호시탐탐 다음 기회를 노린다.

그러나 어쩌면 이번만은 종양이 실패할지도 몰랐다.

세포를 추출하는 동안 고르게 호흡하는 아내를 지켜보면서, 나는 눈앞에서 펼쳐지는 과학과 사랑의 융합을 목격했다. 삶을 박살내는 질병을 고치기 위해 과학자들이 셀 수도 없이 많은 시간에 걸쳐 희망과 꿈과 욕망을 쏟아부은 결과물이 아내의 혈관으로 들어가고 있었다. 과학에 감정과 인간성을 결부할 때 그 힘이 얼마나 강력한지 새삼 실감했다.

내가 아는 최고의 과학자들은 직업적인 야망보다 더 근본적인 이유로 연구에 몰입했다. 그들은 과학을 사랑했다. 그러한 애착이 있기에 그들이 실천하는 과학에는 감정이 스며든다. 로봇 같은 과학자 이미지나 엄격성을 위해 감정을 배제해

---

* Empusa. 그리스신화 속 변신 능력을 지닌 괴물.

야 한다는 주장은 솔직히 말해 터무니없다. 내가 처음 과학 연구를 접해본 것은 학부생 때였다. 당시 지도교수였던 진화생물학자 폴 이월드는 진화론이 우리 일상에 관해 무엇을 말해주는지 설명할 때 얼굴이 눈에 띄게 환해지며 행복에 겨운 듯한 표정을 지었다. 그로부터 몇 년 후 나는 박사과정 지도교수이자 생태학자인 피터 비투섹과 함께 하와이 화산을 연구했다. 피터는 길고 구부러진 주황색 부리를 가진 빨간색 새가 오히아 레후아 나뭇가지를 총총 뛰어다니는 모습을 가리키며 함박웃음을 지었다.

"이이비."* 피터는 그 새의 이름을 꼭 이-이-비라고 발음했다. "저 새를 보다니 운이 좋군."

피터는 새가 날아가는 모습도 미소를 띤 채 관찰했다. 그런 뒤 우리가 서 있는 곳의 역사와, 그 역사가 지금 우리가 보는 것들을 어떻게 설명해주는지 이야기했다. 그가 마지막에는 이런 말을 했던 기억이 난다. "이런 일을 하면서 돈도 번다니 믿을 수 없어."

나처럼 피터도 하와이에서 자랐다. 그날 그는 하와이 자연지형의 비밀을 풀어내는 일이 그의 본질과 닿아 있다는 사실을 고스란히 보여주었다. 하와이를 더 깊이 알고 싶다는 그의 욕구는 그 땅을 향한 깊은 사랑에서 비롯되었다.

과학사에서 유명한 발견의 순간에는 거의 예외 없이, 간절히

---

* Tiwi. 이이위, 혹은 꿀먹이새라고도 불리는 하와이의 새.

찾고 싶은 대상이나 해법에 열정을 바친 사람이 존재한다. 찰스 다윈은 일찍이 학교 공부에 흥미를 잃었으나 자연 세계에 대한 배움이라면 만족을 몰랐다. 실마리를 찾으면 뛸듯이 좋아했다고 한다. 반대로 찾지 못하면 실의에 빠졌다. 유명한 탐사 여행 도중 하루는 지질학자 찰스 라이엘에게 편지를 썼다.

오늘 나는 정말이지 한심하고 아주 멍청하며 모든 게 지긋지긋합니다. 인간은 실수하려고 사는 존재인가봅니다. 머리출판사와 계약한 책이 있어서 난초를 주제로 글을 쓰려는데 오늘은 난초가 세상 무엇보다 싫군요.

그런데 얼마 지나지 않아 편지들에는 다시 낙관이 묻어났다. 주변의 경이로움을 관찰했기 때문이었다.

노벨 생리의학상 수상자인 바버라 매클린톡**은 이런 유명한 말을 남겼다. "나는 나의 옥수수들을 속속들이 알며, 그 앎에서 굉장한 기쁨을 얻습니다." 우리 가족의 삶이 뒤집히고 과학을 바라보는 내 시야가 바뀌기 한참 전에 칼 세이건은 과학과 세상을 잇대려는 무한한 열정을 보이며 일찍이 내게 길을 제시했다. 그의 책 『악령이 출몰하는 세상: 과학, 어둠 속

** 1983년 노벨 생리의학상을 수상한 미국의 과학자이자 세포유전학자이다. 옥수수의 한 세대에서 다음 세대로 유전 정보가 억제되고 발현되는 구조에 대한 이론을 개발했다.

의 촛불』에 이런 문장이 나온다.

과학은 영성과 양립할 수 있을 뿐 아니라 영성의 심오한 원천이다.

나는 아직 그 단계까지 이른 것은 아니었다. 하지만 과학에 대한 믿음을 되찾아가고 있었다. 다이애나가 뇌종양을 진단받은 직후에는 믿음이 흔들리기도 했다. 하지만 다이애나가 맞게 될 백신은 기적으로 가는 길인 동시에, 수십 년간 고생하며 열정을 바친 과학자들의 노력이 없었다면 애초에 불가능한 성과였다. 나는 그 과학자들이 누구인지 평생 알 수 없을 테지만, 그들은 숱한 장애물을 만나면서도 끝까지 포기하지 않았다. 그날 밤 집으로 돌아가는 길, 내면에서 자신감이 새롭게 샘솟았다. 일주일에도 수십 번씩 중얼댔던 "종양 까짓 것 엿이나 먹으라지"라는 말에도 전과 달리 자신감이 붙었다. 결국 다이애나 귀에 들릴 만큼 커지고 말았다.

"방금 뭐라 그랬어?"
"종양보고 엿이나 먹으라고 했어."
아내가 잠시 나를 바라봤다.
"왜?"
"정중한 작별인사는 들을 자격도 없는 것들이니까."

15
받아들임

    네바가 종양 진단을 받고 5년이 지났을 무렵, 나는 다큐멘터리 시리즈 〈과학이 해주는 말Let Science Speak〉에 출연하게 되었다. 제작진은 "인간으로서 과학자들을 조명하고, 그들의 진짜 이야기를 보여주고, 그들의 정신과 마음에 주목하는 것"이 제작 의도라고 했다. 나에게는 다이애나와 네바의 사연을 소개하며 과학자 부부로서 가족 내에서 발병한 암과 직면해 어떤 경험을 했는지 들려달라고 했다. 프로그램을 기획한 크리스틴 어리나는 홍보 회사에서 임원까지 맡았다가 물러나며 자신의 전문성을 통해 사회에 이바지하고자 했다. 크리스틴은 과학과 과학자가 무시당하고 비현실적으로 그려지는 데 넌더리가 난다고 했다. 크리스틴의 말은 일리가 있었다. 화면 속 과학자들은 내가 아는 현상의 현실을 거의 반영하지 않는다.
    몇 년 전 X(구 트위터)를 사용하는 과학자들 사이에서는 할

리우드가 과학을 묘사하는 방식을 익살스럽게 조롱하는 것이 유행했다. 초현실적으로 똑똑해서 뭐든 해결하는 과학자부터 실제 인간에게 공감하지 못하는 괴짜 과학자, 거의 모든 여성 과학자가 섹스 심벌 취급받으며 결국 남자의 도움 없이는 문제를 해결하지 못하는 인물로 그려지는 뻔한 설정까지, 온갖 주제를 비꼬는 글이 줄줄이 올라왔다. 그중에서도 가장 흔한 주제는 이러했다. 아무도 믿어주지 않지만 눈앞에 닥친 문제를 해결할 기적의 답을 발견해내고야 마는 과학자. 그런 인식이, 과학을 해답과 해결책의 원천으로만 한정하고 그것들을 발견하지 못하면 실패라고 치부하는 시각을 강화한다.

그런데 소셜미디어에서도, 영화에서도 다뤄지지 않는 과학자의 모습이 있다. 바로 받아들임이다. 이는 할리우드 영화에서처럼 과학자가 임박한 위험을 알리려 절박하게 애쓰지만 공허 속에 외치는 꼴이 되어 체념하는 것과 다르다. 내가 말하는 받아들임이란 과학이 있는 그대로의 세상에서 평온을, 나아가 기쁨을 찾는 방법이라는 사실을 보여주는 것이다. 할리우드 영화 중에서는 〈쥐라기 공원〉 속 배우 제프 골드블룸의 간단한 대사가 이를 가장 가깝게 표현하지 않았나 싶다. "생명은 살길을 찾아냅니다."

과학의 맥락에서 받아들임은 삶에 고난이 닥쳤을 때 체념한다는 의미가 아니다. 우리가 저항하지 않는다면 과학이 거의 모든 단계마다 미묘하고 예측할 수 없는 것들, 좋기도 나쁘기도 할 미래의 여러 가능성을 직시하도록 우리의 마음을 훈련시킬 수 있다는 뜻이다. 암은 맞서 싸워야 할 대상으로 규정되는 경우가 허다하다. 그리고 그 맞서 싸워야 한다는 생각 자체가 스트레스를 유발한다. 스트레스를 절대 피해야 하는 상황임에도 말이다. 스트레스는 질병을 치료하고 당면한 문제를 해결하는 능률을 떨어뜨린다. 다이애나는 다른 길을 선택했다. 바라는 결과를 위해 필사적으로 싸우면서도 마음을 편히 먹는 것이 자신에게 유리한 쪽으로 승산을 높이는 방법이라는 사실을 알았다. 삶과 삶의 불가피한 마지막에 다이애나처럼 접근한다는 것은, 그럼에도 승산이 없을 수 있음을 받아들인다는 의미였다. 나는 여름 막바지에 이 사실을 배워갔다.

  7월에 촬영한 MRI 결과에서도 다이애나의 뇌종양이 더 자라지 않은 것이 확인되었다. 우리 가족은 볼더에 다녀오기로 했다. 그곳에서 아내는 건강하고 강인해진 느낌이라며, 급기야 산악용 자전거를 빌려 예전에 자주 갔던 곳들을 돌아다니겠다고 했다. 그러다 한번은 자전거 위에서 중심을 잃고 쓰러졌고, 다리에서 피가 철철 흘렀다. 먹고 있는 약 때문에 피가 잘 굳지 않을 위험이 있었는데도 아내는 괜찮다며 손을 저었다. 그러더니 아무렇지 않게 티셔츠를 찢어 다리를 동여맨 뒤 다시 자전거에 올라탔다. 내가 말려도 이렇게 말할 뿐이었다. "뭐 어때? 어차피 스포츠브라도 입었는데. 그리고 여기서 피 흘리다 죽는대도 그렇게 나쁠 것 없어."

  그날 저녁 우리는 옛친구들과 둘러앉아 먹고 마셨고 함께 웃었으며 조금 울기도 했다. 저녁 자리가 끝나 네바를 안고 나오니 볼더의 석양이 어두워진 플랫아이언스의 뾰족한 윤곽 위 새털구름 조각을 붉게 물들이고 있었다. 나는 본능에 끌리듯 호텔로 돌아가는 길을 이탈해 사우스볼더를 지나 국립대기연구센터 주차장으로 들어갔다. 우리는 네바가 잠든 차에 가만히 앉아 있었다. 서서히 어둠이 내려앉으며 도시 불빛 위로 별들이 점점 환하게 모습을 드러냈다. 다이애나가 불쑥 미래에 대한 이야기를 꺼냈다.

"콜로라도로 돌아와야 할 것 같아. 혹시 내가 돌아오지 못하더라도 당신이랑 네바는 꼭 돌아와. 다시 여기에 정착하는 게 좋겠어."

나는 다이애나가 암시한 가능성을 차마 받아들이고 싶지 않아 잠깐 침묵했다. 그렇지만 내심 아내의 말이 옳다는 생각이 들었다. 결국 짧게 대답했다. "알았어."

아내가 계속 말을 이었다.

"여기로 돌아오기 전에 내가 떠난다면 당신이 콜과 거스를 해줘."

"뭐?"

"『외로운 비둘기Lonesome Dove』에 나오는 콜과 거스."

다이애나가 창문 너머 우리의 옛집이 있을 방향을 손으로 가리켰다.

"나를 저기 묘지에 묻어줘. 언덕 아래 국립표준기술연구소 뒤편 묘지에."

래리 맥머트리의 소설 『외로운 비둘기』의 유명한 후반부를 보면, 죽어가는 거스 매크레이가 평생의 친구 콜에게 자신이 세상을 떠나거든 몬태나주 동쪽 마을에서 무려 3200킬로미터 떨어진 곳에 자신을 묻어달라고 부탁한다. 콜은 거스의 사후 계획을 자세히 이야기하는 것을 달가워하지 않는다. 나 역시 반발심이 들었고 내키지 않았다. 나는 이렇게 물었다.

"어차피 이겨낼 테니 이런 이야기는 필요 없어. 그런데…… 왜 하필 저기야?"

"그 묘지 위쪽 모퉁이 길이 내 테스트 코스였거든."

"무슨 코스?"

"체력을 확인할 때 매번 뛰던 길이었어. 메사트레일까지 쭉 달리는 거야. 몸 상태가 좋을 때는 거뜬해. 아닌 날은 더럽게 힘들고."

더 긴 침묵이 흘렀다.

"꼭 약속해줘. 거스가 한 말처럼, 이건 당신을 위해서이기도 해. 말수레로 끌고 와달라는 것도 아니니까 욕하지 말고."

나도 모르게 픽 웃음이 났다.

"알았어, 알았다고! 그럴 일은 없겠지만…… 약속해."

이후 침대에 나란히 누웠을 때, 다이애나는 한동안은 아까 그 묘지에 묻힐 생각이 없노라고 말했다. 그냥 만일의 사태를 대비하는 것이라고. 하지만, 그 계획을 가동하기까지 오랜 시간이 걸리지 않았다.

8월에는 MRI실로 들어가는 네바에게 작별의 입맞춤을 할 시간이 다시 돌아왔다. 작은 가운만 몸에 걸친 아이는 기린 인형을 꼭 붙들었다. 검사 후에는 예전처럼 우리가 막 깨어난 아이 곁을 지키며 아이에게 물과 골드피시 크래커를 주었고, 정맥주사를 빼는 동안 씩씩하고 의젓하게 참도록 보살폈다. 그리고 천천히 병실에서 데리고 나와 아이스크림 가게로 향했다. 검사 후 아이스크림 먹기는 어느새 우리 가족의 전통이 되어 있었다. 결과 판독 이후 좋은 소식을 듣는 것도 마찬가지였다.

그런데 이번에는 아니었다. 암 전문의가 간호사에게 네바를 복도로 데려가 놀게 하자고 한 순간, 우리는 무슨 말을 들을지 직감했다. 아이가 나가자마자 내가 물었다. "많이 나쁜가요?"

의사는 우리가 여러 차례 본 흑백사진을 화면에 띄운 뒤 걱정할 일은 아니라고 했다. 종양이 새로 자라기는 했으나 크기가 작으니 당분간은 MRI 촬영 횟수를 늘려 지켜보자는 것이었다. 자라난 종양이 당장 위협을 가하지 않으니 다른 치료 계획을 세울 이유도 없었다. 하지만 우리는 그 상황의 의미를 모르지 않았다. 두개인두종은 자라기 시작하면 멈추지 않는다. 조만간 조치가 필요할 터였다. 우리는 다 괜찮다고 네바를 달래며 또 한번의 충격을 애써 추슬렀다.

이틀 후 헨리에게 검진받는 자리에서 다이애나의 종양이 둘 다 자라났다는 소식을 들었을 때의 충격은 훨씬 더 엄어마했다. 헨리는 수술로 제거할 수 없는 뇌간 쪽 종양을 특히 염려했다. 불과 몇 주 만에 상당한 크기로 자랐다고 했다. 헨리는 단도직입적이었지만 이제 백신을 한 번 맞았을 뿐이라는 사실을 상기시키며 충격을 완화하려 했다.

"백신을 투여해놔서 다행이에요. 이제 백신이 할 일이 생겼네요."

하지만 헨리의 말은 우리 귀에 들어오지 않았다. 나와 다이애나는 의자에 뿌리박힌 듯 앉아 말없이 서로를 바라볼 뿐이었다.

그날 밤 우리 가족은 소파에 서로 몸을 딱 붙이고 앉아 시간을 보냈다. 우리는 네바에게 책을 읽어주었고, 몸이 변화를 감지했는지 칭얼대며 우는 네바를 안아주었다. 우리도 조금 눈물을 흘렸다. 이번에는 다 괜찮다고 달래는 대신, 삶은 때로 힘들지만 우리는 사랑으로 이겨낼 수 있다고 말해주었다. 나는 우리가 처음으로 솔직하게 아이를 대한다는 느낌을 받았다.

다음날 다이애나는 몇 달 만에 처음으로 연구를 전혀 하지 않고 하루를 보냈다. 대신 딸을 공원으로 데리고 가서 한 시간 가까이 그네를 타고 놀다가 돌아와 함께 색칠공부를 하고, 책을 읽고, 그런 다음 생전 안 하던 행동을 했다. 바로 실컷 낮잠을 잔 것이다. 네바도 엄마 품에 안겨 눈을 붙였다. 나는 방 맞은편 안락의자에 앉아 잠든 아내와 아이를 내내 바라보았다.

그러나 그다음날은 다시 예전의 다이애나로 돌아왔다. 아침부터 연구실에 가겠다고 했다. 그다음주에 사우스캐롤라이나에서 열리는 친구 결혼식에도 참석하고 싶어했다. 우리는 체임버스 가족에게 네바를 맡긴 뒤 정말로 사우스캐롤라이나로 갔다. 주말 내내 다이애나의 유년기 친구들과 어울리며 따뜻하고 잔잔한 바닷가에서 헤엄치고 피로연에서 춤도 췄다. 다이애나는 나와 붙어 있을 새 없이 옛 인연들의 품에서 품으로 옮겨다니며 춤추기에 바빴다. 정신없었지만 참 행복했다. 슬슬 오른팔을 잘 못 가누겠다는 다이애나의 실토에 조금은 마음이 아팠지만. 또 아내는 말하고 싶은 단어를 떠올리는 데 애를 먹는 것 같기도 했다.

"드문 일은 아니에요." 다이애나가 새로 생긴 증상을 전하자 민이 말했다. "하지만 더 나빠질 수 있으니 대응 치료를 바로 시작하는 게 좋겠어요. 언어와 운동 제어 훈련요. 제가 준비할게요."

그 말은 아이패드에 언어 및 운동 훈련 앱을 잔뜩 설치하고, 듀크대학교 병원의 다른 시설을 꾸준히 방문해야 한다는 뜻이었다. 그곳에서 다이애나는 각종 검사를 받았다. 그러다 결국 진절머리를 내며 집에 가자고 했다.

"당장은 받고 싶지 않아. 상태가 아주 심각하지도 않고. 나 지금도 멀쩡하게 달리고 타이핑도 하는데."

내가 걱정 가득한 표정으로 다이애나를 보았다.

"정말이야? 민은 미리 대응하는 게 좋다잖아."

"응, 알아. 그렇지만 내가 우울해져. 나는 기분좋아지는 일만 하고 싶어."

다이애나는 듀크대학교 해양연구소에서 여는 연례 트라이애슬론 대회의 마지막 구간을 달리는 것으로 자기 말을 증명했다. 우리는 대회 직전 한 수영 선수와 팀을 꾸렸다. 내가 자전거 구간을 맡았다. 나는 해양연구소의 갈색 외벽과 바다 사이에 놓인 파이버스아일랜드 로드의 한 구간을 따라 달렸고, 출발선이자 완주선인 지점에서 다이애나의 손을 터치했다. 아내는 내가 막 완주한 곳에서부터 달리기 시작했다. 앞에 따라잡을 참가자가 한 명 있었다. 아내는 마지막 800미터쯤을 남겨두고 추월에 성공했다. 홀로 결승선을 통과해 우리 팀에 승리를 안겼으며 네바와 나란히 손을 잡고 몇 미터를 함께 뛰었다. 대회 후 연회 자리에서 다이애나는 사실 마지막에 잠깐 눈이 보이지 않았다고 털어놓았다. 그래도 얼굴에는 뿌듯함이 역력했다.

우리는 집에서 예전의 일상을 되찾으려 노력했다. 다이애나는 연구실에 출근하겠다며 자꾸만 언어와 운동 치료를 미뤘다. 아내가 오른손을 반복적으로 떠는 것을 보았지만, 트라이애슬론 대회에서 굉장한 모습을 보인 후였으니 트집을 잡기도 쉽지 않았다. 한편 아내는 작년에 그랬던 것처럼 네바에게 필요한 치료법을 물색했다. 지난번 독일에서 만난 의사들에게 의견을 구했으며 토드에게도 다시 연락했다. 그는 우리에게 뜻밖의 희망을 주었다.

"나도 지금은 기다리는 게 최선이라고 생각해요. 하지만 결단해야 하는 때가 온다면 무조건 방사선치료만 고려할 필요는 없어요. 보통은 그 방법을 권할 거예요. 뇌수술을 두 번 받는 건 훨씬 심각한 일이니까요. 수술이 반드시 옳은 선택이라는 보장도 없죠. 다만 네바는 첫번째 수술 후 경과가 아주 좋았으니 비강을 통해 재수술을 진행해도 큰 위험은 없을 것 같네요."

'뇌수술을 고려해도 된다'라는 의견이 반가운 소식처럼 들린다니 이상한 일이다. 하지만 그것은 방사선으로 인한 부수적인 위험을 피하면서 종양을 모두 제거할 기회가 네바에게 생겼다는 의미였다. 그리고 때가 되어 수술을 받아야 하는 순간이 오면 이번에도 토드에게 맡길 방법을 찾아야 한다는 의미이기도 했다. 그렇게 볼더로 돌아가자는 이야기에 다시 불이 붙었다.

다음날 아침, 나는 우리가 각자 근무하는 건물 사이 주차장에서 다이애나를 연구실까지 바래다준 뒤 내 연구실로 향했다. 그리고 한 시간도 되지 않아 다이애나에게 전화를 걸어 혹시 커피 생각이 있는지 물었다. 아닌 척 은근히 상태를 확인하려는 얕은꾀였다.

"좋지. 자기가 가져다줄래?"

"곧 갈게. 어디 아픈 데는 없지?"

"응, 그냥 무지 피곤해. 이유는 모르겠어. 커피를 마시면 좋을 것 같아."

내가 도착했을 때 다이애나는 기다란 인조가죽의자에 눈

을 감고 누워 있었다. 처음에는 잠깐 눈을 붙이는 줄 알았다. 그런데 얼굴을 잔뜩 찌푸린 채, 왼손으로 오른팔을 부여잡고 있었다. 나는 황급히 커피를 내려놓고 다가갔다.

"여보, 왜 그래?"

"몰라. 팔이 아프고 마비되는 것 같아. 다리도 그래."

"알았어. 제길. 헨리나 민에게 연락할까?"

"글쎄. 아마도."

내가 전화기를 찾는 동안 일차 경련이 시작되었다. 전처럼 격하지는 않았으나 수그러들 줄 몰랐다. 아내의 팔다리가 주체할 수 없이 흔들렸다. 아내는 공포에 질려 눈을 부릅뜬 채 왼손으로 의자 팔걸이를 붙들었다. 911에 전화를 거니 듀크대학교의 내부 비상전화 교환실로 연결되었다.

"아내가 뇌종양을 앓고 있는데 지금 발작을 일으키고 있어요. 생물학과 건물입니다."

"연구실 번호가 어떻게 되나요? 바로 사람을 보내겠습니다. 담당 의사 성함은요?"

나는 대답한 뒤 전화를 끊고 곧장 헨리와 민에게 메시지를 남겼다. 다이애나는 계속 몸을 떨었고, 나는 어떻게든 아내를 진정시키려고 노력했다.

"지난번 기억하지. 괜찮을 거야. 원래 이런 일이 있다잖아. 긴장 풀어. 사람들이 곧 온대."

하지만 아니었다. 20분이 지나도록 대원들은 도착하지 않았다. 다이애나는 경련을 멈추지 않았다. 우리 둘 다 점점 불안해졌다. 경련은 조금 잠잠해지다가도 갑자기 격해지며 이어졌다. 나는 911에 두 번 더 전화했다.

"대체 어딥니까?"

마침내 젊은 남자 둘이 연구실로 들어왔다. 알고 보니 응급구조사가 아니라 듀크대학교 보안팀 소속으로 응급구조사들이 도착할 때까지 우리를 도우러 온 것이었다. "지금 장난해요?" 절로 큰 소리가 나왔다.

하지만 두 사람은 친절했고 뒤이어 도착한 응급구조사들도 굉장한 실력을 발휘했다. 한 명은 곧바로 주사기와 약병을 꺼내 준비하기 시작했다. 다른 한 명은 다이애나 옆에 앉아 차분하게 질문했다.

"다이애나, 제 말 들려요?"

아내는 끄덕인 뒤 작게 "네" 하고 대답했다.

"아시겠지만 지금 발작이 일어나고 있어요. 문제는 오래 지속되고 있다는 것이죠."

그가 나를 돌아보았다.

"30분째라고 했나요?"

"네."

그가 다시 다이애나에게 몸을 돌렸다.

"오는 길에 프리드먼 박사와 연락했어요. 그분은 우리가 다이애나를 병원으로 모셔갔으면 하는데, 괜찮아요?"

다이애나가 고개를 끄덕였다.

"일단 경련을 멈출 약을 투여할게요. 효과가 있는지 몇 분

지켜보다가 병원으로 이송할 거예요."

또 한번의 끄덕임.

발작은 마침내 멈추었다. 응급구조사들이 아내를 바퀴 달린 들것에 태운 다음 생물학과 건물 복도를 지나 밖에 대기중인 구급차로 이송했다. 번쩍이는 노란색 벨트로 고정된 아내는 기진맥진해서 눈을 감고 있었다. 지나가는 길에 우리 부부 모두와 알고 지내는 대학원생들을 마주쳤다. 학생들은 들것이 지나가도록 벽에 딱 붙어 길을 터주면서 충격과 슬픔, 그리고 뭐라 말을 건네야 할지 몰라 망설이는 모습이 뒤섞인 표정으로 우리를 바라보았다. 나는 마지못해 "괜찮아요"라고 그들을 안심시켰다.

하지만 괜찮지 않았다. 구급차에 함께 올라타 듀크대학교 응급실로 가는 짧은 시간 동안, 나는 우리가 돌이킬 수 없는 지점을 건넜다는 끔찍한 느낌을 받았다. 불과 2주 만에 아내는 오른팔을 거의 쓸 수 없게 되었다. 오른다리도 힘을 잃었다. 말하는 것도 눈에 띄게 힘들어했다. 나는 백신을 맞아 면역반응으로 잠시 뇌에 부종이 생긴 것이라는 희망에 매달렸다. 그러한 부작용이 일시적으로 일어날 수 있는 가능성은 이미 밝혀진 사실이었다. 하지만 아내는 생각이 다른지 다시금 진지하게 앞으로 일어날 일에 대한 대화를 강요하기 시작했다.

"여보, 내가 더 나아질 것 같지 않아."

"제발 그런 말 하지 마. 포기하지 마."

아내는 눈을 반짝이며 대꾸했다. "내가 언제 포기하는 거

봤어?"

"미안. 맞아. 이건 백신 반응인지도 몰라."

"알아. 그럴 수 있지. 하지만 이제 현실을 받아들여야 해. 가능성을 말이야. 지금 이건 그런 게 아니야."

아내는 느리게 더듬거리며 말을 이었다. 마치 단어 하나하나를 안에서 억지로 끄집어낸 다음 끈적한 통로 바깥으로 밀어내는 것처럼.

"당신. 나랑. 약속해. 네바와. 잘 살겠다고."

나는 눈물을 삼키며 이미 대답을 알고 있는 질문을 할 수밖에 없었다. "그게 무슨 뜻이야?"

"그러니까. 포기하지 마. 나. 나는."

긴 정적이 흘렀다.

"죽고 있어. 당신은. 계속 살아. 새로운 짝도. 만나."

"그런 이야기는 하고 싶지 않아."

"그래. 그렇지만. 당신…… 꼭…… 그래야 해. 네바를. 위해서도. 약속해. 나랑."

나는 힘없이 고개를 끄덕이며 젖은 눈으로 아내를 바라보았다. 언제나처럼 기운을 차리게 해주는 건 아내였다. 아내는 왼손으로 벽난로 선반 위 작은 하얀색 상자를 가리켰다. 상자는 동물 발바닥 무늬가 그려진 회색 리본으로 묶여 있었다. 네바가 갓난아기일 때 세상을 떠난 반려견의 유골함이었다. 아내는 또 눈을 반짝이며 나를 보았다.

"약속. 안 지키면. 나 돌아온다. 그리고. 저 안에서…… 우리…… 핏불테리어랑…… 평생 당신 괴롭힐 거야."
 나는 울다 웃으며 아내를 껴안고는 정말 못 말리는 골칫덩이라고 말해주었다.

16
연결

 상관관계는 인과관계가 아니다. 우리는 늘 이런 말을 듣는다. 이는 과학 법칙이었다가 일반적으로 통용되는 말로 자리 잡았다. 그런데 우리는 자꾸만 이 법칙을 무시한다. 인간은 본능적으로 패턴에서 원인을 추론한다. 과학자도 이런 함정에서 자유롭지 않다. 과학자처럼 생각한다는 것은 관찰하고 패턴을 찾아내고 그 원인을 파악한다는 의미다. 그런데 원인을 파악할 때는 매우 신중해야 한다.
 왜? 우리는 모두 인간이기 때문이다. 우리는 패턴을 발견할 뿐 아니라 선입견을 강화하는 정보를 편향되게 수집하도록 진화했다. 종종 무의식적으로 그렇게 행동한다. 우리 모두에게는 일명 확증편향이라는 것이 내재한다. 그래서 과학의 어떤 토대는 잘못된 인과추론에 빠지지 않으려고 방향을 역으로 트는 일종의 곡예를 벌였다. 철학자 데이비드 흄은 우리가 인과관계를 절대 입증할 수 없다고 주장했다. 철학자 칼 포퍼도 우리가 아무것도 증명할 수 없다는 데 동의했으며 단지 반증할 수만 있다고 했다. 그 결과 과학 분야에서 통계 표준은 매우 이상한 임무를 수행하게 된다. 데이터 집합에 상관관계가 없음을 (특정 확률을 기준으로) 반증하는 것이다. 설마 싶겠지만 정말이다. 과학자처럼 생각한다는 것은 때로 무척이나 혼란스럽다.

상관관계와 인과관계의 함정을 효과적으로 증명하는 일은 권위를 높이 인정받는 '날아다니는 스파게티 괴물교'*에 맡겨 두자. 기후가 왜 올라가는지 알고 싶다고? 파스타파리안은 해적 인구 감소에서 이유를 찾으라고 말한다. 세계 해적 인구가 꾸준히 감소하는 동안 지구 평균 기온은 가차없이 상승했다. 우연 아니냐고? 파스타파리안은 그렇게 생각하지 않는다.

웃기는 농담 같겠지만 인과관계의 함정에 빠져 온 사회가 더 나쁜 방향으로 치닫는 심각한 경우가 실제로 존재한다. 백신 부정론부터 바이러스 기원 음모론까지 코로나19를 둘러싼 최근의 사례들은 치명적인 오도의 기나긴 목록 끝에 자리할 뿐이다. 암울하고 때로는 쓴웃음을 자아내는 이 목록에는

---

* Church of the Flying Spaghetti Monster. 2005년 미국 캔자스주에서 창조론자들이 지적설계가설을 학교 필수과목에 포함시켜야 한다는 주장을 펼친 데 반박하는 과정에서 오리건주립대학교 물리학과 학생이었던 바비 헨더슨이 "지적설계를 가르치려면 '날아다니는 스파게티 괴물'도 가르쳐야 한다"는 항의 서신을 보내면서 널리 알려진 패러디 종교. 이 종교의 신자를 '파스타파리안'이라 일컫는다.

한때 사람들이 아파서 열이 나는 사람에게는 이가 옮지 않는다는 이유로 이가 건강에 이로운 곤충이라고 믿었다는 사례도 포함된다. 사실은, 이가 열이 나는 몸을 좋아하지 않기 때문으로 밝혀졌다.

상관관계와 인과관계를 둘러싼 논쟁은 기후과학 분야에서도 활발하다. 대표적인 패턴 중 하나는 남극과 그린란드의 빙하코어 안에서 발견된다. 이는 지구가 빙하기를 넘나드는 동안 대기 중 이산화탄소 농도와 지구 기온이 긴밀히 맞물려 상승하거나 하강하는 현상이다. 확고한 상관관계는 미미한 기후변화에도 유지된다. 그러나 이것만으로는 이산화탄소가 증가하면 지구가 뜨거워진다는 인과관계를 증명할 수 없으며 기후과학자들도 이 점을 잘 안다. 온실가스와 그것이 유발하는 대기 가열의 관계는 기본적인 물리 실험을 통해 증명할 수 있다.

앞서 말한 현상을 온실효과라고 부른다. 우리가 아는 온실처럼 작동하기 때문이다. 대기를 통과한 짧은 파장의 태양복사는 지표면을 달군다. 달궈진 지구는 긴 파장의 적외선복사를 대기로 방출한다. 온실가스는 그 열을 붙잡아 다시 지표면으로 보낸다. 사실 온실효과가 아예 없으면 우리 지구는 커다란 얼음덩어리가 되어 인간이 살 수 없는 곳이 될 것이다. 온실가스는 대부분이 수증기로 이뤄져 생명체가 번성하게 해주지만 이산화탄소, 메탄, 아산화질소 같은 다른 온실가스의 영향도 무시할 수 없다. 문제는 우리가 그런 가스를 너무 많이,

너무 빨리 대기에 방출하면서 비롯된다.

  인류가 이 문제를 얼마나 일찍부터 알았는지 알게 되면 학생들은 놀라곤 한다. 19세기 중엽, 아마추어 과학자 유니스 푸트와 아일랜드 물리학자 존 틴들은 각자 간단한 실험을 통해 이러한 관계를 증명했으며, 나아가 온실가스 농도가 올라가면 지구가 뜨거워지리라는 것을 예측하기까지 했다. 과학계에서 비일비재한 일이지만 결국 공을 인정받은 것은 남성인 틴들이었다. 그러나 사실 푸트는 틴들보다 3년 앞선 1856년에 자신의 연구를 완성했다. 푸트는 '그냥 공기', 이산화탄소, 수증기를 각각 담은 유리 용기들을 햇빛에 노출했다. 그 결과 그냥 공기가 담긴 용기보다 이산화탄소와 수증기를 담은 용기가 훨씬 빨리 뜨거워졌다. 이제 우리는 그러한 차이가 햇빛 자체 때문이 아니라 적외선복사가 온실가스 분자의 결합 구조와 상호작용하기 때문이라는 사실을 안다.

  여기 어디에 상관관계와 인과관계의 함정이 있는 것일까? 함정은 기후변화 부정론자들이 자주 들이미는 논거에서 모습을 드러낸다. 빙하코어에 기록된 기온과 이산화탄소의 증감을 비교해보면 먼저 변하는 쪽은 거의 언제나 기온이다. 그렇다면 결론은? 기온 상승이 이산화탄소 증가를 유발하는 것이지 그 반대가 아니라는 것이다! 부분적으로는 틀린 주장이 아니기에 상황은 더 복잡해진다. 바다와 육지에서 일어나는 일련의 상호반응 때문에 실제로 대기 중 이산화탄소는 온난해질수록 증가하는 경향을 보인다. 하지만 결정적인 차이가 있다. 푸트와 틴들, 그리고 이후 여러 과학자의 노력 덕분에 우리는 이산화탄소가 대기를 가열하는 순환 고리를 만들고 전체 과정을 가속화해 정말로 온난화를 유발한다는 사실을 알고 있다.

우리는 종종 실수로 인과관계 함정에 빠진다. 때로는 그런 함정을 의도적으로 이용하기도 한다. 기후과학을 둘러싼 갈등이 보여주듯 말이다. 그리고 어떤 때는 그런 함정이 우리의 마음을 무너뜨린다. 네바와 나에게 일어난 일처럼.

다이애나는 연구실에서 발작을 일으킨 후로 상태가 급격히 나빠졌다. 하루하루가 지날수록 키보드를 두드려서든 입을 움직여서든 머릿속에 있는 말을 꺼내기 힘들어했다. 말이 더뎌지고 자꾸 끊겼으며, 단어 하나를 발음하는 것조차 눈에 띄게 버거워했다.

한번은 다이애나가 침실에서 거실로 내려오는 계단에서 넘어졌다. 내려오고 싶으면 꼭 나에게 알리라는 간청을 무시하기에 결국 계단에 보조 난간을 설치했다. 난간은 아내가 몸을 거의 쓰지 못하는 오른쪽에 있어서 내려올 때 사실상 도움이 되지 않았지만 적어도 올라갈 때는 쓸모가 있었고, 내가 무력감을 잠시나마 잊을 수 있게 할일을 주었다.

다이애나의 낙상 사고가 있고 얼마 후 내 아버지가 편도 비행기표를 끊어 몬태나주로 와서 우리집 손님방에 짐을 풀었다. 어떻게든 우리 가족을 돕기 위해서였다. 한번은 오후에 밖으로 나가보니 네바가 일흔다섯 살 된 할아버지와 트램펄린에서 신나게 뛰고 있었고, 다이애나는 근처에 앉아 있었다. 네바는 엉덩방아를 찧었다가 두 발로 방방 뛰다가 자기 엄마를 바라봤다.

"엄마! 같이 뛰어요!"

내가 말리려고 했으나 다이애나가 왼손을 들더니 천천히 의자에서 일어났다.

"좋지. 아가. 계단에…… 오르게…… 도와줄래?"

네바가 트램펄린에서 내려와 다이애나의 왼손을 잡고 부축했다. 아내는 매트와 스프링 사이 좁은 틈을 힘겹게 건너 겨우 두 발로 섰다. 그리고 딸과 함께 뛰기 시작했다. 오른팔로는 거의 균형을 잡지 못했고 왼팔은 네바의 손에 붙들린 채, 느리고 낮게 뛰는 아내는 곧장 넘어질 것 같았지만 끝내 넘어지지 않았다.

매일 아침 다이애나와 아버지는 듀크대학교 이스트 캠퍼스 길을 산책했다. 다이애나는 수술 직후 그랬듯 자신을 한계까지 밀어붙이며 어떻게든 한 바퀴를 다 돌고 오려고 했다. 로봇처럼 뻣뻣하게 오른다리를 놀리고 자갈길에 발을 질질 끄는 아내의 모습을 지켜보기란 힘들었다. 아버지는 그런 다이애나가 넘어지지 않도록 인내심 있게 왼팔을 부축하며 나란히 보조를 맞춰 걸었다.

산책을 마치고 돌아온 아내는 거실에 있는 갈색 가죽의자에 앉아 시냈다. 아이패드에 설치한 언어 훈련 앱을 만지작거리거나 멍한 눈으로 벽난로만 바라보았다. 가끔은 무언가를 읽으려고 했으나 쉽지 않았다. 그렇다고 영화나 TV를 보는 일은 못 견뎌했다. 이제 너무나도 귀해진 시간을 허비하는 행동이라고 생각하는 듯했다.

나는 아내를 만나고 처음으로 아내의 무한한 호기심이 사라지는 듯한 모습을 봤다. 아내는 우울해 보였다. 왜 그런지 이해하면서도 그 모습을 지켜보는 것은 끔찍했다. 나는 해결책을 찾으려 노력했으나 아내와 소통하기는 나날이 힘들어져 대체 어떤 방법이ー방법이란 게 있다면ー효과가 있는지 알기 어려웠다. 네바가 아내를 피하기 시작하면서 상황은 더 나빠졌다. 네바는 오른쪽 얼굴 일부가 마비된데다 언어장애까지 겪는 엄마를 무서워했다. 그 역시 이해가 갔으나 지켜보고 있으면 마음이 무너졌다.

나는 두 사람을 도울 방법을 찾기 위해 열심히 머리를 굴린 끝에 책을 소리 내어 읽어주는 것이 어느 정도 도움이 된다는 사실을 알게 되었다. 아내 책상에 쌓인 논문이나 책장에 꽂힌 책을 아내에게 보여준 다음 고를 수 있게 했다. 아내는 절반의 확률로 내가 글을 읽어주는 도중에 잠들곤 했다. 나는 그것을 아내가 긴장을 풀고 안정을 찾는 신호로 받아들였다. 가장 좋은 낭독 시간은 네바가 나설 때였다. 나는 네바에게 직접 책을 고르게 한 뒤 다이애나와 내가 있는 자리 맞은편 의자에 앉히고 낭독을 청했다. 아내는 네바의 낭독을 들으며 한쪽으로 구겨진 미소를 지었다. 네바도 두려움을 잠시 잊고 낭독 솜씨를 자랑스레 뽐냈다.

뇌종양 트라우마를 견딘 여섯 살짜리 소녀가 그와 같은 종양이 자기 엄마를 무섭게 바꿔놓는 것을 지켜보며 무슨 생각을 했을지, 지금도 감히 상상조차 할 수 없다. 아마 나는 평생 알 수도 없을 감정의 폭풍이 마음속에 사정없이 휘몰아치지 않았을까?

다이애나는 아홉 달 동안 자신에게 주어진 운명을 보란듯 뛰어넘으며 멋지고 씩씩한 모습으로 많은 이에게 놀라움을 선사했다. '우리와 함께하는 천사들' 달리기 대회 이후 수십 명에게 편지를 받기도 했다. 다이애나는 생판 모르는 사람들에게조차 영감을 주고 있었다. 그런데 그 모든 것의 원동력이었던 과학을 향한 호기심과, 원하면 언제든 그 호기심을 충족할 수 있는 능력이 잔인하게도 다이애나에게서 빠져나가고 있었다.

이렇게 연옥과 같은 나날을 보내는 동안 나는 일을 통해 나름의 안정을 찾고자 했다. 그러나 대체로 실패했다. 회의에 꼬박꼬박 들어갔지만 끝나고 나면 거의 아무것도 기억나지 않았다. 일상적인 문제에 과하게 반응하기도 했다. 모니터에 문서를 띄워놓고 멍하니 앉아 아무것도 하지 못하다가, 할일을 미루고 면역요법으로 인한 뇌부종 부작용에 관한 연구를 또다시 검색했다. 약간의 희망이라도 건지고 싶어서 문헌을 파고들었다. 결국은 포기하고 발길 닿는 대로 캠퍼스를 배회했다. 그러다 한번은 듀크가든에 다다랐다. 그러자 수술 날의 기억이 두서없이 머릿속으로 밀려들어왔다. 다른 날은 정신을 차리고 보니 생물학과 건물 앞이었다. 아내가 발작을 일으킨 후로 아내의 연구실은 아무것도 손대지 않은 채 그대로였다. 나는 알루미늄 벤치에 앉아 눈물을 훔쳤다.

백신 임상시험은 주사를 한 달 간격으로 세 번 맞도록 설계된 것이었다. 마지막 접종은 10월 말이었다. 아내는 비스듬히 누워 백신 투여의 고통을 참으며 숨을 골랐다. 이후 우리는 모퉁이를 돌아 다른 방에 가서 헨리와 민을 기다렸다. 두 사람은 곧 도착했다. 헨리는 언제나처럼 흰색 후드티를 입고 들어와 일단 나와 다이애나를 안아주었다. 그는 의자를 끌어당기며 곧바로 본론으로 들어갔는데, 예전보다 한결 조심스러웠다.

"자. 아직 우리가 바라는 결과는 나오지 않았어요. 하지만 끝난 게 아닙니다. 이번 백신의 결과를 지켜봐야 해요. 알았죠?"

다이애나는 고개만 끄덕였고 나는 처음이 아닌 질문을 이번에도 했다. "지금 이것도 면역반응일까요?"

어떻게든 인과관계의 땅에 작게라도 발판을 마련하고 싶었다. 나는 백신이 무슨 작용을 일으키는지 알았고, 백신 투여 후로 다이애나가 걱정스러운 증상을 여럿 보이기 시작했다는 것도 알았다. 나는 이 상관관계가 우리의 걱정을 덜어줄 인과관계로 밝혀지기를, 나아가 모든 일이 잘 돌아가고 있다는 증거이기를 바랐다. 하지만 증명할 방법이 없었다. 그리고 헨리는 나의 그런 희망에 약간의 찬물을 끼얹었다.

"그럴 수도 있죠. 아예 가능성이 없지는 않아요. 그런데 솔직히 말할게요. 만약 그렇다고 해도 증상이 예상보다 오래 지속되고 있어요. 하지만 가능성은 여전히 있죠. 그러니 이번 마지막 백신의 효과를 유심히 관찰하고 다음번 MRI 결과를 확인해봐야 해요."

"정밀검사는 언제 하나요?"

"아마 11월 말에요. 5주는 지나야 해요."

헨리가 다이애나를 보았다.

"좀 어때요?"

"뭐. 괜찮아요. 아뇨. 아니에요. 힘들어요."

"네, 그럴 겁니다. 훈련 치료는 받고 있지요?"

"아뇨."

"왜요?"

"나는. 그게 싫어요."

"이해해요. 선택은 자유예요. 솔직히 말해 지금 단계에서는 그게 도움이 될 수도 있고 아닐 수도 있어요. 처음부터 말했다시피 자신에게 최선의 선택을 스스로 내리는 겁니다."

"그러면. 빌어먹을. 종양을. 거부하는 것도. 선택. 가능해요?"

아내가 균형이 무너진 얼굴로 씩 웃었다.

헨리도 웃음을 터뜨렸다.

"그러기 위해 노력중이죠."

그러더니 다시 진지해졌다.

"아직 선택지가 전부 사라진 건 아니에요. 이해했죠?"

헨리를 만나고 나면 언제나 기분이 나아졌다. 그날 저녁, 우리 세 가족은 네바 방에 둘러앉았다. 내가 새빨간 장화에다 원더우먼 스티커를 붙였다. 그것으로 아이의 핼러윈 의상이 완성되었다. 나와 다이애나는 의상을 차려입고 연극 무대에 오른 듯 뽐내며 돌아다니는 아이를 지켜보았다.

"아빠, 핼러윈까지 며칠 남았어요?"

"세 밤만 더 자면 돼."

"우리집 앞에도 사람들이 와요?"

"우리집 바로 뒤에 있는 골목에 모인대."

"아빠도 같이 갈 거죠?"

"그럼."

"엄마, 엄마는요?"

다이애나가 미소 지었다.

"갈게. 노력할게. 아가."

하지만 핼러윈 날 다이애나는 함께 나가지 못했다. 대신 네바와 사진을 찍고 아이에게 뽀뽀한 뒤 얼른 돌아와 있었던 일을 전부 말해달라고 했다. 자신은 아주 괜찮으며 그냥 자기 때문에 우리까지 뒤처지는 게 싫다는 말과 함께. 하지만 나는 홀로 남겨질 아내가 얼마나 힘들지 알았다. 아무렇지 않은 척 얼마나 애쓰고 있는지도. 네바가 집으로 돌아와 자신이 받은 사탕을 다이애나에게 보여주려고 한달음에 위층으로 달려갔을 때, 다이애나는 침대에 비스듬히 누워 있었다. 이불은 덮고 있지 않았으나 곤히 잠들어 있었다.

"아빠, 엄마 괜찮아요?"

"엄마가 많이 피곤한가보다. 약을 먹으면 잠이 많이 오거든."

나이에 비해 똘똘한 딸은 의심하는 표정을 지었다. 그리고 이를 닦고 잠들 준비를 하는 내내 질문을 쏟아냈다.

"엄마는 언제 나아요?"

"왜 이상하게 웃어요?"

"왜 똑바로 못 걸어요?"

질문은 침대에 누워서까지 계속되었다. 나는 아이 곁에서 한 시간이 넘도록 할 수 있는 데까지 최선을 다해 대답했다. 엄마에게 종양이 있다는 것, 종양이 뇌를 건드리면 몸에 변화가 생길 수 있다는 것을 다시 한번 설명해주었다.

"나한테 있었던 종양처럼요?"

"음, 그런 셈이지. 똑같지는 않지만 비슷해."

긴 침묵 끝에 딸이 던진 질문에 나는 억장이 무너졌다. "아빠, 그러면 엄마가 나한테서 종양이 옮은 거예요?"

나는 아이 손을 꼭 잡고 나직이 대답했다. "아니, 종양은 그런 게 아니야." 아이가 안정을 찾고 잠들 때까지 나는 같은 말을 되뇌었다.

결국 이런 거였다. 진화의 결과로 네바에게도 탑재된 사고방식이 아이를 인과관계의 함정으로 이끌어 가장 고통스러운 결론을 떠안게 했다. 더구나 어린아이의 머릿속에서 세상은 온통 인과와 패턴으로 돌아간다. 하지만 과학은 상관관계는 인과관계가 아니라고 말해주며, 적어도 그 사실을 강조하려고 부단히 노력한다. 그럼으로써, 두 인간이 관계를 맺으며 살아가는 동안 함께 고통을 겪게 된대도 한 인간이 다른 인간의 고통을 유발한 것은 아님을 보여준다. 바로 이 지점에서 우리는 우리가 모든 것을 통제할 수는 없다는 과학의 한계와 함께 그것의 자비를 발견한다. 우리가 모든 문제의 원인은 아니다.

17
이야기

사도 바울로의 가장 유명한 구절 끝에서 그는 이렇게 말한다. 믿음과 희망과 사랑, 이 세 가지는 언제까지나 남아 있을 것이며, 이중에서 가장 위대한 것은 사랑이라고. 우리 안의 원소들은 일시적으로 모인 조합일 뿐이며 바로 그렇기에 우리가 과거, 미래와 연결된다는 점을 생각하면 바울로의 말은 내게 위안이 되어준다. 우리에게 있는 것 중 오직 사랑만이 시간을 뛰어넘어 살아남을 수 있음을 일러주기 때문이다. 믿음과 희망과 지식이 사라지고 그와 함께 우리의 몸과 머리까지 전부 사라져도, 우리의 사랑은 세상에 남을 것이다.

과학자이자 시인인 리베카 엘슨은 아름다운 시 「죽음에 대한 두려움의 해독제Antidotes to Fear of Death」에서 이렇게 말한다.

우주 공간이 아닌 그냥 공간에서

아직 태어나지 않은 별들의 빛이

밝은 안개처럼 떠다니고,

그리고 우리는, 모든 것은

이미 그곳에 존재하네

형태에 얽매이지 않는 모습으로.

우리는 필연적으로 언젠가 죽음을 맞이한다. 어떤 사람들은 유산을 남기는 것이 죽음을 피하는 방법이라고 여기는 듯하다. 중요한 무언가를 성취하거나 축적하면 일종의 불멸을 획득한다고 생각한다. 하지만 원자의 관점에서 우리의 불멸은 이미 보장되어 있다. 우리 안에 있는 70억 곱하기 10억 곱하기 10억 개의 원자는 우리 몸을 구성할 때 그보다 훨씬 많은 수의 이야기를 과거로부터 가져와, 우리 안에 짧게 머무는 동안 우리의 이야기를 더하고, 이후로도 헤아릴 수 없이 많은 이야기를 쌓아간다. 그럼에도 원자들이 잠시 머물다 가는 곳은 저마다 고유하다. 칼 세이건은 이렇게 말했다.

우주의 관점에서 우리 모두는 소중하다. 만일 어떤 사람이 당신과 뜻이 맞지 않는다면 그냥 내버려두기를. 1000억 개 은하 속에 우리와 똑같은 사람은 찾을 수 없을 테니까.

사랑하는 사람이 세상을 떠났을 때 사무치도록 슬픈 것도 아마 그래서이지 않을까. 우리는 그들의 가장 작은 요소까지

속속들이 안다. 그들은 우리에게 대체할 수 없는 존재다. 천국이나 부활 개념을 중시하는 종교에 그토록 많은 사람이 끌리고 주된 신앙 전통마다 비슷한 주제가 빠지지 않는 이유도 바로 여기 있으리라. 그것은 지상의 삶에 적용되는 기본 원칙을 비껴가는 방법이자, 사랑하는 사람들과 우리 자신이 계속 존재할 수 있다는 믿음을 심어주어 우리를 위로하도록 만들어진 틀이다.

배리 로페즈는 『호라이즌』에서 "자아의 외부에 존재하는 세계는 자아의 운명에는 아무 관심도 없다"*라고 말한다. 그러나 우리의 자아는 꼼짝없이, 반복적이고 경이로운 방식으로, 그 세상과 결부된다. 나는 우리의 필연적인 소멸에서 위안을 느낀다. 가끔은 우리가 무한에 가까운 잠재력을 품은 씨앗 같다고 생각한다. 당신과 나, 그리고 모든 인간의 원자들은 세상이 아직 다 써내려가지 않은 이야기에서 한 부분을 담당할 것이다. 나에게 그것은 우리 사랑이 영원하리라는 의미로 다가온다.

나는 지인들에게 되도록 빨리 와달라는 연락을 돌리기 시작했다. 아직 희망을 놓은 것은 아니었지만 다이애나가 점점 의사소통이 힘든 상태로 빠져들었기 때문이다. 어쩌면 다이애나와 대화할 기회는 이번이 마지막인지도 몰랐다. 아내가 뇌종양을 막 진단받아 소식을 전할 때처럼 통화할 때마다 마

---

* 배리 로페즈, 『호라이즌』, 정지인 옮김, 북하우스, 2024, 821~822쪽.

음이 무너져내렸다.

　사람들이 하나둘 찾아왔다. 다이애나의 여자 형제와 조카인 얼린과 소피아가 방문했고, 어머니와 남자 형제도 찾아왔다. 볼더에서 알고 지낸 친구들과 내가 첫번째 결혼으로 얻은 두 아이 케일런과 릴리도 와주었다. 네바보다 나이가 한참 많은 케일런과 릴리는 네바와 무척이나 끈끈했다. 심지어 전처 수까지 찾아왔을 때는 암이라는 병이 얼마나 다양한 방식으로 놀라움을 주는지 다시금 깨달았다. 수와는 이혼 후로 나쁘지 않게 지냈으나 그 관계는 복잡했다. 동떨어진 두 세상을 헤쳐나가야 하는 나 때문이었다. 네바가 아프기 시작했을 때 수는 눈에 띄게 마음을 써주었고 늘 우리 아이를 예뻐했으나, 다이애나가 투병하게 됐을 때조차 힘이 되어주리라고는 예상하지 못했다. 내가 틀렸다.

　어른들은 다이애나 곁에 앉아 말을 건네거나 그저 손을 잡고 있었다. 혹은 잠깐 네바를 데리고 놀아주었다. 추수감사절 무렵에는 거의 일방적으로만 대화가 가능해졌다. 다이애나는 오른쪽 얼굴이 거의 완전히 마비되었고 말도 잘 알아듣지 못하는 듯했다.

　12월의 첫번째 화요일이 되어 헨리를 만났을 때, 나는 종양이 훨씬 나빠졌다는 말을 들으리라고 이미 예감했다. 헨리는 자리에 앉아 다이애나의 손을 잡았다. 그리고 아직 할 수 있는 일은 남았지만, 기적이 일어나지 않는 한 완치할 방법은 없다고 했다. 어떤 방법을 택하든 다이애나가 입원해야 할 필요성은 늘어날 터였고, 새로 발생할 불편함과 고통은 피할 수 없었다. 그것이 생명을 연장하는 대가였다.

다이애나는 눈물 고인 눈으로 헨리를 바라보며 입 밖으로 한 단어를 꺼냈다.

"네바."

그런 뒤 도움을 간청하는 눈빛으로 나를 보았다. 뭔가를 더 말하고 싶은 눈치였으나 하지 못했다. 나는 울음을 삼키며 애써 침착하게, 헨리에게 더 자세히 설명해달라고 부탁했다.

"어떤 방법들을 선택할 수 있나요?"

질문의 의미를 이해한 헨리가 바로 본론으로 들어갔다.

"이런 종양이 있는 환자 대부분이 이 단계까지 옵니다. 이제 삶의 질과 수명 가운데 하나를 선택해야 해요. 우리가 시간을 좀더 벌어줄 수는 있어요. 그게 얼마나 될지는 모르지만요. 몇 주 또는 몇 달이 될 수 있겠지요. 쉽지는 않을 겁니다. 아니면 치료를 멈추는 방법도 있어요. 그러면 집에서 호스피스 치료를 받게 돼요. 목표는 그곳에서 되도록 오래 머물도록 하는 거예요. 가능하다면 마지막 순간까지요."

헨리는 이제껏 보여준 적 없는 감정이 가득한 눈빛으로 말을 멈췄다.

"더 고민해보시겠어요?"

다이애나가 손을 뻗어 헨리의 팔을 잡고 또 한 단어를 말했다.

"아뇨."

"미안한데 이해를 못했어요. 무슨 의미인가요?"

"더. 안 해요. 집에 갈래요. 네바를. 위해서."

무슨 정신으로 그랬는지 모르지만 나는 아내가 곧 죽을 것을 알면서 아내를 데리고 집으로 차를 몰았다. 그 앎의 무게가 마침내 최후의 희망과 부정마저 부서뜨렸다. 그런데 진입로에 차를 세우고 다이애나를 부축하러 조수석 문가로 갔을 때, 나는 아내의 표정에서 전에 없던 평온함을 보았다.

계속 연락을 돌렸고, 많이 울었으며, 손님들을 더 맞이했다. 몇몇은 최대한 밝게 작별인사를 건네고 다녀갔다. 아주 가까운 친구들은 내 아버지처럼 계속 머무르겠다고 했다. 일하느라 오지 못해 마음 아파하던 내 어머니도 연휴를 앞두고 드디어 찾아왔다. 우리집은 다행히 충만해졌고 조금은 어수선해졌다. 우리가—내가— 간절히 바라던 모습이었다.

처음에 다이애나는 아래층으로 내려와 벽난로 앞 커다란 가죽의자에서 시간을 보내는 일과를 빠지지 않고 지켰다. 그러나 슬슬 머무는 시간이 짧아지다가 나중에는 아예 내려오지 못했다. 아내는 위층에만 머물렀고 점점 먹는 양이 줄었다. 사람들은 차례로 침실로 들어가 다이애나 곁을 조용히 지키거나 아마 이야기를 한두 가지 들려주었을 것이다. 참으로 고통스러웠으나 가끔은 아름답기도 했던 마지막 몇 주의 시간을 어떻게 보냈는지는 잘 기억나지 않지만, 그 와중에 한 권이 앨범이 만들어졌다. 단순한 하얀색 표지로는 그 안의 깊이를 헤아릴 수 없었다. 다이애나와 네바의 사진이 연달아 들어갔다. 네바가 태어난 후로 우리 세 가족이 함께해온 모습이 담긴 사진도 중간중간 포함되었다. 다이애나와 네바가 마디그라 축제 복장을 맞춰 입은 사진, 워싱턴DC의 한 식당에서 테이블 맞은편에 앉은 나를 향해 장난스러운 표정을 짓고 있는 사진, 나란히 그네에 앉아 웃고 있는 사진. 네바가 앨범을 들고 다이애나에게 갔다. 둘은 나란히 누워 앨범을 한 장씩 넘겼다. 다이애나의 작은 아이가 두려움을 이겨내고 엄마에게 두런두런 사진들을 소개했다. 다이애나는 앨범을 베개 밑에 간직했다.

다이애나가 무사히 욕실로 걸어가는 것이 불가능해졌을 때, 우리는 침대 옆에 이동식 변기를 설치했다. 조심히 다이애나를 일으켜 이동식 변기에 앉히면 다이애나가 난간에 기대 몸의 왼쪽을 기울여 착석했다. 볼일을 마치면 우리가 다시 다이애나를 침대로 데려왔다. 용변을 가리지 못하게 되었을 때는 침대에 커다란 흡수 패드를 깔고 새로운 루틴을 만들었다. 한 사람이 다이애나를 모로 눕혀 몸을 닦아주면 그동안 다른 한 사람이 패드를 갈았다. 아내의 몸은 점점 뼈만 남았다. 크리스마스 무렵에는 골반뼈가 충격적일 만큼 도드라졌고, 종이처럼 버석해진 피부 안쪽으로 갈비뼈가 하나하나 적나라하게 드러났다. 그런데도 아내는 크리스마스트리 밑에 놓인 선물을 죄다 가지고 침실로 들어오는 씩씩한 네바를 보고는 몸을 일으켜 웃어 보였다. 아이는 종알대며 엄마를 도와 선물 포장지를 뜯었다. 선물은 둘이 이미 함께 읽은 적이 있는 그림책이었다.

"엄마, 이 책 좋아하잖아요. 크리스마스에 같이 읽고 싶었어요."

그날 밤 다이애나가 내 손을 잡으며 힘겹게 두 이름을 뱉었다.

"릴리. 케일런."

"오기로 했어. 이번주에."

아내는 눈을 감고 잠드는 듯하더니 다시 눈을 뜨고 괴로운 눈빛으로 입술을 달싹였다.

"모……"

"뭐가 불편해, 여보?"

아내가 작게 고개를 저었다.

"모르피……"

"모르핀을 달라고?"

아내가 고개를 끄덕였다. 나는 처음으로 연푸른 용액이 든 병을 꺼내 소량을 주사기에 채웠다. 손이 벌벌 떨렸다. 주사기 입구를 아내 입술 사이에 끼우고 조심히 약을 밀어 넣었다. 아내 얼굴에서 주름이 펴졌고 아내는 다시 눈을 감았다. 처음에는 호흡이 너무 잠잠해져 당황했다. 잠깐이었지만 모르핀 때문에 아내가 숨을 거둔 줄 알았다. 그러나 이내 내 뺨에 아내의 고른 호흡이 느껴졌다. 곁에 누워 몇 시간이나 물끄러미 아내를 바라보며, 감지하기조차 힘들 만큼 희미한 아내의 숨결을 애써 느꼈다.

12월 말에 마지막 손님들이 다녀갔다. 12월 30일 오후에는 호스피스 간호사가 방문했다. 간호사는 하던 대로 몇 가지 물품을 교체하고 다이애나의 활력징후를 확인했다. 나는 간호사에게 다이애나가 일주일 넘게 거의 먹지 못했고 아무래도 마지막 순간이 가까워진 것 같다고 말했다. 간호사는 너무 그렇게 확신하지 말라고 했다.

"그렇게 느낄 수 있지만 활력징후 수치는 아직 안정적이에요. 이런 상태로 몇 주나 버티는 환자들도 봤어요. 다시 먹게 되기도 하고요. 쉽게 예측할 수는 없지만 제 의견으로는 아직 시간이 꽤 남았어요."

그러나 다음날 아침 네바를 데리고 아내 옆에 앉았을 때, 아내는 어딘가 달라져 있었다. 얼굴이 어두웠고 호흡이 더욱 가빴다. 나는 간호사에게 연락해 당장 와달라고 했다. 간호사가 도착했을 때 다이애나의 호흡은 훨씬 거칠었고 낯빛은 더욱 검어졌다. 간호사는 서둘러 활력징후를 재측정한 뒤 변화를 시인했다.

"많이 놀랍네요."

하지만 나는 놀라지 않았다. 이 경이로운 여자는 자기 방식으로 작별인사를 건네고 있었다. 아내는 인생에서 소중했던 사람들이 거의 다 다녀갈 때까지 기다려주었고, 마지막으로 우리 딸을 안아보았으며, 그런 뒤 작별이 길어지면서 연장될 고통으로부터 우리 모두를 구하기로 한 것이었다. 평온하고 덤덤하게, 아내는 헤아릴 수조차 없는 힘을 발휘했다.

어떻게 그럴 수 있었을까? 나는 정말이지 평생 알지 못할 것이다. 그래도 하나는 확실하다. 가장 중요한 순간 아내가 그토록 특별할 수 있었던 것은, 가장 근접한 답의 원천일 뿐 아니라 세상에 존재하는 방법—그리고 자기답게 존재하는 방법—인 과학에 헌신했기 때문이었다. 아내는 날마다 과학의 시선으로 삶을 대하면서 평온과 용기를 발견했다. 결국은 그런 실천이 아내의 마지막 나날을 만들었을 뿐만 아니라 생전 아내가 사랑했던 사람들의 삶에 아내가 떠나고도 오랫동안 깊은 영향을 미쳤다.

절대적인 괴로움과 상실의 순간에도 아내가 나에게 확실한 평온을 주었기에 나 역시 그것을 되돌려줄 수 있었다. 나는 아내 곁에 앉아 손을 잡고 이마를 어루만지며 계속해서 말을 건넸다. 이제 당신은 자유로워졌다고, 우리는 괜찮을 거라고, 우리의 영혼 가장 깊숙한 곳까지 당신의 존재가 영원히 새겨졌다고. 아내가 마지막으로 깊고 떨리는 숨을 내쉬었다. 나는 손을 뻗어 가만히 아내의 입과 눈을 쓸어내렸다.

나는 평온하게 누워 있는 아내를 한참 동안 바라보았다. 그리고 호스피스 간호사에게로 몸을 돌렸다. 간호사는 다이애나가 임종을 맞이하는 내내 한쪽에 말없이 서 있었다. 나처럼 울고 있었다. 간호사가 입을 열었다. "이 일을 참 오래했는데 이렇게 아름답고 행복하게 숨을 거두신 분은 처음 봐요."

아내는 세상을 떠나기 몇 주 전 나에게 이 책을 써달라고 부탁했다. 아내는 이렇게 말했다.

"우리 이야기가 사람들에게 도움이 될 방법을 찾아줘."

나는 놀라서 아내를 보다가 그동안 아내가 얼마나 많은 사람을 일으켜세우며 살았는가를 떠올렸다. 그런 일은 아내에게 숨쉬는 것만큼이나 쉬웠다. 수년이 흐른 지금, 나는 내 아내처럼 살다 죽는 것이 불가능한 일이 아니라고 믿게 되었다. 그런 삶과 죽음은 초인적으로 강한 사람들에게만 주어지는 것이 아니다. 물론 내 인생을 바꿔놓은 다이애나는 내 마음속에 영원히 신과 같은 존재로 남겠지만, 사실은 다이애나도 그저 우리와 똑같은 사람이다. 다만 달랐던 점은 인류의 가장 경이로운 작품 중 하나인 과학을 통해 비범한 영혼을 발전시킬 줄 알았다는 것이다.

18
잿더미

　몬태나주 집에서 그리 멀지 않은 작은 섬에 딱 보아도 황폐화된 숲이 있다. 요즘 미국의 많은 서부 지역이 그랬듯 이 섬도 2020년 8월 불길에 휩싸였다. 이후 섬에는 디스토피아 같은 풍경이 펼쳐졌다. 나무둥치는 검게 탔고 미세한 회색 재가 공기 중에 떠다녔다. 어떤 곳은 불길이 너무 세서 나무들이 뿌리까지 전소해 땅에 움푹한 구멍만 남기고 증발해버렸다. 그해 9월 섬을 방문했을 때는 새까맣게 탄 언덕을 오르는 동안 장화가 잿더미 속에 푹푹 박혔다.
　그런데 그 잿더미에는 솔방울이 묻혀 있다. 일부 솔방울은 모체인 소나무가 타들어가는 순간에야 비로소 품고 있던 씨앗을 퍼뜨린다. 생태학의 언어로 이런 솔방울은 만성serotinous 유형으로 구분한다. '씨앗 확산이 지연된 상태로 계속 닫혀 있는' 열매를 의미한다. 몇 년 후 섬을 다시 찾는다면 하늘을 향해 명랑하게 뻗어가는 소나무 묘목을 1000그루는 볼 수 있을 것이다.

우리는 최악의 상황이 닥쳤을 때 힘을 내서 극복할 수 있으리라 생각한다. 앞날이 위태로워질 수도 있다는 생각은 원치 않는다. 진정한 재탄생은 우리가 완전히 타버리기 직전에야 비로소 일어난다는 것을 인정하고 싶어하지 않는다.

어린아이에게 엄마가 막 세상을 떠났다는 사실을 어떻게 전해야 할까? 나는 혼란스러워하면서도 엄마의 죽음을 받아들이던 네바의 모습을 기억한다. 그 받아들임이 특히 인상적이었다. 아이는 이번에도 제 나이보다 현명했다. 나머지는 잘 기억나지 않는다. 어느 순간 초인종이 울렸고, 나는 우리집 계단을 엄숙하게 오르는 두 남자를 네바가 보지 못하도록 그레그의 아내 로빈과 내 아버지에게 아이를 맡겼다.

다이애나가 마지막 숨을 거두고 얼마 후 로빈과 나는 아내 옷장에서 평소 아내가 좋아하던 청록색 원피스를 꺼내 입혔다. 유령처럼 가냘픈 아내 몸에 원피스는 헐렁했다. 집을 방문한 남자들은 침대에서 아내를 들어 원피스와 거의 같은 색깔의 접이식 들것으로 옮겼다. 청록색과 아내의 검은 머리가 선명한 대조를 이뤘다. 그들이 들것을 들고 힘겹게 계단을 내려가는 동안 아내의 정수리가 보였다가 안 보였다가 했다. 나는 뭐라도 거들 것처럼 뒤따랐지만 사실은 아무 도움도 되지 않는다는 것을 알았다. 그래도 묵묵히 길가로 따라 나갔다. 두 남자가 영구차 뒤칸에 아내를 싣는 동안 우리는 추적추적

내리는 싸늘한 비를 맞으며 서 있었다. 엷은 갈색 머리에 다부진 체격의 운전기사가 손을 내밀었다.

"저희가 잘 모시겠습니다."

그렇게 아내가 떠났다.

나는 빗물에 거미줄이 끊어지고 집 앞 길가에 물웅덩이가 고이는 내내 한참이나 자리를 떠나지 않았다. 온몸이 흠뻑 젖는 것을 느끼며, 서서히 마비되는 감각을 받아들였다. 집안으로 돌아가서는, 감히 어떤 말도 행동도 하지 못한 채 모여 있는 가족들과 친구들에게 희미하게 미소를 지은 뒤 갑자기 텅 비어 보이는 침실을 지나 욕실로 들어갔다. 그러고는 다시 딸아이 얼굴을 마주하고 여전히 통 그려지지 않는 새 삶의 첫 단계를 시작할 용기가 생길 때까지 나오지 않았다.

다음날 아침은 다이애나와 했던 거스와 콜 약속이 있어서 겨우 버틸 수 있었다. 나는 어떻게 관을 볼더로 운반할지 영안실 사람과 상의했다. 친구 스콧이 어떻게 했는지 뉴올리언스 세컨드 라인* 밴드를 섭외했다. 또다른 친구는 딸과 내가 함께 그린 네바산 윤곽을 새긴 은팔찌를 제작하자고 일찍이 제안했었다. 우리가 콜로라도주에 도착했을 때 팔찌는 이미 완성되어 있었다. 하나는 내 것, 다른 하나는 다이애나의 것, 제일 작은 팔찌는 네바의 것이었다.

---

* second line. 뉴올리언스 축제 전통으로, 장례식이나 여타 행사에서 음악을 즐기며 밴드를 뒤따라가는 사람들의 행렬.

여섯 달 전, 다이애나가 아버지의 날 선물로 나에게 기타를 가르쳐주었다. 초가을날 밤에는 방충망이 둘린 포치에서 내가 직접 작곡한 노래를 아내에게 들려준 적도 있다. 매미 소리가 배경음으로 깔렸다. 눈을 감고 감상하던 아내는 노래가 끝나자 한번 더 연주를 청했다. 그렇게 두 번의 연주가 끝났을 때 아내가 말했다. "그날이 오면 당신이 내 장례식에서 이 노래를 연주해줘."

그때는 그런 부탁을 듣고 절망과 회피의 반응으로 그 노래를 멀리하고 살았지만, 이제는 과연 잘 연주할 수 있을지 불안해하며 연습에 매진했다. 나는 나보다 음악적 소질이 훨씬 뛰어난 스콧과 박사 제자 필에게 합주를 부탁했다.

그날은 춥고 흐렸지만 바람 한 점 없었다. 묘지 관리실 바깥으로 사람들이 하나둘 늘어날 때쯤 눈이 내리기 시작했다. 〈주님께 더 가까이Just a Closer Walk to Thee〉를 사무치게 연주하며 천천히 우리를 이끄는 밴드를 따라 짧은 언덕길을 올랐고, 차가운 공기를 가르며 울려퍼지는 선율은 몸과 마음에 공명했다. 내 곁에서 나의 세 아이가 느리게 걸음을 옮겼다. 그렇게 아내가 달렸다는 테스트 코스가 바로 옆에 있는 묘지의 위쪽 모퉁이에 도착했을 때, 나는 케일런과 릴리, 그리고 다이애나와 가장 가까운 친구 몇 명과 함께 무리에서 잠시 빠져나왔다. 우리는 현장에서 기다리고 있던 영구차에서 관을 꺼내 새로 파인 무덤 자리 위쪽 단에 올려놓았다.

그레그가 경사진 자리에 올라섰고, 나머지 세 방향으로 사람들이 관을 둘러쌌다. 그레그는 삶과 사랑에 관하여, 그리고 우리 앞에 누워 있는 이 사람이 앞으로 어떻게 계속 존재하게 될지에 관하여 이야기했다. 이어 나의 첫째와 둘째 아이가 직접 쓴 추도사를 낭독했다. 두 아이의 말이 사방으로 우리를 감쌌다. 그 힘은 실로 파괴적인 동시에 희망적이었다. 내 차례가 돌아왔을 때는 입을 열 자신조차 없었다.

하지만 어쩐지 말은 술술 나왔고, 스콧, 필과 함께 연주한 노래도 마찬가지였다. 우리가 다이애나를 위해 노래를 연주하는 동안 다이애나는 안식의 장소로 천천히 내려갔다. 노래가 끝나고 관이 보이지 않을 만큼 바닥으로 내려간 순간에야, 나는 와르르 무너져내렸다.

돌아가는 길에 밴드는 〈두 와차 워나〉를 연주했다. 여기저기서 웃음이 번지기 시작했다. 주차장에 다다랐을 때는 밴드 연주자들과 조문객들이 함께 눈 속에서 〈성인들이 행진할 때 When the Saints Go Marching In〉를 흥겹게 편곡한 음악에 맞춰 춤을 추고 있었다. 옆으로 비껴서서 그 광경을 지켜보았다. 아내는 바로 그런 모습을 바랐을 것이다.

몇 년 전 나와 다이애나는 옐로스톤국립공원의 북동쪽 구석, 세이지로 뒤덮인 언덕에 올라 늑대들을 관찰했다. 한동안은 우리도, 늑대 무리도 움직이지 않았다. 기온이 영하로 떨어진 12월의 고요한 날, 우리 숨결이 뭉게뭉게 퍼지는 게 보였다. 우리는 추위에 떨었지만 전부 합쳐 열한 마리인 늑대 무리는 태평해 보였다. 단색의 늑대들은 눈 덮인 비탈에 둥그렇게 모여 있었는데, 관찰용 망원경으로 들여다보면 검은색, 회색, 흰색 반점이 놀라울 만큼 자세히 보였다. 이따금 한 마리가 뒤로 몸을 젖히거나 귀를 긁었지만 그뿐이었다.

코요테 한 마리가 나타나기 전까지는.

침입자는 늑대 무리가 있는 곳보다 훨씬 아래 있는 습지 길을 골라 이동하며 가끔 고개를 갸웃거리고 눈밭에 주둥이를 파묻었다. 위에서는 스물두 개의 눈이 녀석의 모든 동태를 주시했다. 결국 늑대들은 모욕감을 더는 참지 못했다. 무리 중 세 마리가 목표물을 향해 찬찬히 비탈을 내려갔다. 코요테가 우뚝 멈추더니 늑대들이 접근하는 것을 보고는…… 죽어라 달렸다. 탁 트인 강가여서 확실히 불리한데다 골짜기의 남쪽 비탈에는 늑대들이 버티고 있었으므로 코요테는 우리 쪽으로 돌진하다가 마주치기 직전에야 방향을 틀어 위쪽 로지폴소나무 숲으로 정신없이 내달렸다. 무사히 달아나는 데 성공하는 듯했으나 늑대들이 바짝 뒤쫓고 있었다. 몇 분 후 골짜기로 늑대 세 마리가 돌아왔을 때 코요테는 흔적도 찾을 수 없었다.

그곳에 사는 동물들의 세상이 얼마나 달라졌는가를 냉혹히 보여주는 풍경이었다. 옐로스톤국립공원에 늑대를 다시 들이고 얼마 지나지 않아 엘크, 사슴, 코요테는…… 과거와 달라져야 했다. 그러자 오랫동안 숨죽여 살았던 여러 식물과 동물은…… 도리어 숨통이 트였다. 그 모든 게 합쳐져 불과 몇 년 만에 옐로스톤은 전혀 다른 세상이 되었다. 생태학의 언어로 옐로스톤 늑대는 핵심종keystone species의 대표 사례가 되었다. 옐로스톤 늑대는 그곳에 존재하는 동안 자기 할일을 확실히 한다. 그런 늑대를 없애면 아주 많은 것이 달라진다.

장례식을 치르고 더럼 집에 있는 다이애나 사무실에 들어갔다가 문득 옐로스톤 생각이 났다.

'이제 어쩌지?'

우리는 여전히 여기 있는데 다이애나는 없었다. 이제는 전혀 다른 규칙을 따라 살아가야 했다. 그뿐 아니라 아내의 끈질긴 부탁을 들어주기 위해 언젠가는, 내가 단 한 번도 예상한 적 없고 바란 적 없는 새 삶도 시작해야 했다.

그러다 책상에 놓인 아내의 달리기 메달을 보고 이런 생각이 들었다. '어쩌면 여기서부터 시작해야겠다.'

아내만큼 달릴 자신은 없었으나 더럼카운티 경계를 건너면 바로 나오는 미로 같은 숲길을 달리기 시작했다. 처음에는 천천히 달리다가 조금씩 자신감이 붙어 계속하다보니 스스로 약속했던 5킬로미터가 8킬로미터, 11킬로미터로 늘었고, 차를 세워둔 곳에 돌아와서도 멈추지 않고 다시 8킬로미터를 뛸 수 있게 되었다. 나와 다이애나는 노스캐롤라이나주에 처음 온 가을 그 길을 함께 뛰곤 했었다. 이제 달리기는 아내를 내 곁에 붙들어두는 방법이었다.

달리고 돌아와 기분이 들떠서인지 나는 그간 무서워서 손도 못 대던 일에 착수했다. 아내가 네바에게 남긴 옷을 상자에 넣어 보관하고 기부하기로 한 옷은 따로 구분해두는 일이었다. 아내의 책상도 청소했다. THC가 들어 있어 혹시 도움이 될지 모른다며 아내의 옛 제자 둘이 콜로라도주에서 슬쩍 가져다준 물고기 모양의 영양 젤리를 발견했을 때는 웃음까지 났다. 그때 아내는 화학요법 때 약을 복용했다가 편집증에 빠졌던 일화를 제자들에게 들려주며 젤리를 먹지 않겠다고 했었다. 그런데 병에는 젤리가 하나밖에 남아 있지 않았다.

이후 이것이 내 일과가 되었다. 달리고 돌아와 짐을 정리하며 앞으로 나아가는 것. 하루는 아내의 약들을 한 상자 가득 모아 처분했다. 다른 방법으로 버려야 한다는 사실을 알면서도 모르핀을 수챗구멍에 부었다. 어떤 날은 유언 공증 절차를 시작하고 아내의 퇴직금 이전을 위한 서류 작업을 처리했다. 상실을 떠올리게 하는 것들을 매일 마주했지만, 달리기를 통해 여전히 아내와 연결될 수 있었기에 아픔이 희석되었다.

1월 말이 되니 더 정리할 게 남아 있지 않았다. 아내가 세상을 떠난 지 한 달째 되던 날, 나는 속절없이 가라앉고 있었다. 머릿속은 극도의 절망에 빠져 방황한 지 오래였는데 왜인지 이런저런 생각이 지구의 기후에 관한 깨달음으로 귀결되었다. 그러니까, 겉보기에 아주 작은 것이 우리 행성을 전혀 다른 길로 이끌어 아주 오랫동안 영향을 미칠 수 있다는 사실로 말이다. 특정 해역의 염도가 살짝 낮아진다면. 머나먼 옛날부터 영구동토층에 갇혀 있던 가스가 새기 시작한다면. 내가 가장 좋아하는 사례는 이것이다. 이렇게나 아름답고 언제나 조금 기울어져 있는 우리 행성의 자전축 기울기가 미세하게 감소한다면.

'리처드 앨리의 의회 증언' 영상을 검색해보면 이 현상에 관한 가장 탁월하고 흥미로운 설명을 만날 수 있다. 이 저명한 빙하학자는 30초도 안 되는 시간 동안 그것을 설명해낸다. 빈정대듯 질문한 어느 의원 앞에서 앨리는 그 적대적인 상대방을 태양으로, 자신의 벗어진 정수리를 북극으로 상정한 뒤 고개를 앞뒤로 끄덕이며 일명 밀란코비치 주기를 따라 변화하는 지구의 기울기를 설명해 보인다.

기울기의 변화는 갑작스럽게 일어나지 않는다. 밀란코비치 주기는 1920년대에 이를 처음 설명한 세르비아 천문학자의 이름을 딴 것인데, 이 변화는 우리가 목격하기에는 너무 긴 세월에 걸쳐 벌어진다. 그러나 자전축 기울기는 정말로 달라진다. 수천 년 동안 지구는 어떤 때 좀더 꼿꼿하고 어떤 때는 좀더 눕는다. 그에 따른 변화는 엄청날 수 있다.

밝혀진 바에 따르면 지구는 똑바로 설수록 추워진다. 지구가 자세를 바로 고치려 할 때마다 원래도 춥던 지역에서는 태양의 열기를 받는 면적이 한층 줄어든다. 그러면 자연히 눈과 얼음이 더 많아지고 우주로 반사해 내보내는 열기가 늘어난다. 결국 지구는 빙하기에 접어들 테고, 사람들은 이렇게 물을 것이다. "어쩌다 이런 일이 생겼지?"

나는 한 손에 술잔을 들고 방충망이 둘린 포치에 앉아 내가 다시 똑바로 일어설 수 있을까 생각했다. 어쩌다 이런 일이 벌어졌는가, 하는 질문이 벌써 1년째 형태만 바꿔가며 머릿속을 빙빙 맴돌고 있었다. 처음에는 그 질문이 주는 고통을 견디기조차 버거웠다. 그러나 현실 부정과 딴생각과 희망과 뒤섞여 결국은 늘 거기 존재하는, 그래도 좀 견딜 만한 통증 정도로 옅어졌다.

특히 희망에 매달렸다. 나는 정말로 아내가 병을 이겨낼 줄 알았다. 나만 그렇게 생각한 것도 아니었다. 아내는 그만큼 강인했고 건강했으며 의욕이 넘쳤다. 그런데도 교모세포종 환자 생존 기간의 중간값만큼도 버티지 못했다. 비범한 사람이었던 만큼 종양도 그랬던 모양이다. 당연했다. 끔찍하게 아름다운 방식으로, 아내는 무엇 하나 건성으로 하는 법이 없었으니까. 아내는 종양을 가질 거라면 가장 험한 종양을 가질 사람이었다. 며칠 전 헨리도 같은 말을 했다.

"우리가 본 종양 중에 가장 공격적이었어요. 이유는 확실히 모르겠어요. 그냥 운이 안 좋았어요."

그렇게 나는 31일째 몸과 마음이 분리된 존재로 살아 있었다. 겉모습은 예전과 같았으나 전혀 달라진 시간을 살아갔다. 변호사를 구하고 관을 고르고 사망 확인서를 떼면서. 그러는 내내 프로그래밍된 일상을 로봇처럼 수행하는 나를 위에서 내려다보는 기분이었다.

그러다 지구를 생각했다. 지구는 기울기 변화로 인한 빙하기를 너무 오래 견딘 끝에 '에라 모르겠다' 하고 다시 눕기로 한다. 더는 참을 수 없다는 듯이. 그러면 빙하가 녹기 시작한다. 하룻밤 사이에 날라지지는 않는다. 느리고 불균일하게 뇌돌아가기도 한다. 그러다 마침내 때가 되면 꽁꽁 얼어붙고 깜

깜했던, 헤아릴 수도 없이 드넓은 땅에 봄꽃이 만개한다.

지구의 움직임을 생각하니 마음이 풀렸다. '어쩌면 잠깐 누워도 괜찮은지 몰라. 눕고 나면 내가 다시 일어나고 있다는 것을 알 테니까.'

그러나 나는 누운 게 아니었다. 넘어진 거였다. 사실 나는 "아냐, 나 진짜 괜찮아"를 100가지로 변용해 나날이 자신 있게 말하는 데 도가 터서, 겨울이 지나고 봄이 왔을 무렵에는 주변 사람들은 물론 나 자신까지 감쪽같이 속이게 되었다. 그러나 속으로는 고통스러웠고 휘청거렸다. 원래 술을 즐기는 편이 아니었으나 매일 밤 네바를 재우고 버번위스키 병을 비웠다. 그럴수록 기분은 더 가라앉았고 잠을 설쳤다. 결국 위스키와 수면유도제를 같이 먹기 시작했다. 그런 짓은 어느 날 아침 네바가 무기력하게 정신을 못 차리는 나를 흔들어 깨운 후로 그만뒀다.

"아빠, 괜찮아요?"

나는 일상적인 일에 과하게 의미를 부여하게 되었다. 한번은 학교에서 돌아온 네바가 숙제 내용을 전해주었다. 반 학생들이 알파벳 글자를 하나씩 맡아, 돌아가면서 그 알파벳으로 시작하는 물건을 가져가 발표해야 한다고 했다. 네바가 맡은 알파벳은 L이었다. 나는 딸을 위해 L로 시작하는 최고의 단어를 고르는 일에 집착하기 시작했다. 식탁에 사전을 꺼내놓고 노트에 후보를 적어내려갔다.

네바가 아리송한 표정으로 나를 보았다. "아빠, 나는 그냥 사자ion를 데려가고 싶어요."

중환자실 생활을 함께 했던 커다란 사자 인형을 말하는 것이었다. 인형은 여전히 아이보다 몸집이 커서 교실까지 가져가려면 도움이 필요했다. 발표 날 아침 등굣길, 아이는 교실 상황을 자못 심각하게 설명했다.

"교실에 타임아웃 자리가 있어요. 수업을 방해하면 거기 가서 앉아야 해요."

"아, 뭔지 알겠다. 너도 가본 적 있니?"

"아빠! 당연히 없죠!"

"그래, 알았어. 거기 자주 가는 친구가 있어?"

"대부분 루크가 가요."

"친구들한테 뽀뽀하고 다닌다던?"

"아빠! 그런 말 하지 말아요!"

"걔가 맞아?"

"네."

나는 커다란 사자 인형을 어깨에 얹고 네바와 나란히 학교 복도를 지나 교실 앞까지 갔다.

"이제 내가 들게요." 아이는 유독 내가를 강조했다.

아이가 교실로 들어가자 아이들이 "우-우" "와아" 하고 탄성을 질렀다. 수업시간에 조금 늦는 바람에 이미 다들 카펫 바닥에 반원으로 앉아 있었다. 네바는 낑낑대며 가운데 책상에 인형을 내려놓았다. 그러자 연갈색 머리의 소년이 벌떡 일어나 인형에 달려들더니 사정없이 사자 얼굴을 주먹으로 때렸다. 그러고는 질겁한 교사가 제지하기도 전에 슬금슬금 구석 의자로 가 고개를 푹 숙이고 앉았다. 루크였다.

나에게도 타임아웃 의자가 필요하다는 생각이 들었다. 일에 집중하지 못했고, 가끔은 이유 없이 화를 냈으며, 모든 것에 흥미를 잃었다. 하루는 연구실에 앉아 멍하니 앞만 봤다. 사자 인형을 때리면 좀 나아질까 생각하면서. 늦봄이 되어서야 노스캐롤라이나주와 이곳의 고통스러운 기억에서 벗어나야겠다는 결심이 섰다. 이제 콜로라도주로 돌아갈 때였다.

처음에 볼더로 돌아왔을 때는 기분이 한결 나았다. 옛친구들과 다시 어울렸고, 익숙한 길을 따라 자전거를 탔고, 플라이 낚시를 하면서 강가에서 잠깐의 평온을 만끽했다. 새로 구한 집의 현관에서부터 달리기 시작하면 다이애나가 좋아하던 길을 따라 다이애나의 묘까지 다녀올 수 있었다. 하지만 얼마 못 가 상황은 또다시 나빠져서 나는 사람을 마비시키는 슬픔의 수렁으로 더 깊이 추락했다. 그 시기에 피터 헬러의 『도그 스타』를 읽다가 영원한 슬픔과 생물지구화학을 연결 지은 문장에 마음을 빼앗겼다.

> 슬픔은 하나의 원소다. 탄소나 질소처럼, 자신의 주기를 갖고 있다. 결코 줄어들지 않는다. 세상의 모든 것에 들고 날 뿐이다.[*]

---

[*] 피터 헬러, 『도그 스타』, 이진 옮김, 문학동네, 2016, 180쪽.

내가 바닥을 친 순간은, 별다른 특징 없이 벽에 삼나무를 덧댄 가게에서 찾아왔다. 충동적으로 잠깐 온라인 검색을 하기 전까지 알지도 못했던 곳이었다. 나는 가게 맞은편 길에 트럭을 대놓고 블라인드가 쳐진 창문을 멍하게 바라보았다. 그러다 차에서 내려 천천히 길을 건넜다. 입구에서 잠시 멈췄다가 가게로 들어섰다. 조명이 침침한 가게에는 나무로 틀을 짠 유리 진열장 안에 받침대와 선반이 층층이 들어가 있었다. 진열장 한쪽 끝에는 여러 안경이 놓여 있었다. 노란색, 주황색, 연갈색 렌즈였다. 벽에 걸린 용품들은 요란하고 컸으며 용도를 짐작할 수 없었다. 반면 진열장 안에 있는 것들의 의미는 좀더 명료하게 다가왔다. 그것들을 물끄러미 보고 있는데 유리 진열장 뒤쪽에서 몸집이 커다란 남자의 인기척이 느껴졌다. 남자는 회색 장발을 하나로 묶고 빛바랜 야구모자를 썼으며 수염이 덥수룩했다.

"뭐 도와드려요?"

"음…… 네. 이걸 볼 수 있을까요?"

권총은 푸른빛이 도는 은색이었고 묵직했다. 총이 나를 공격이라도 할 것처럼 조심히 쥐고서 이걸 당기면 어떻게 될지 생각했다. 그 순간에는 마음을 짓누르는 무게와 머릿속 안개 때문에 그저 우두커니 서서 손에 쥔 것을 바라보기만 했다. 남자가 하는 말은 아주 멀리서 들려오듯 희미했다.

"서류 작업 시작할까요?"

그때 내 안의 과학자가 되살아났다. 나는 익숙한 기반으로 돌아가 내가 도출한 결론을 의심했다. 어느새 나 자신과 거리를 두고, 추락중인 인생의 궤적과 지금 여기서 멈추지 않을 경우 겪을 끔찍한 고통을 내려다보고 있었다. 유리장 위에 권총을 내려놓고 비틀대며 문가로 향했다. 넘어질 듯 계단을 내려와 황급히 길을 건너서 트럭 운전석에 쓰러지듯 몸을 구겨 넣었다. 그날 밤은 네바가 아프지 않을 만큼만 아이를 꼭 껴안은 채 뜬눈으로 지새웠다. 동이 틀 무렵 팔에 반가운 통증이 느껴졌다.

19
우주먼지

　미국밤나무의 사연을 대강이라도 들어본 사람들은 아마 그것을 비극과 실패의 이야기로 알고 있을 것이다. 그 거대한 나무는 미국의 상징이었으며 밤나무가 없는 동부 숲은 상상하기 힘들 정도로 숲의 상당 부분을 차지하고 있었다. 그런데 인간이 숲에 여러 문제를 일으켰고, 밤나무줄기마름병도 그중 하나였다. 그로 인해 밤나무는 순식간에 거의 종적을 감췄다.
　그럼에도 어김없이 과학과 사랑의 융합이 이 이야기에 반전을 가져왔다. 첨단 유전학 도구를 사용하면 밤나무가 과거에도 가진 적 없고 앞으로도 가질 리 없는 몇몇 유전자를 나무에 주입할 수 있다. 그 유전자에 밤나무를 줄기마름병에서 살아남게 해줄 가능성이 들었다. 이 와중에도 밤나무들은 대부분 자라다가 죽고 간신히 몇 그루의 새 묘목만 남기면서 여전히 존재하고 있다. 잎의 테두리가 톱니 모양인 것도 밤나무와 어울리게 느껴진다. 각각의 잎이 자기 존재를 허락하고 운명을 좌우하는 환경에서 밀려나지 않으려고 톱날 같은 가장자리로 허공을 꽉 붙들고 버티며 물리법칙을 거역하는 것처럼 보이기 때문이다. 밤나무들은 겨우 버티며 분자 수준에서부터 달라질 그날을 기다린다. 그 변화를 통해 제자리를 되찾을 것이다.

밤나무 이야기는 과학의 축소판이라고 할 수 있다. 궁극적으로 과학의 목적은 세상의 가능성이 피어나도록 우리가 할 수 있는 곳에서 할 수 있는 만큼 혼돈의 일부를 파악하는 것이다. 새로운 유전적 발견이 이전에는 존재하지 않았던 밤나무의 미래를 열고 있다. 우리는 바로 그런 가능성의 세상을 바라지 않았던가? 이야기를 예측할 수도 예고할 수도 없는 세상, 그러나 우리 자신의 행동과 지식에 대한 추구가 존재하는지도 몰랐던 길을 열어주는 그런 세상을 말이다. 나에게는 바로 그런 세상이 가장 아름답고 근원적인 과학의 모습이다. 그런 과학은 삶의 지평을 넓히고 더 풍성하게 해준다.

삶을 끝내기 직전까지 갔었던 사건이 분자 수준에서부터 나를 바꿨다. 가장 어두운 시간을 지나 문을 열어보니 여태껏 몰랐던 평온이 기다리고 있었다. 나는 과거와 미래가 전혀 예상치 못한 방식으로 결합해 만들어진 새로운 존재가 되어, 인생 최악의 순간들이 남긴 잿더미에서 벗어날 수 있다는 사실을 깨닫기 시작했다. 우리 몸을 구성하는 원소들이 그러듯 말이다.

그레텔 에를리히는 『열린 공간의 위로』에서 사랑하는 사람의 죽음 후로 어렵게 얻은 위안에 관해 쓴다. 작가가 궁극적으로 도달한 평온은 황량하지만 아름다운 와이오밍 풍경의 압도적인 무심함에서 시작되었다. 책 제목을 생각하면 역설적이지만, 작가는 친구에게 쓴 편지에서 "진정한 위안은 어디에서도 찾을 수 없어. 다시 말하면 어디에서든 찾을 수 있다는 말이야"*라고 말한다.

나 역시 위로가 장소와 무관하지 않다는 사실을 배웠다. 내가 아는 나는 광대한 하늘 아래 있을 때 가장 평온하고 즐거운 사람이다. (대중 과학이든 아니든) 심리학은 우리가 우리 자신일 수 있을 때 가장 행복하다고 말한다. 나는 에를리히의 다음 문장에도 깊이 공감한다.

> 자연의 모든 것은 끊임없이 우리를 지금의 우리가 되도록 초대한다. 우리는 종종 강과 닮았다. 부주의하면서 강하다. 소심하면서 위험하다. 맑으면서 탁하다. 소용돌이치고 반짝이고 고요하다.**

보통 나는 눈앞에 위기가 닥쳤을 때나 내 모난 구석을 다

---

* 그레텔 에를리히, 『열린 공간의 위로』, 노지양 옮김, 빛소굴, 2024, 63쪽.
** 그레텔 에를리히, 같은 책, 119쪽.

듣어주는 자연 안에 있을 때 가장 잘 살아가고 선명해진다. 그래서 거의 날마다 다이애나가 좋아하던 길을 달리기 시작했다. 소나무와 세이지 내음을 맡으며 3억 년 전쯤 솟아오른 적갈색 땅을 밟았다. 그 길에도, 그 아래 도시에도 어디에나 아내가 있었다. 그 두 세계가 만나는 지점에 아내가 묻힌 것은 자연스러웠다.

아내를 만나러 가면 몇 마디 말을 건넸고 가끔 눈물을 흘리기도 했지만, 대개는 그냥 무덤 앞에 앉아 있었다. 그러다 하루는 길게 이야기를 늘어놓았다. 삶과 사랑에 대해서, 아내가 얼마나 많은 사람의 마음과 기억과 행동 속에 여전히 살아 숨쉬는지에 대해서. 아내가 세상을 떠난 후로 가족과 친구들이 무엇을 하고 살았는지도 들려주었다. 아내가 무척 자랑스러워할 이야기들이었다. 혐오와 두려움과 폭력으로 가득찬 세상에서 최근에 벌어진 끔찍한 일들도 전했다. 이런 세상이야말로 아내처럼 살아가는 사람이 필요하다는 말과 함께.

내 앞에 놓인 중대한 문제들의 답을 묻기도 했다. 여전히 완벽하게 받아들이기 힘든 새로운 현실 속 희망과 꿈과 슬픔에 대해서 이야기했다. 그러자 아내가 하는 말이 들려왔다. 아내는 대담하게, 관대하게, 충만하게 살라고 했다. 가장 중요한 것에 에너지를 쏟고, 남을 먼저 살림으로써 나를 살리라고. 관대해지고, 무한히 궁금해하고, 실패를 절대 두려워하지 않는 데서 얻는 것만큼 커다란 위로와 기쁨은 없다고. 그러니 가장 깊은 내면의 목소리에 귀를 기울일 것, 닫힌 마음이 아니라 즐기는 태도로 질문할 것, 더러 부서지고 불타버릴지라도 눈앞에 놓인 큰 기회를 붙들 것. 아내는 누구보다 잘 어울리는 특유의 짓궂은 미소를 지으며 이런 말들을 해주었다.

그 웃음을 나는 흉내조차 내지 못했다. 하지만 나머지는? 이런 생각이 들었다. '어쩌면, 이제 내가 따라가야 할 지도가 이것인지 모른다'라고.

12월의 어느 날, 토드를 다시 만나 딸아이의 흑백 뇌 사진을 바라보며, 나는 그 지도를 따라가기 위해 마음속 깊은 곳에서부터 힘을 끌어올려야 했다. 아이의 종양은 1년 넘게 안정적인 상태를 유지하고 있었지만 이제는 아니었다.

"여기 새로 자란 게 보이실 거예요."

"그러네요. 젠장."

나는 말을 멈추고 숨을 삼켰다.

"뭘 해야 하죠?"

"예전과 생각이 같아요. 네바가 더 컸으니 상황은 더 좋아요. 네바는 두번째 수술을 받기에 이례적으로 적합한 후보군이에요. 그리고 여기 남은 덩어리를 보시면—테드는 말하다 말고 화면을 가리켰다—덩어리가 크지 않고 전체를 제거하기에 좋은 위치에 가 있어요. 물론 장담할 수는 없지만 확률은 높습니다."

자리에 앉은 채로 방금 들은 말을 곱씹었다. 네바에게 수술을 또 받아야 한다고 말해야 하는 부담과 아이가 수술실에서 나오기를 기다리며 느낄 공포가 그려졌다. 그러나 종양을 모두 제거한 딸아이의 모습도 상상했다. 그게 얼마나 큰 의미일지도. 종양이 다시 자랄 가능성이 아예 없어지지는 않겠지만 크게 낮아질 터였다. 나는 마음을 먹었다.

"좋습니다. 수술은 언제로 잡을까요?"

"서두를 필요는 없어요. 하지만 너무 미루는 것도 권하지 않아요. 1월 말이 어떨까 싶은데요."

새해를 하루 앞둔 날, 나는 네바산 서쪽의 눈으로 덮인 오두막에 있었다. 다이애나가 세상을 떠난 지 1년이 되는 날이었다. 동트기 전에 눈을 떴다. 오두막 창밖으로 우리 딸과 이름이 같은 산의 윤곽이 어슴푸레하게 보였다. 맞은편 도시들을 감싼 가늘고 희미한 백광이 산 정상을 비추었으나 그 위로 반짝이는 별빛은 아직 가려지기 전이었다. 얼마 지나지 않아 별빛이 흐릿해지고 산이 모습을 드러내기 시작했다. 처음에는 은은하게 나타나다가 장밋빛으로 물들며 점차 선명해졌다. 정상에는 눈이 쌓여 있었으나 그 아래는 3억 년쯤 된 기본 형태 그대로였다. 네바산의 일부 땅에는 다세포생물이 등장하기 시작한 무렵으로 거슬러올라가는 광맥이 흐른다. 그것은 오늘날 산비탈에 늘어선 나무들의 진짜 조상이 처음 등장하기 10억 년도 전에 형성되었다.

그러니까 네바산은 많은 일을 목격했다는 이야기다. 골짜기에 공룡이 다니고, 주변에 새로운 산맥이 일어나고, 거대한 내륙해가 상승하고 하강하는 것을. 지난 몇 년간 내 인생이 겪은 풍파 정도는 아무것도 아니었다. 그렇지만 어둑한 산의 윤곽 위로 펼쳐진 별 무리는, 아득히 떨어진 별들 속 우주먼지가 이 산의 고대 바위에, 산을 뒤덮은 눈과 나무에, 나와 딸아이 안에, 그리고 1년 전 우리를 떠난 특별한 사람 안에 여전히 존재한다는 사실을 일깨워주었다. 산꼭대기 뒤에서 솟아오르는 태양이 첫 광선을 퍼뜨릴 때 나는 그런 생각을 하며 예상치 못한 평온을 얻었다.

나는 산을 바라보면서, 오래전 캘리포니아 강의실에서 자동차 범퍼 스티커에나 쓰여 있을 실없는 우주먼지 메타포가 전과 비교할 수도 없이 중요해졌던 순간을 떠올렸다. 땅의 관점에서 우리의 인생은 한낱 순간에 지나지 않는다. 우리는 바로 그 사실에서 위안을 얻을 수 있다. 로버트 맥팔레인은 『언더랜드』에서 심원한 세월 속 인간 존재를 탁월하게 묘사하며 이런 문장을 썼다.

> 우리 자신도 일부는 광물이다. 치아는 암초, 뼈는 돌이다. 땅에서만이 아니라 신체에서도 지질작용이 일어난다.[*]

나는 네바산을 바라보며 생각했다. 심대한 시간의 흐름 속 찰나의 깜빡임에 불과한 우리 삶에 다이애나가 새로운 반전을 가져왔다는 것을. 우리 존재의 빛은 아마 잠깐 반짝이고 말겠지만 어떤 빛은 말도 안 되게 밝으며, 중요한 것은 자신

---

[*] 로버트 맥팔레인, 같은 책, 46쪽.

의 빛으로 어떻게 다른 이들의 빛을 밝히느냐에 있다는 사실을 아내는 내게 다시금 일깨워주었다.

아내가 떠난 지 1년이 됐을 때, 다이애나의 빛은 내가 아는 주변 사람들은 물론 아내의 인생 궤적을 잠시 스친 사람들 안에서 여전히 타오르고 있었다. 나는 모르지만 아내와 알고 지냈던 한 사람은 이런 문장으로 슬픔을 표현했다. "위대해질 운명을 타고난 사람이었는데, 이 얼마나 슬픈 일인가."

나는 이렇게 답해주고 싶었다.

"아뇨, 다이애나는 이미 위대한 사람이에요."

아내가 세상을 떠난 해에 내 안의 빛은 자주 일렁였고, 어떤 때는 무서울 만큼 사그라들었다. 내가 방황한 1년 중 최악의 순간은 다이애나의 영혼과 강인함을 빼닮은 딸이, 내가 제 엄마를 따라서 죽는 악몽에 시달리던 때였다. 하지만 그날 아침, 나는 산을 바라보며 다이애나가 남기고 간 빛의 조각이 우리 모두 안에 조금씩 남아 있음을, 네바의 빛은 절대 꺼지지 않으리란 것을 기억했다.

그리고 생각했다. '이번 수술도 잘될 거야.'

몇 주 후, 마취제를 맞아 눈이 스르르 감기는 아이를 보며 나는 그 믿음을 잃지 않으려고 노력했다. 나는 딸아이에게 입을 맞추고 삭막한 수술실을 빠져나왔다. 힘이 풀리던 아이의 두 눈이 오래 뇌리에 남았다. 그래도 마음을 굳게 먹고 고통스럽게 앉아 기다렸다. 번쩍이는 무균 수술대에 누워 있는 아이의 비강 뒤쪽에 구멍이 뚫리고, 카메라와 소작기와 흡인기가 뇌 속으로 이어지는 길로 줄줄이 들어가는 모습을 떠올리지 않으려고 부단히 노력하면서.

수술 대기실에서 수술실로 짧게 이동하면서 아이는 마취의와 하이파이브를 했다. 머리부터 발끝까지 토끼 탈 같은 보호복을 입은 로빈과 나를 보며 웃기도 했다. 아이는 지난 3년간 너무 자주 그랬듯, 마음을 씩씩하게 먹고 놀라운 힘을 발휘했다. 그 모습에 삼차병원에서 산전수전 다 겪은 베테랑 의료진조차 혀를 내두르며 한마디씩 했다.

"몇 살이라고 했지? 세상에, 정말 용감하구나."

역시 그 엄마에 그 딸이었다.

수술을 며칠 앞둔 날 밤 아이는 악몽을 꿨다. 그러나 얼른 떨쳐내고 차분하게 수술이 어떻게 진행되는지 묻기 시작했다.

"그러면 아빠, 의사 선생님들이 내 뇌에 닿으려고 머리에 구멍을 뚫고 그 안에 카메라를 넣는다고요?"

"응, 맞아."

"그렇게 종양을 꺼내요?"

"특수 장비를 쓸 거야. 아주 작은 진공청소기 같은 거."

"일어나면 또 팔에 주사를 맞아야 해요?"

"응, 저번처럼."

"영화 봐도 돼요?"

"그럼."

"알았어요, 이제 잘래요."

나는 어두운 방안에서 아이 곁에 누워 이제껏 1000번은 더 그랬듯 놀라움에 고개를 내저었다. 그날 밤에는 문득 에밀리 디킨슨의 시가 떠올랐다.

> 희망은 날개 달린 것—
> 영혼의 횃대에 앉아—
> 가사 없는 선율을 노래하며—
> 절대— 멈추지 않는다.

그렇게 나도 눈을 붙였다. 어쩐지 네바가 무사하리라는 확신이 들었다. 다른 결론은 그 무엇도 받아들일 수 없을 테니까. 내 아이에게는.

아이는 무사하다. 어느새 아이는 새로 입양한 반려견과 집 안을 어슬렁거리고, 우리집 서쪽에 있는 산에서 스키를 타고, 모애브사막에서 케일런, 릴리와 함께 자전거도 탄다. 여덟 살 생일을 며칠 앞둔 6월 어느 날 잔잔한 하와이 바닷물에 조심히 얼굴을 담근다. 살짝 비뚤어진 물안경을 쓰고, 플라스틱 관으로 조금 가쁘게 숨을 쉬어가며. 우리는 몇 발 더 나가 다시 잠수를 시도한다. 아이는 난생처음 본 놀라운 광경에 고개를 번쩍 들고 스노클도 뗄구며 소리친다. "아빠, 물고기들이 엄청 가까이 보여요!"

이제 우리는 남들보다 더 멀리까지 나아간다. 얕은 물의 암초가 짙은 녹색의 깊은 협곡으로 변한다. 0.9미터, 1.2미터, 1.5미터 아래로 내려간다. 네바는 겁도 없이 새로운 세상의 경이로움에 푹 빠진다. 뭍으로 올라왔을 때 네바는 매가오리를 봤다고 자랑한다. 나는 보지 못해 의심이 들지만, 아이는 매가오리의 생김새와 주변 환경을 정확히 설명한다. 다음날은 암초 사이를 지나 좀더 거친 바다로 들어간다. 나는 아이를 돕다가 그만 엉덩이에 성게 가시가 박히고 만다. 이후 검은 가시를 녹이겠다고 식초를 담은 통에 엉덩이를 담그고 있는 나를 보고 아이는 깔깔 웃으며 이번에도 나는 못 본 또다른 가오리 자랑을 한다.

다음날 아침에는 남쪽으로 향한다. 코나를 넘어가다보면, 구불구불 흐르다가 그대로 굳은 용암 위에 풀들이 솟아난 건조하고 이국적인 풍경이 커피 농장과 숲의 다채로운 녹색으로 바뀐다. 비교적 최근에 굳은 용암에는 자생 오히아 레후아 나무들이 환한 꽃을 달고 자라나 있다. 이윽고 사우스포인트의 풍차들과 나알레후의 파릇한 초원 너머 비현실적으로 커다란 마우나로아산이 보인다. 나는 주변 숲의 나뭇잎 속 원소들에 기록된 이곳 자연의 굴곡을 생각하며 화산국립공원에 들어선다.

환경이 좋지 않을 때 나뭇잎들은 분자구조를 바꿔 밀랍처럼 단단한 보호막으로 자신들을 감싸 외부 세계의 공격을 막는다. 표현력을 전부 잃어버린 듯한 주변 환경을 비추듯 색깔도 회색에 가까워진다. 그 나뭇잎을 따다가 책상에 가져다놓으면 몇 달이 지나도록 단단하고 우중충한 모습이 거의 그대로 유지된다. 그런데 비가 내리고 기온이 널뛰지 않고 토양이 비옥해지면 나무들은 다시금 찬란한 초록빛 잎들로 무성해진다. 그 나뭇잎은 얼마나 부드럽고 연한지 모른다.

화산에 도착해서 보니 마을 위로 자욱한 안개 중간중간 푸른 하늘이 비친다. 나는 동행한 부모님에게 잠시 달리고 오겠다고 말한다. 이곳은 내가 마흔 살이 됐을 때 다이애나와 함께 달렸던 곳이다. 원시 우림을 16킬로미터쯤 달리다보면 달과 같은 풍경이 펼쳐진다.

가장 갑작스러운 변화는 계단이다. 용암 위에 얇게 깔린 토양층이 가파르고 거친 계단을 만들어놓았다. 따라 내려가면 숲이 끝나면서 까맣고 갈라진 평원이 펼쳐진다. 그 위에 자라는 몇 그루의 진취적인 나무들은 높이가 허리께밖에 오지 않지만, 황량한 주변 덕에 새빨간 꽃이 더 선명해 보인다. 분화구 바닥을 둘로 나누는 길에 다다랐을 때 흐린 하늘에서 비가 쏟아지기 시작한다. 나는 양팔을 벌리고 달리고 또 달린다. 비가 어딘지 운명적으로 느껴진다. 나는 안다. 나를 구성하는 원소들이 흩어져 아직 형성되지 않은 생명을 이루기 전까지 다이애나가 계속 내 안에 살아 숨쉬리라는 것을. 하지만 언젠가는 새로운 우주먼지가 생겨나리라는 것도.

감사의 말

이 책은 내 에이전트 애나 스프롤래티머, 편집자 매디 콜드웰 두 사람의 탁월함, 인내심, 꾸준한 응원이 없었다면 여러분 손에 들어오지 못했을 것이다. 애나는 12장에 나오는 뒤틀린 나무처럼, 희망과 고통의 벼랑 끝에 매달려 있는 아이디어를 붙들어 처음 내가 종이에 옮겨낸 것보다 훨씬 더 풍성하게 가꾸어주었다. 매디는 이 프로젝트를 믿어주고 편집자로서 뛰어난 의견을 더해 또 한번 글을 변신시켜주었다. 내가 발표한 과학 논문에는 마땅히 공저자가 있다. 과학자로서 나는 애나와 매디도 이 지면에만 소개될 것이 아니라 책 표지에 함께 이름이 올라야 한다고 느낀다. 이 책은 아주 내밀한 프로젝트이자 이제 현실이 된 다이애나와의 약속인 만큼, 두 사람을 비롯해 그랜드센트럴출판사를 향한 고마움은 이루 다 말할 수 없다.

나에게 애나를 소개해준 킴 니컬러스에게도 갚을 수 없는 빚을 졌다. 조시 시멀, 퀜 트로브리지, 밸 매켄지, 이브 힝클리는 초안을 읽어준 뒤 계속 글을 쓸 수 있도록 동기 부여를 해주었다. 이후로는 엘리자베스 크라흐트가 개발 편집자로서 때로는 어렵고 위압적으로 느껴지는, 에이전트와 상업 출판의 세계가 어떠한지 비판적으로 바라보게 해주었다. 마크 브라이언트와 스티브 헤이워드 또한 책에 파묻혀 바삐 사는 와중에도 시간을 내 초안을 읽고 의견을 주었다. 크리스틴 어리나와 그의 팀이 제작한 〈과학이 해주는 말〉을 통해서는 내 이야기가 세상에 내놓을 가치가 있겠다는 확신을 얻었다. 모두에게 감사를 전한다.

상실과 슬픔을 겪은 사람이라면, 주변 공동체가 삶을 풍요롭게 해주는 것에서 존재에 없어서는 안 되는 것으로 바뀌는 경험이 무엇인지 알 테다. 수많은 대단한 이들이 나와 네바를 살렸고, 다이애나가 살아 있는 동안 다이애나에게도 똑같이 해주었다. 버크와 캐런 타운센드, 그레그 애스너와 로빈 마틴, 케일런, 릴리, 수 우드워드, 얼린과 수전 네머컷, 밸 매켄지와 노아 피어러, 랜디와 헤더 체임버스, 그리고 그들의 세 아이 마야, 알렉사, 코비, 스콧 페런버그와 아카샤 파이스트, 웨스와 헤일리 홉슨, 엘리자베스 코스텔로, 린다 버먼, 필 테일러, 코리 클리블랜드와 베키 롤린슨, 케이트와 애나 시멀, 존 파커, 앤드루 토드, 앨리슨 헤이스팅스, 로라 터코트, 이브 힝클리, 사샤 리드, 조시 투크스베리, 크리스틴

로웰, 페이지 매키 머리, 크리스 거건, 에밀리 그레이엄, 조이 넬먼, 데즈 스톤 메넨데스, 에밀리 번하트, 피터 비투섹과 팸 맷슨, 페이스 코언…… 여러분 안에 있는 우주먼지는 결코 평범하지 않으며 우리가 그것을 가장 필요로 하는 순간에 너그럽게 나눠주었다. 그리고 물론 여기 적은 이름들이 전부가 아니다.

콜로라도 아동병원과 듀크대학교 티시 뇌종양센터는 최상의 치료를 대표하는 곳들이다. 이 두 곳에서 우리 가족은 놀라운 기술력과 의료적 통찰력은 물론 그만큼 깊은 인류애를 지닌 사람들을 만났다. 토드 행킨슨, 크리스티나 체임버스, 에린 키셀, 헨리 프리드먼, 앨런 프리드먼, 민 응우옌, 낸시 앤드루스, 그리고 우리 가족이 가장 힘든 순간에 희망과 위안을, 심지어 가끔은 기적을 가져다준 많은 분에게 감사드린다. 네바가 두 차례 수술을 받으며 만난 소아과 중환자실 간호사들은 이제껏 내가 만나본 사람 중 가장 유능하고 참을성 있고 친절한 분들이었다.

대학이라는 거대한 시설은 가끔 너무 사무적이고 비인간적이라고 느껴질 때가 있다. 그러나 어떤 리더들은 그곳을 전혀 다른 공간으로 만든다. 내 가족을, 또 이 책 집필을 응원해준 샐리 콘블러스, 딕 브로드헤드, 짐 화이트, 러스 무어, 테리 피즈, 질 티펜탈러, 세스 보드나, 리드 험프리, 아드리아 로런스, 리비 멧커프, 폴 루카치에게 감사드린다. 이 책과 이후에 쓴 글은 내가 듀크대학교, 콜로라도대학교, 콜로라도 칼리지,

몬태나대학교까지 4개 대학에서 보낸 시절을 관통한다. 이곳들은 매번 우리 가족에게 집이 되어주었고, 위급할 때 내가 가족을 돌보고 이후 책을 집필할 공간을 허락해주었다. 위에 언급한 이름들은 온전한 감사 명단의 시작일 뿐이다.

내 삶에서 과학은 그것을 추구하는 사람들과 떼어놓고 생각할 수 없는 학문이었다. 내가 이 분야를 선택한 것은 과학이 혼자 하는 일이 아니기 때문이기도 했다. 나는 언제나 다른 과학자들의 에너지와 그들과 함께하는 시간을 통해 힘을 얻었다. 이 과학자들의 명단 역시 다 적을 수 없을 만큼 길지만, 내 여정에서 특히 잊을 수 없는 몇 사람에게 감사를 전하고 싶다. 가장 먼저 다이애나는 내가 이 책을 통해 전하고 싶었던 바대로, 과학을 무한한 영적 깊이를 지닌 듯한 무언가로 변화시켜주었다. 피터 비투섹, 팸 맷슨, 폴 이월드, 데이브 시멀, 베스 홀랜드, 제인 루브첸코, 밥 하워스는 나에게 가르침과 영감을 주었고, 어두운 시기를 버티게 해주었다. 그분들이 없었다면 지금 이곳의 나도 없다. 오랫동안 함께 연구한 동료들도 마찬가지다. 코리 클리블랜드, 그레그 애스너, 윌 위더, 사샤 리드, 필 테일러는 과학의 실천이 인간성과 재미까지 앗아가는 일이 없도록 너무 엄숙하지 않은 방식으로 과학에 접근하는 사람들이다. 그렇기에 지혜와 창의성이 빛을 발하고 이례적으로 높은 과학적 성취를 이룬다.

마지막으로 나와 네바의 삶에 새로운 우주먼지가 되어준 수와 찰리 벨에게, 선량함과 사랑으로 우리의 과거를 품어주고 한때 우리가 볼 수 없었던 미래로 가는 문을 열어준 데 고마움을 전한다.

옮긴이 **송예슬**
대학에서 영문학과 국제정치학을 공부했고 대학원에서 비교문학을 전공했다. 바른번역 소속 번역가로 활동하며 의미 있는 책들을 우리말로 옮기고 있다. 옮긴 책으로 『엇박자의 마디』『궤도』『매니악』『친구와 연인, 그리고 무시무시한 그것』『GEN Z』『모든 소년이 파랗지는 않다』『언캐니 밸리』등이 있다.

우주의 먼지로부터
상실을 통과하는 한 과학자의 경이로운 여정

초판 인쇄 2025년 11월 13일
초판 발행 2025년 11월 21일

지은이 앨런 타운센드
옮긴이 송예슬
책임편집 전민지 | **편집** 김이재 황문정
디자인 이혜진 | **저작권** 박지영 형소진 주은수 오서영 조경은
마케팅 정민호 서지화 한민아 이민경 왕지경 정유진
한경화 정경주 김혜원 김예진 이서진
브랜딩 함유지 박민재 이송이 박다솔 조다현 김하연 이준희
제작 강신은 김동욱 이순호 | **제작처** 한영문화사

펴낸곳 (주)문학동네 | **펴낸이** 김소영
출판등록 1993년 10월 22일 제2003-000045호
주소 10881 경기도 파주시 회동길 210
전자우편 editor@munhak.com | **대표전화** 031) 955-8888 | **팩스** 031) 955-8855
문학동네카페 http://cafe.naver.com/mhdn
인스타그램 @munhakdongne | **트위터** @munhakdongne
북클럽문학동네 http://bookclubmunhak.com

ISBN 979-11-416-1400-3 03400

잘못된 책은 구입하신 서점에서 교환해드립니다.
기타 교환 문의 031) 955-2661, 3580

www.munhak.com